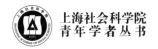 

上海社会科学院
青年学者丛书

国家高端智库
NATIONAL HIGH-END THINK TANK

殊途同归

明清泽州地区三教庙研究

王群韬　著

Different Paths to the Same Goal:
A Study on the Temples of Three Teachings
in Zezhou During the Ming
and Qing Dynasties

上海书店出版社
SHANGHAI BOOKSTORE PUBLISHING HOUSE

编审委员会

总　序

2020 年,尽管新冠肺炎疫情对人类生活和经济社会发展造成一系列影响和冲击,但在党中央的坚强领导和全国人民的共同努力之下,中国实现了全球主要经济体唯一的经济正增长,在脱贫攻坚、全面建成小康社会等方面成绩斐然,交出了"一份人民满意、世界瞩目、可以载入史册的答卷"。在此期间,上海社会科学院的广大科研人员在理论研究和社会实践中坚决贯彻落实党中央和上海市委市政府的决策部署,积极发挥自身优势,以人民为中心、以抗疫与发展为重点,与时代同步,"厚文化树信心,用明德引风尚",在理论支撑和智力支持上贡献了积极力量,也取得了一系列重要的学术理论研究和智库研究成果。

在上海社会科学院的科研队伍中,青年科研人员是一支重要的骨干研究力量,面对新时代的新使命、新阶段的新格局、新发展的新情况,上海社科院的青年人以其开放的思想、犀利的眼光、独到的新视角,大胆探索,深入研究社会科学中的前沿问题,取得了一系列突出的成果,也在这生命最美好的时光中谱写出一道道美丽的风景。面对这些辈出的新人和喜人的成果,上海社会科学院每年面向青年科研人员组织和征集高质量书稿,出版"上海社会科学院青年学者丛书",把他们有价值的研究成果推向社会,希翼对我国学术的发展和青年学者的成长有所助益。

我们 2021 年出版的这套丛书精选了本院青年科研人员的最新代表作,涵盖了经济、社会、生态环境、文学、政治法律、城市治理等方面,反映了上海社会科学院新一代学人创新的能力和不俗的见地,是过去一年以来上海社会科学院最宝贵的财富之一。丛书的出版恰逢中国共产党建党百年的大事、喜事,这是社科青年用自己的"青春硕果"向中国共产党百年华诞献礼!

"青年是生命之晨,是日之黎明",是人类的春天,更是人类的期望,期待在这阳光明媚的春天里上海社科院的青年人才不负韶华,开出更加绚丽的花朵。

上海社会科学院科研处

2021 年 4 月

"三教合一"扎根在哪里？

《殊途同归——明清泽州地区三教庙研究》序

张志刚

拙著《"宗教中国化"义理研究》序里，笔者曾表露如下心迹：近些年来，我的学术研究逐步实现了一场"重心转移"，即从"国际宗教学界的百余年探索历程"转至"中国宗教研究的理论方法重建"。若要重建中国宗教研究的理论方法，无疑必需扎根中国文化传统。"儒、道、释"三教合一，历来被视为中国文化传统的鲜明特征与主流传统，那么，"三教合一"扎根在哪里？"深探且深描"这一优良的宗教文化传统，又能为我们建构中国宗教、中国哲学乃至中国文化研究的理论方法带来哪些重要的学术启迪？"此序的问题意识"便由"前序的心迹转变"而来。

关于"三教合一"之于中国文化、哲学、宗教、思想与学术传统的重要意义，我国前辈学者多有深刻阐释。譬如，"三教交互融摄，构成唐宋以来中国近一千多年来的文化总体"（任继愈）；"在中国特定的地理条件和历史背景下，中华传统文化主要是由儒、道、释三大支柱构成的"（方立天）；"中国文化源远流长，博大精深，但'统之有宗，会之有元'；东晋至隋唐，中国文化逐渐确立以儒家为主体，儒、释、道三家既各标旗帜，又合力互补、以应用社会的基本格局，其特点即在于，观念上'和而不同'而实践中'整体会通'"（楼宇烈）；"南北朝时'三教之争'达成共识，同归劝善，这使中国宗教文化传统本质上是'道德宗教'，儒、佛、道皆为道德教化之道"，"中国哲学史或思想史研究,须以'儒、佛、道'关系为轴心,才能真正体现中国特色"(牟钟鉴)。

然而,面对中国文化史、思想史、尤其是哲学史与宗教史的研讨现状,我们却不得不承认,如上所述的"三教合一"思想文化资源及其深邃意义,尚未充分彰显出来。究其学术原因,笔者以为,这与我国学界尚待"着力构建中国特色哲学社会科学的学术体系、话语体系特别是理论方法"直接相关。从历史背景和思想氛围来看,中国近现代思想史与学术史主要是在西方文化的强烈冲击下拉开帷幕并延续至今的,这明显地体现在中国学界现行的学科分类、各科学者所用的概念、理论与方法主要是"学自西方的"。就对中国文化、思想与学术传统的整体认知而言,有一对"西式概念"可谓左右全局,即"宗教与哲学"(religion and philosophy),更有待反思的是,前者的影响不仅早于而且甚于后者。

若能着眼中西文化交流史的开阔视野,明末清初耶稣会传教士来华不仅传入了当时堪称"西方主流文化传统的天主教",也不但拉开了"西学东渐"的序幕,而且意味着中西方文化传统相碰撞的开场。回溯这一序幕及其开场,在西方汉学开山之作《中国札记》里,作者利玛窦(Mathew Ricci,1552—1610)就是用"西方一神论模式的宗教观"来通览与研判"儒、道、释"三教合一的中国文化传统的。按他的看法,"儒、道、释"三教大体包括了"中国人的全部迷信",但凡读过书的中国人都以为"三教合一",同奉三教益于社会大众;可实际上却没有人真的相信其中任何一教,因为"天主"(Deus,神或上帝)是绝对的、唯一的,而中国人大多承认没有宗教信仰,他们大都陷入"无神论深渊"。这里之所以特别提及上述论断,主要因为利玛窦既是"在华传播西方一神论模式宗教观的第一人",又堪称"以西式宗教概念来全盘否定三教合一的始作俑者",按西式宗教概念的逻辑,"儒、道、释"乃是不可思议的迷信,至于"三教混杂的民间信仰"就更不值得一提了。此种西式宗教概念及其逻辑,不但普遍见于早期传教士留下的大量汉语论著,更值得反思的是,至今仍对海内外学者的中国文化传统、特别是中国哲学、中国宗教研究,具有深重的偏颇影响。

国际著名比较宗教学家、宗教现象学家斯马特(Ninian Smart)所著《世界宗教》里"中国"一章,落笔就提西式宗教概念暨宗教观的影响:西方人往往对中国宗教现象深感困惑,他们以为中国人的"宗教"和"哲学"思想是可以按照"西方的方法"来划分的,他们不仅没有认识到"儒、道、释"三教在中国人那里并非"单一功能体系的组成部分",甚至对这三教的名称也会产生误解。其实,近现代中国学术界的本土传统文化研究所遭遇的一系列理论困惑,何尝不曾深受西式宗教概念暨宗教观的影响?譬如,儒家、儒学或儒教主要是"哲学"还是"宗教"?中国哲学史研究是否要把"佛学"与"佛教"区分开来?而中国宗教史研究能否把"道家"与"道教"切割开来?再如,有人认可"中国宗教无关重要论",即以为宗教在中国文化或中国社会中并不占重要地位或有重要作用;有人提出"诸种取代宗教论",即主张以"科学、美育、道德、哲学"等来取代宗教;更有人主张"中国民间信仰迷信论",即把中国民间信仰一概视为"迷信的、愚昧的、落后的"等等。

上述"西学东渐"背景下的思想史与学术史梳理,特别是"概念暨观念"辨析,对一篇书序来说也许显得抽象且繁琐了。然而,真正的学术探索发自问题意识的冲动,而深刻的问题意识又植根基础理论的反思。读者若能容忍前述"关键词与基础理论唠叨",或可有助于把握眼前这本专著的学术立意、逻辑思路与探索收获。

为什么写作此书呢?作者告知,通过深度梳理以往研究状况可以发现,前辈学者大多是从思想义理层面来阐释"三教合一"的,而信仰实践层面的"三教合一"可能更接近"儒、道、释"作为中国宗教文化传统所具有的深层结构与现实特质。鉴此,作者又经通盘排查相关史籍、方志、碑刻等,选取明清时期山西泽州地区的"三教庙"为典型例证,从此类庙宇的区域分布、主要类型、形制布局、修建群体、祭祀活动、多元理解等多重视角,展开了全面且深

入的考察分析,初步探索收获如下:

明清泽州地区的"三教庙"主要分布于乡村,多为"社庙"。该地区大量社庙成为"春祈秋报之所"并非偶然,而是反映了民间百姓对"三教合一"的朴素认知及其文化传统在地方社会的深远影响。由于乡村人口在中国古代社会占大多数,乡村百姓的信仰生活形态能够代表大多数中国人信仰生活的实际情况。因此,诸多"三教庙"不仅是当地百姓的信仰空间,也是乡村公共活动的中心场所,民间基层组织的实际载体,对于民间道德教化、村社共同秩序、村民行为规范、村际关系协调、地方礼俗整合等,均有正面的积极意义。"三教庙"的祭祀活动主要包括烧香敬拜、供奉祭品、献戏酬神等,凡此种种祭祀皆与老百姓的现实生活息息相关,既表达了健康、平安、子嗣、文运、财富等"个体性祈福",又主要祈求风调雨顺、岁时丰稔、阖境平安等"群体性福祉"。相关史料与实地考察相互印证,在大多数老百姓的理解中,"儒、道、释"三教虽在内容上各有侧重,但本质上是相通的,孔子、佛祖、老君都是"神明、圣人、老爷",不妨"一并尊奉、同堂祭祀",取其"同归之用、多多益善"。由此可见,"殊途同归的三教庙"所彰显的是,民间百姓以现实生活逻辑来整合"儒、道、释"三教信仰文化传统的内在智慧,而这种现实生活逻辑又从根本上形塑了中国宗教文化传统"多元兼容、和谐共生"的内在特质。

在笔者看来,上述典型个案的初步探索收获,可使我们"以小见大、以点带面",为破解"西式概念暨观念"所导致的诸多基础理论难题,重建中国宗教文化传统研究的概念、理论与方法等,带来不少学理启发。前面提到,西方传入的"宗教与哲学"概念暨观念,至今仍对中国文化传统研究不失偏颇影响,二者影响相比,又以"西方一神论模式的宗教观"为早为甚。笔者在此着眼大处,略表三点学术反思。

首先,若能破除西方一神论模式宗教观的偏颇影响,我们便能更全面、更深刻地阐发中国文化传统及其宗教观所具有的"兼容并包性"。从整体结构来看,如果说西方文明自古至今主要是以"一神论的基督教(广义的)"为其宗教文化传统的,这种一神论传统因坚守"信仰对象的唯一性、绝对性"而带有强烈的"排他性、不宽容性"倾向,这便致使西方学者主要据此一神论传统及其宗教观而提出的诸种宗教概念,大多凸显西方宗教文化的"以神为本"或"神本主义"特征,刻意强调"神圣与世俗、教会与国家、天国与尘世、拯救与堕落"等一系列"对立范畴",那么,与之截然不同的是,自西周中华文明多元一体格局形成以来,中国文化传统便深含"以人为本"或"人文主义"的根本精神,且历来倡导"和而不同、兼容并蓄、海纳百川、有容乃大"的文化发展价值观,这便使"儒、道、释"可以三教合一,使中国宗教文化氛围能够包容多种外来宗教,且能使作为本土主流文化传统的"儒、道、释"深深扎根于中国民间社会及其日常生活实践。诚如荷兰著名汉学家许理和(Erik Zürcher)所描绘的"中国传统的信仰版图":"儒、道、释"犹如三座高峰,承载着这三教的乃是本土深厚的民间信仰实践。关于这一显著特性,这本专著可给读者留下深刻印象。

其次,若能破除西方一神论模式宗教观的偏颇影响,我们可以进一步更具体、更透彻地阐释中国宗教文化传统及其宗教观所具有的"文化交融性"。从思想文化层面来看,中国宗教文化传统及其宗教观,并非像西方一神论模式的宗教概念所强调那样,"神圣与世俗"泾渭分明且势不两立,而是在中华文明多元一体格局所拥有的巨大"文化凝聚力"的强烈影响下,尤其是在"以人为本或人文主义"这一根本精神的有力引导下,致使诸种本土或外来宗教具有显著的"文化交融性"。这不仅明显地表现为"儒、道、释"三教合一,被比作中国文化传统的"三大支柱",使其"宗教因素"与"哲学成分"融为一体、难解难分;而且尤为明显地反映在诸多本土的民族宗教和民间信仰与"民族文化"或"文化习俗"一体两面、互为表里。关于这一鲜明特性,也可得到这本专著的具体证实。

再次,若能破除西方一神论模式宗教观的偏颇影响,我们还能更切实、更充分地理解中国宗教文化传统及其宗教观所具有的"社会适应性"。从社会政治层面来看,自"夏、商、周"三代,"溥天之下,莫非王土;率土之滨,莫非王臣"的观念一直占主导地位,中国历史上不但从未出现"神权高于王权"的现象,而且从未形成"宗教与政权"势均力敌或平起平坐的局面;换言之,纵观中华文明史,任何一种本土宗教或外来宗教都未曾在中国社会、思想、文化、学术等领域占据支配地位、起过主导作用。而在西方长达千年的中世纪,则是基督教唯我独尊,一教独大,一统天下,"神权凌驾王权",故有学者用"教会与国家"这一对概念来解释西方社会"从政教合一到政教分离"的历史嬗变过程。这方面的比较表明,自古以来,"政主教从"乃是"政教关系的中国国情",这便使中国宗教文化传统较之西方具有更强的"社会适应性",如东晋高僧道安曰"不依国主,则法事难立";明清穆斯林名家王岱舆讲"忠于真主,更忠于君父,方为正道";中国五大教在近现代史上所涵养的爱国爱教传统。这本专著所倾力的典型个案研究,则可使我们聚焦"殊途同归的三教庙",沉思这一中国国情的民间根基或百姓基础。

这本专著是在作者博士学位论文基础上反复修改、不断充实、认真完善而成的。在我近些年指导的博士生里,群韬君可谓最安心读书、最专心治学、最刻苦勤奋的"燕园土著生"之一。他从本科到博士均就读北京大学哲学系宗教学专业,且有志于中国传统文化、特别是"儒、道、释"三教及其民间信仰实践研究,于是便萌发了这本专著的探索立意。回想起来,从博士论文开题、文献资料梳理、典型个案筛选、田野考察访谈、学理观念提炼,一直到构思、写作、答辩、修改、完善等等,每有点滴学术收获、写作灵感或疑难问题,群韬君便匆匆前来人文学苑与我分享、交流、讨论,共同经历了诸多教学相长的难忘时光。眼下这本潜心用功之作即将付梓,我愿认认真真,多写几天,还以一篇息息相通的"学术序言"。

当然,这是一部探索性的学术处女作,无论该书涉猎的中国文化传统、"儒、道、释"三教合一、民间信仰实践等交叉性专题研究,抑或从基础理论上重建中国文化、中国哲学、中国宗教的概念、理论与方法,均属长期艰巨复杂课题,皆如"骐骥千里,非一日之功"。但我深信,走出未名湖畔的群韬博士,仍在学园耕耘不已,他会不畏艰辛,行稳致远,走向更丰硕的学术收获。

北京大学博雅特聘教授　张志刚

辛丑牛年春分前后记于人文学苑

序 言

李天纲

　　人们的信仰纷纭复杂，人类的宗教呈现出难以计数的"多样性"；然而，宗教徒、神学家，还有政客们，也会突破重重迷障，用合并、提炼、提升的做法，化繁为简，寻求信仰上的"一致性"，实现信仰上的联合。人类文化分分合合，总是在这种"一"与"多"的矛盾中彷徨前行，在信仰上也是如此。把世界上的大宗教，如佛教、道教、儒教、基督宗教、伊斯兰教等放在一起比较的话，"合一"确实就是中国宗教最有特色的思想之一。中国古代有"三教合一"，现代有些教派还提出了"五教合一"的说法。不但是宗教家提出了这样的思想主张，信徒们还会真的去做种种"合一"的事情，比如合祀、借礼、并香、共庙等等。和西方亚伯拉罕宗教（犹太教、天主教、伊斯兰教、东正教、新教）动辄相分的历史很不相同，中国人的宗教，无论佛教、道教，还是儒教，大都倾向于"合"，不太主张"分"。

　　中国古代政治制度规定的儒、道、佛的"三教"地位，并不要求三者合一。虽然儒教在王朝体制中处于优势地位，而在社会上佛教、道教实际上更加流行，并不示弱，因此"三教并立"似乎就是中国宗教的常态。然而，自宋、元、明、清以来，除了"三教并立"的一般格局之外，也流行"三教合一"的神学和实践。主张"合一"的动因有多种，民间有信仰的原因，皇帝有利用的动机，僧侣、道士、儒生也有自己的忧虑和诉求。在儒术独尊的情况下，佛教、道教难以得到官宪的青睐，没有政治优势，比较低调，比较务实，常常是傍着儒教的教义而行。比较来说,儒教高层并不愿意与各种教派人物分享政治权力,常常会"清理门户",撇清与"释道二氏"的干系。但是,无论如何,在地方士绅那里,在一般的民间信仰中,三教多能和平相处,对应地表达善意,寻找共同教义,吸引到更多香火,这是各种教派、教门都愿意做的事情。于是,我们看到了"三教合一",几乎和"三教并立"一起,同时构成了中国宗教的另一个常态,这种"多"与"一"的信仰关系,颇可令我们深思与反省。

以前的宗教学者,特别是佛教研究者,做了大量的"三教并立"、"三教合一"的研究。传统的"合一"研究,主要是关于教义的讨论,关注的是相关人物、著作、教派和运动。佛教、道教学者为了显示不亚于儒教的正统性,争取神学上的平等地位;儒教学者同情佛教、道教的教义,也会汲取其精华,采纳一些说法。宗教学上常常把这种有内在思想交流的"会通"称为"跨宗教"(cross religion)。但是,这些"合一"之讨论,主要还是"三教论衡"的辨教结果,是教义间的渗透和妥协。我们知道,士大夫的教义研究与一般信众的崇拜实践并不直接相关。民间的香客们对于佛教"圆融",道教"精一",儒教"会通"这些教义讨论的兴趣不大,但他们却是"三教合一"的天然信仰者和实际奉行者。民间信仰者到不同的寺庙去拜佛、拜道、拜儒,也可以进同一个寺庙,甚至在同一座大殿里,同时拜祭释迦牟尼、老子和孔子,以及不同的神祇。对于后一种现象,现在的宗教人类学者倾向于称之为一种"融合论"(syncretism)。如果说我们对于前一种"串庙"现象还有所了解的话,对于后一种"合庙"的融合论做法所知则更少。近年来我们对合为一庙的"三教庙"开始有了较为深入的了解,这就要归功于王群韬博士所作的调查和研究。

王群韬的《殊途同归——明清泽州地区三教庙研究》对中国宗教"合一"现象的研究做出了重要贡献。这本专著的原稿,是作者在北京大学哲学系与宗教学系的博士论文,用他在山西泽州地区的田野调查和文献(史籍、方志、碑记、题记等)考察相结合的方法,研究了北方的"三教庙"。按他的踏勘和考证,发现在华北各地至今还保留着不少"三教庙"。虽然大多已经是民间小庙,且分布在县以下的镇乡农村地区,有的就是在村子里,属于"礼失求诸野"的散乱状态。但是,我们并不能把"三教庙"简单地看成是民间自发的"淫祀",因为它们都有相当久远的来历,有着上千年的历史。目前确定最早的"三教庙"出现在北宋时期,集中区域是在华北。如太平兴国三年(978),洪洞县箕山有"三教院";庆历二年(1042),武乡县长乐村有三圣寺。"三教庙"的出现,以合一的形式,破了"三教并立"的格局,儒家士大夫很是诧异。嘉祐年间(1056—1063),蔡州开元寺内有一座"三教圆通堂",是那种在佛教寺庙里附属的"三教堂"。宋代著名文人梅尧臣(1002—1060)路过该寺庙,留下了一篇《题三教圆通堂》诗,并不是很赞成这种做法。梅尧臣《题三教圆通堂》五古如下:"处中最灵智,人与天地参;其间有佛老,曷又推为三。共以圆通出,诚明自包含;排楹压文础,焕采涂朱蓝。而将置吾儒,复欲笼彼聃;二徒不自晓,恬若均笑谈。越鸟不巢北,代马不嘶南。固亦辨殊土,麟鸾唯时堪。"体会梅尧臣这首诗,他对"三教堂"是一种复杂情感。他以"吾儒"自居,不反对"圆通",以为可以包含"诚明"。但他对佛教僧侣把孔子、老子"笼"在寺庙大堂,居于佛陀两侧,又感到很不舒服。

　　和有严格教义和严密组织的西方宗教相比,中国宗教确实有它特有的任意性。中国传统社会对信仰控制较弱的时候,民间就会造出新的神祇,随便建庙。但是,当一种信仰断断续续传承了一千年,就不是简单的"愚夫愚妇"的拜拜行为,已经说明它具有一定的稳定性,应该可以用来说明一些问题。"三教庙"的学术研究价值,就在于它提供了一个和教义上的"三教合一"相配合的祭祀案例。信徒们以"合庙"的香火实践了"合一"的教义,表明中国宗教一直在践行一种"合"的教义,并不是说说而已。王群韬说:"实际上,与思想义理层面的'合一'相比,三教在信仰实践层面的'合一'可能更接近'三教合一'作为中国宗教文化传统所具有的深层结构与现实特质。"(第2页)最近的宗教学者,大概都同意这个观察和判断。过去的宗教学割裂教义和祭祀,重视宗教义理研究,忽视信仰实践研究,会使得我们得出很多片面的结论,是应该纠正的时候了。

中国传统的宗教思想和信仰实践,确实有一种主合不主分的倾向。中国古代的宗教和欧洲十九世纪以前不断"裂教"的历史不同,儒、道、佛等建制性宗教的边界并不是泾渭分明,而士大夫和百姓在祭祀中的香火崇拜更常常是三教不分。我们看到的现象是,一座儒教祠祀会因为请了一位和尚来洒扫而转为佛教寺庙,一座道教宫观会为了招揽香火,加盖侧殿,引入观音、天后、城隍、祖师等,初不论其佛教、儒教。二十世纪以来西方如天主教、路德宗、圣公会等各主流教派出现的"跨宗教"现象,似乎在中国古代已经存在。学者们还有兴致勃勃地把"三教合一"与当今在基督宗教各主流教派中提倡的"普世运动"(ecumenical movement)相提并论,这就使得"合一"的研究有了新的意义。

我们肯定不能简单地用中国古代的信仰状况去比附"现代性",但中国传统各宗教之间的关系比较"和谐",历来有各种渠道串通一气,这个中西之别是存在的。这种和谐宗教的比较性的说法不是绝对的,因为毁教、灭教的事件在古代中国也经常发生。但与西方宗教相比,儒、道、佛教之间较少冲突,因为有不少"合一"的案例,"宗教和谐"的说法大致能够成立。于是,在当今"多元文化"和"文明冲突"的困局中,"合一"思想可以作为一种资源,用作对话和交流,也是理所当然的。"三教合一"的概念,除了书本教义上的"会通"、"圆融"之外,还有香火崇拜中的"合庙"——把释迦牟尼、老子、孔子放在一起供奉。教义"圆融"是僧人、道士与儒家文人研讨的事情,香火崇拜表达的各教之间的分合关系,这是要进到庙里面才能看清楚的事情。宗教间的和谐,不单是因为文人在外面提倡,还因为到庙里面烧香的百姓原来就是如此,这才是中国文化在底层的真实基础。

王群韬考察到,在北方地区传承的"三教庙"有不同的名称,如"三教堂"、"三教寺"、"三教庵"、"三教祠"、"三教宫"、"三教殿"、"三圣庙"、"三圣祠"、"三圣宫"等等。祠、庙、寺、庵、宫,在这里看起来有点乱。其实,在明清三教制度中,宗教场所的名称有明确划分,一般把儒教祭祀场所称为"祠祀",佛教称"寺庙",道教称"宫观"。在日常生活中,人们又对应地把与这些场馆相关的神事人员,按习惯区分为儒教的礼生、佛教的僧侣和道教的道士。还有,儒教在文庙大成殿供奉孔子牌位,佛教的大雄宝殿供奉释迦牟尼和文殊、普贤塑像,道教的三清殿则供奉元始、灵宝、道德三位天尊,而以人世间的老子为道德天尊的化身。如果我们说中国文化是"三教并立"的话,儒、道、佛之间的壁垒也是一种真实的存在。问题是,"并立"之外,"合一"如何成为可能? 王群韬的研究,加上许多前辈学者的成果都告诉我们:民间信仰中也有一股驱动力,它们要求克服不同宗教的局限性,追求统一的超越性神明。把几个神祇联合起来,一体供奉,以此来增强魔力和效应,克服多神、多教的局限性,这也是一种"统一性"。从这个角度来说,民间信仰并非天生就是泛神论、多神教,它也有"一神论"崇拜的内在追求。

王群韬还在北京大学哲学系与宗教学系做博士论文的时候,我就有幸结识。他的导师张志刚教授把他的题目介绍给我的时候,我就向这位才思敏捷、腿脚勤快的同道小友探讨起共同感兴趣的问题。我的问题是:中国的民间信仰既然被认为只是由乱七八糟的神祇构成的"弥散性宗教",那么其中有没有对于更高级别的统一神的追求?如果"三教庙"的"合一"崇拜表现出来的是一种超越性的信仰,这是否意味着"一神论"并非只是宗教家(如耶稣、穆罕默德)的个人主张,只是社会权力(如罗马教会、儒教团体)的强力维持,而是个体信仰者的天然诉求? 我在自己的研究中持肯定的答案,高兴的是王群韬以他的文献考察和田野调查,帮助我证实这个肯定。王群韬在本书中写道:"实际上,这类庙宇可能并非'三教合一'思想向民间社会渗透的直接结果,其真实根源和主要动因,还需要从基层民众自身的信仰实践模式中寻绎。"(第16页)

最近十多年以来,中国的宗教学者从事客观研究,引入了人类学、社会学的方法,深入基层,结合田野调查,对一些民间性质的宗教实践和信仰礼仪做仔细的记录和分析,开始获取成果。在这种宗教人类学的风气下,我们不用教义衡量的俯视角度看宗教,改用"以民为本"的心态去平视民间信仰。王群韬把这个方法论的转变说得很透彻,即"通过呈现中国传统社会知识精英所谓的'教'(特定信仰传统及其正统观念主导的教化体系)与普通民众所行的'祀'(祭祀实践及信仰生活的实际形态)之间的差异与张力,确证中国民间信仰生活之于知识精英阶层正统礼法观念的相对独立性"。(第 17 页)这种因研究方法而生的视野调整,我们通常是用人类学家的判断和研究来支持的,比如:马林诺夫斯基说的"当地人的眼光"(the Native's Point of View),帮助我们接触到普通人;格尔兹说的"地方知识"(Local Knowledge),帮助我们理解文化的内部原理。但是,真正将民间信仰作为一个本体来认识,给予它们以独立的地位,则还是来自宗教学对人性估计,即每个人,每个群体都会有独立的超越性诉求,要追逐一种最高的神明。"独立的"信仰,表现出信众个人选择的特征,是"多"的呈现;"超越性",则表现出信仰团体的普世诉求,是"一"的升华。

把民间信仰当作其自身,即作为一个本体现象来观察和研究,才能看清中国宗教的本质。任何宗教,只要稍有建制性特征,都会被国家、团体和个人用为工具,达到信仰以外的目的。我们可以从别的本体,如政治、伦理、社会、经济、文化的角度来研究宗教,但是如果是为了理解信仰本身,那就需要转换到宗教学领域,把民间信仰看作是信仰本身。我和王群韬都同意卜正民(Timothy Brook)教授的结论,"将三教圣人组合崇奉的主要动因来自基层社会,体现了民众对三教信仰资源都加以积极利用的意愿。"(转自第 208 页)。在民众自主的信仰行为里,他们为了各种日常生活的原因,祈求神明。当一个佛陀的福报还不够的时候,他们加上了老子、孔子。再不够灵验的话,他们还会转求更多的神祇,关公、城隍、祖师,以及各种娘娘、老爷。这当然是宗教学家过去描述的"多神教"特征,但这种类型的"多神教"也在追求一种整体性,是一种集合方式的整体性,即一种世间万物被神祇(们)有效管理和控制的完美状态。和"一神教"相比,"多神教"的整体性就是空缺一位"独一尊神"。中国的民间信仰并不缺乏整体性,高延(Groot)等人称"中国宗教系统"是有见地的。民间信仰并没有停留在"三教庙"的权威性,他们对于最高神明的诉求还在继续。我们看到在佛教、道教和民间崇拜中,无论在学理和祭祀中,一直还在寻求终结神明。

虽然我们在目前的宗教学建设中提倡"以民为本"、以信仰为本的研究,但不能否认的是:从社会功能的角度研究民间的信仰,永远是宗教学最有兴味的话题。任何宗教都有其复杂的"政教关系"要研究,而中国的民间信仰与王朝体系的关系与儒、道、佛教同样密切。"三教庙"并不仅是一种纯粹的民间信仰,它和王朝政治也有密切关系。根据我们在上海嘉定发现的一块《三教堂记》(揭傒斯),元代仁宗皇帝孛儿只斤·爱育黎拔力八达(1285—1320)曾敕令在全国修建"三教庙"。"延祐中,仁宗皇帝尝语群臣曰:'闻卿等尊周孔者薄佛老,崇佛老者斥周孔。第以儒视儒,佛视佛,老视老,何必纷纷如是耶?'此至言也。此圆通寺三教之堂所以作也。"元代的历史较短,留下的文献较少,我们初步据此推断,正是由于元仁宗的敕封,"三教庙"在宋代以后从民间庙曾经转为官方庙,推广到南方。元仁宗是忽必烈的曾孙,在位九年,推行儒术,翻译经书,恢复科举,对儒家算是相当不错。但是,他这次提出,佛教、道教不要排斥周公、孔子,儒教也不能太骄傲,只"尊周孔者薄佛老"。他提出的三教联合方案,就是"圆通"。按照梅尧臣在蔡州开元寺内看见的"圆通堂"情况,"而将置吾儒,复欲笼彼聃",那是把佛陀居中,老子、孔子侍在右左,三大教主一起保境安民的样子。

元仁宗的这个"合庙"敕令,是蒙古人统治中国的国策,由元世祖忽必烈定下来的,初不称"三教合一"。按草原民族泛神论的简单原理,就是所有的教门、教派都有用,都可以为元朝所用,为蒙古祈祷。《马可波罗游记》这样记载忽必烈的宗教政策,他要所有的宗教都来大都汗八里朝拜,不同的节日都要庆祝,不同的神祇都要敬奉。忽必烈说:"全世界所崇奉之预言人有四,基督教徒谓其是耶稣基督,回教徒谓是摩诃末,犹太教徒谓是摩西,偶像教徒谓其第一神是释迦牟尼。我对于兹四人,皆致敬礼。由是其中在天居最高位而真实者受我崇奉,求其默佑。"(冯承钧译,北京,中华书局,2004年,第305页)马可波罗没有说忽必烈是不是已经把释迦牟尼等四位先知合庙祭祀,但把所有宗教放在一起,竞争合作,已经是蒙古人入中华以后的既定国策。元仁宗是忽必烈的四世孙,他把释迦牟尼、老子、孔子塑像放在一起,"合庙"祭祀,是元朝宗教政策"中国化"的一种做法,既采用了宋代学者讨论的"三教合一"命题,也用上了北宋时期北方民间的"三教庙"做法。

我们收集、整理、编辑《上海地区儒道佛教碑刻文献》,在嘉定发现了这一座"三教堂",就是这种儒、道、佛的"三教合庙"。按《嘉定县志》记载:"三教堂,在城七图。元至顺三年,僧善学建,学士揭傒斯为之记。明朝永乐间道士涛道炫、正德间道士朱粹然各有增修。"嘉定的三教庙,是一座庙中庙,设在元代嘉定报国圆通寺内。有独立的主体大殿,额名"三教堂"。堂内供的是:释迦牟尼,居中;老子和孔子,分列右左。这座佛教寺庙始建于元代至顺三年(1332),地点在嘉定县城北的清境塘边上。寺庙名称就是"报国圆通寺",元代僧人善学创建,翰林院大学士揭傒斯写了碑记。明代永乐年间,报国圆通寺有道士进入,被改作道观,正德年间还有扩建,位置在城内三图拱星坊。嘉靖县志说在"县治后"。嘉定陶继明老师提供线索,说庙址"八一三"抗战中被日机炸毁,该处现称为福宁弄。

嘉定的"报国圆通寺",和同城传承至今的南梁古刹"护国寺"应该是没有干系。江南地区稍大一点的佛教寺庙,多冠名"报国"、"保国"、"宁国"、"护国",就说明国家权力掌控江南,而儒、道、佛教与王朝之间也存在着相互利用的紧密关系。嘉定护国寺位于西门内,报国圆通寺位于县城北境。县城有南北向的横沥塘,有东西向的清境塘,都是市河。按《嘉定碑刻集》(上海古籍出版社,2012)提供的考证,"清境塘,河道名,横贯嘉定县城。在横沥西者,称西清境塘;在横沥东者,称东清境塘。"800年的古城嘉定,是苏州府内富裕、繁荣的县份，科举发达，财富集中，香火虔诚。"三教庙"能够进到市中心建造，可见王朝力量的强势，也可见佛教、道教在民间根基深厚。

梅尧臣生活的北宋时期，"三教堂"都不是在都城、郡邑里，是在比较偏僻的县城，有的甚至是在乡下的村子里。这里还来不及做仔细的考证，我只是根据王群韬的研究做出"大胆假设"：北宋时期的"三教庙"是北方农村地区的民间信仰，是基层的香客、僧人、道士们首先把儒、道、佛教分别尊奉的孔子、老子、释迦牟尼放在自己的小庙里一体敬奉，成为"三教庙"。也就是说，初期的"三教庙"是香火崇拜中的自然而然，还没有和国家和地方的权力建立联系。我们在江南镇乡一级的民间信仰中看到，有大一点的庙，开始就一间房间，很多老爷挤在一起。等到土地、资金落实，建造大庙，才逐步地分设殿、堂、厅、室，每个老爷都有一个专间。王群韬的研究让我们看到了相似的情况，老百姓把许多老爷放在一起敬奉，杂七杂八，并非就是喜欢"淫祀"，最可能的原因就是空间有限，财力不够。空间不够，财力有限，干脆就"合庙"，好几个神祇挤在一起，造成满当当的寺庙了。

北宋时期的"三教堂"是北方独有的现象，南方少见，所以宣城人梅尧臣才会诧异地描写"其间有佛老，曷又推为三"，才说"越鸟不巢北，代马不嘶南"。到了元朝，或许就是从元仁宗开始，由于皇帝敕令各地建造"三教庙"，这种"合庙"的"三教堂"就推行到了南方，连地处东南海陬的嘉定县也有建造。从清代文献来看，元朝灭亡以后，明清两代的"三教庙"在南方也没有因为朱元璋所谓的"驱除胡虏"而消失。改朝换代以后，南方的汉族百姓保留了这个信仰。多年的香火供奉，肯定有不少灵验事迹，便能够使其成为有着本地传统的民间信仰。清代海宁学者周广业（1730—1798）对江南地区还偶有所见的"三教庙"有所议论，他在《循陔纂闻》中说："国初有所谓'三教堂'者，齐鲁间郡县皆有之，不知何人作俑，雕塑形象，佛居中，道居左，孔子反居其右。"（王群韬所见国图藏清钞本）虽然儒生士大夫反对"三教庙"里把孔子放在一边，但民间认为合理，因而香火不断，明朝、清朝一直有信徒供奉。

"三教堂"在南方不是很强,但在北方地区一直非常兴旺。"三教堂"、"三教庙",在北方山西、山东、河南、河北地区非常流行。儒教人士对于这种以佛教和佛陀为中心的民间信仰一直耿耿于怀,总想伺机取缔。乾隆九年(1744),河南学政林枝春说"豫省凡为三教堂,约五百九十余处"。林枝春对"三教堂"中孔子地位屈居于右的状况强烈不满,故而上疏《为崇祀非经仰请饬禁以隆圣教事》,要求朝廷出面加以禁止。然而,乾隆出于王朝友善不同宗教的利益目的,对于佛教、道教并不太反感。他担心的是"异端"闹事,既然不聚民众的香火无害大局,对于儒者的小题大做,也就以弛禁了事。道光十六年(1836),山西学政汪振基又一次提出来要禁止省内的"三教堂",皇帝"通敕各属即行更正,毋得同庙供奉,……一律更正,以崇正学而昭体制"。(台北故宫博物院藏《宫中档·朱批奏折》,文献编号405003570,转见曹新宇《清前期政教关系中的儒教及三教问题:乾隆朝三教堂案研究》,《清史研究》,2019年3月,均见王群韬书引)也是弛禁。根据王群韬的调查,北方地区的"三教堂"一直保留,现在还有香火。江南地区的"三教堂"原来就不普遍,历代记载不多。但是,嘉定"护国圆通寺"内的这座"三教堂",似乎是个例外。它在元代听从了世宗皇帝的敕令,迅速建立。以后在明、清改朝换代也没有灭绝,直到清代还屡次重修,可见它的香火延续了好几百年。

王群韬聪颖好学,2008年考取北京大学宗教学本科专业。硕士阶段师从程乐松教授,博士阶段师从张志刚教授,十年寒窗,至2019年获得博士学位后来上海社会科学院宗教所工作,一直都在研究华北民间信仰。十多年前,张志刚教授和我相约开拓研究中国宗教,找学生一起做田野调查。此后到北大,就常常见到群韬这位小友到处奔走,勤奋治学。群韬是广西桂林人,研究华北的信仰,咨询于乡村老人,还有方言上的障碍。另外,在哲学形而上训练已经轻车熟路之后,一下子扎到乡镇,在抓不到任何概念可以运用的情况,独立分析和处理"弥散性"(又曰"乱七八糟")的民间信仰,难度可想而知。中国大陆的宗教人类学尚在起步阶段,而结合中国宗教的人类学研究更是步履艰难。从这个角度来说，群韬的研究从方法论、文献学、田野调查积累等来说，一开始就是独立进行，且富有艰难开创性的。

群韬生在桂林，学在北京，工作在上海，现在有了这一份"三教庙"的华北民间信仰研究作基础，将来的学术前景一定广阔。对宗教人类学来说，"地方"(local)有着非同寻常的含义。对区域文化不敏感，不能在一个看似相同的概念下按语境区分出的不同的人情世故，大概是不能从事人类学研究的。并不是没有某种文化的体验，就不能从事某种文化的研究。而是，研究者要有能力从事多种文化的比较，没有能力就学，就去调查，就去理解。在中国广袤的土地上，就着那么多的"文化多样性"，研究南北不同风俗之间的渊源、特征和差异，也是学习中国民间信仰非常有意思的地方。中国宗教初看差别不大，"莫非王土"的格局下，似乎是同质的。其实，沉到民间信仰的底层，从乡镇社会看中国，江南、岭南、华北、西南、西北、东北都有非常不同的传统和现状。从中国宗教研究得出的结论，有时候与经典文献和权威著作中的现有说法完全不同，而这正是这一研究引人入胜的地方。

2021 年 3 月 17 日，于阳光新景寓所

目　录

图表目录

绪　论

一、研究缘起与意义

儒、释、道三教构成了中国传统思想文化的三大支柱。三教之间的冲突、交涉、互动与融合,在中国古代思想文化史上产生了极其重要而深远的影响。唐宋以降,中国社会的主流文化呈现出以儒为主、佛道为辅的基本格局。任继愈先生指出:"三教交互融摄,构成唐宋以来中国近一千多年来的文化总体。"①尤其是"三教合一",体现了中国哲学思想和文化传统"多元一体、兼容并包"的内在特质,具有十分广泛而深刻的影响。

长期以来,海内外学界非常重视对儒、释、道三教关系尤其是"三教合一"进程的研究,并已取得丰硕成果。②通过梳理以往研究可以发现,前辈学

---

① 任继愈:《中国道教史》序言,上海:上海人民出版社,1990年,第1页。
② 以往学界研究三教关系较有代表性的论著主要包括:W. E. Scothill, *The Three Religions of China*, Oxford University Press, 1929;华山:《自汉魏至宋初的儒佛道三教关系和道学的形成》,《山东大学学报》1963年第2期;陈正夫、何植靖:《儒、佛、道的融合与程朱理学》,《南昌大学学报》1979年第4期;任继愈:《唐宋以后的三教合一思潮》,《世界宗教研究》1984年第1期;孙实明:《唐宋间儒释道的地位及其相互关系》,《学术交流》1990年第4期;陈俊民:《宋明"三教合一"思潮中的"心性"旨趣》,《河北学刊》1991年第3期;赵书廉:《中国人思想之源:儒释道思想的斗争与融合》,长春:吉林文史出版社,1992年;Timothy Brook, "*Rethinking Syncretism: The Unity of the Three Teachings and Their Joint Worship in Late-Imperial China*", Journal of Chinese Religions, 1993: 21;凌慧:《宋代"三教合一"思潮初探》,《安徽大学学报》1998年第5期;唐大潮:《明清之际道教"三教合一"思想论》,北京:宗教文化出版社,2000年;严耀中:《论"三教"到"三教合一"》,《历史教学》2002年第11期;牟钟鉴:《儒、佛、道三教的结构与互补》,《南京大学学报》2003年第6期;洪修平:《中国儒佛道三教关系研究》,北京:中国社会科学出版社,2011年;李四龙:《论儒释道"三教合流"的类型》,《北京大学学报》(哲学社会科学版)2011年第2期;牟钟鉴:《儒道佛三教关系简明通史》,北京:人民出版社,2018年。

者大多从思想义理层面对三教关系进行考察和论述，或围绕儒家士大夫、高僧大德等上层精英群体的相关思想主张展开探讨，或侧重从社会思想流变的角度对三教关系进行考察。实际上，与思想义理层面的"合一"相比，三教在信仰实践层面的"合一"可能更接近"三教合一"作为中国宗教文化传统所具有的深层结构与现实特质。我们应当阐明一个朴素的道理：任何思想或信仰观念的现实性主要取决于什么？是主要凭"说的"还是主要靠"做的"呢？问题的答案显然系于后者，或更确切地说，主要系于实践层面。并且，在通常情况下，人们的信仰实践也是其基本信仰观念的具体体现。因此，"三教合一"的现实基础主要在于相关人群的信仰实践。对于信仰实践层面的"三教合一"现象展开考察，具有重要的理论意义与现实价值。朱海滨曾强调："近世以来儒佛道之所以走向统一，除了思想史的角度外，还应该考察三者赖以存在的基础——民间信仰的形态变化。"①虽然中国古代许多知识精英在思想义理层面主张或讨论"三教合一"，但从现有资料来看，真正身体力行、将"三教合一"付诸实践者，主要是生活于社会基层的普通百姓。李天纲先生在考察江南民间祭祀的过程中，对明清以来"三教合一"趋势在信仰实践层面可能存在的"共同基础"进行了思考：

> 明清以来，儒、道、佛三教合一的趋势更加明显。学术界对三教合一的学理讨论，不胜枚举。……儒、道、佛学理之外，还有没有一个共同的信仰生活沟通三教？这是需要考虑的问题。②

实际上，中国社会的普通民众构成了"三教合一"信仰实践的主体人群。我们在学理上全面探讨儒释道三教(take three teachings as a whole)，也应

---

① 朱海滨：《中国最重要的宗教传统：民间信仰》，复旦大学文史研究院编：《民间何在？谁之信仰？》，北京：中华书局，2009 年，第 45 页。

② 李天纲：《金泽：江南民间祭祀探源》，北京：三联书店，2017 年，第 340 页。

当以社会广大民众的信仰生活为基础。可以说,"三教合一"最真实的根源即存在于普通民众之中。加拿大学者卜正民(Timothy Brook)在关于明清时期三教关系的研究中也有类似看法,他认为:"与儒释道三教各自的传统相比,融合论的更大潜能存在于被社会精英和官方冷眼相看的民间信仰中。"①所以,我们在探讨各种"三教合一"的学说主张或义理体系的同时,也应当重视普通民众信仰生活中"三教合一"的实际形态。

三教庙就是普通民众信仰生活层面的一种"三教合一"形态。一般而言,儒释道三教各有祠庙、寺观分别尊奉其神圣对象。②三教庙则是将儒释道三教各自的主要崇拜对象——孔子、佛祖、老子的圣像(塑像、雕像、画像等)并列崇奉于同一殿堂的信仰实践形式。这类庙宇的具体名称包括"三教庙"、"三教堂"、"三教寺"、"三教庵"、"三教祠"、"三教宫"、"三教殿"、"三圣庙"、"三圣堂"、"三圣寺"、"三圣祠"、"三圣宫"等不同称谓,但就信仰实践形式的基本特征而言,都是在同一庙宇空间内并列供奉儒释道三教祖师圣像。因此,本书在一般性论述过程中,将这类庙宇统称为"三教庙",而在引述具体史料时,则沿用其原本提法和相应表述。有学者研究指出:"民间信众兴建的合祀儒、释、道三教祖师的庙宇,是三教和合文化观念在制度和器物层面的主要载体和集中体现。"③无论是从历史形态还是当代现状来看,三教庙主要存在于民间,基层社会的普通民众构成了这类信仰实践活动的主要群体。如果说关于"三教合一"的理论阐述主要见于文人士大夫和学者的论著之中,那么,"三教合一"在信仰实践层面的具体形态则主要呈现于民间社会。对中国民间的三教庙展开系统的考察和深入的研究,具有重要的学术

---

① Timothy Brook, "*Rethinking Syncretism*:*The Unity of the Three Teachings and Their Joint Worship in Late-Imperial China*," Journal of Chinese Religions,1993:21, p.33.
② 儒、释、道三教的主要信仰对象分别为孔子、佛祖(释迦牟尼佛)、老君(老子),在典籍中通常合称"三教圣人"或"三教祖师",他们同时也是历史上真实存在的人物:孔子(前551—前479)、释迦牟尼(前624—前544)、老子(约前571—前471)。
③ 王兴亚:《明清河南三教堂盛衰的历史考察》,《石家庄学院学报》2017年第2期。

价值和现实意义。

一方面,对三教庙进行研究,具有重要的理论价值。三教庙及其信仰实践活动,集中呈现了中国民间信仰传统的诸多内在特质。[①]三教庙扎根于中国民间社会尤其是乡村民众生活的深厚土壤中。并且,由于乡村人口占中国古代社会人口的大多数,因而乡村民众的信仰生活形态能够代表大多数中国人信仰生活的实际情况。正如张志刚先生指出:"所谓的民间信仰,大多是扎根于中国传统的乡村、城镇或地方文化区域的,信众主要是当地的老百姓,而它们的信奉对象、祭祀活动和崇拜行为等,也主要与当地的文化传统、社会风俗、民间仪式、特别是老百姓的日常生活密不可分。"因此,我们应当"真正重视广大老百姓的传统习俗及其祭祀活动"。[②]围绕三教庙展开研究,有助于厘清地方社会相关礼俗传统的基本特征、探寻普通民众基于日常生活空间的信仰逻辑,重新认识和思考中国民间信仰的内在价值。

另一方面,对三教庙进行研究还具有十分重大的现实意义。当前,我国各地仍保存着相当数量的三教庙,尤其以山西、河北、河南等地为集中分布区域。并且,随着近年来民间信仰呈现复兴之势,大量乡村古庙得以重修或复建,在当代社会继续焕发生机与活力。[③]通过实地考察可以发现,在不少乡村地区,三教庙仍发展兴盛、香火不绝。那么,在当代中国民间信仰和礼

---

① 目前,中国大陆学界的研究者一般认为,中国的"民间信仰"不属于"宗教"范畴,故不采用"民间宗教"概念;但也有一些海内外研究者认为"民间信仰"就是"民间宗教"。鉴于这种研究现状与理论分歧,本书的讨论中尊重不同学者的不同观点,即在引用或评论某位学者的观点时,直接沿用其原文的提法,相应地表述为"民间信仰"或"民间宗教";而在具体探讨民间三教合祀这一侧重祭祀实践层面的信仰现象时则主要采取"民间信仰"的提法,或一般表述为"信仰实践"。

② 张志刚:《"中国民间信仰研究"反思——从田野调查、学术症结到理论重建》,《学术月刊》2016年第11期。

③ 实际上,中国传统信仰形式与现代化的社会生活,并非"势同冰炭"。欧大年(Daniel L. Overmyer)先生曾指出:"在整个华人世界里,民间宗教传统是可以与现代化并行不悖的。"参见[美]欧大年:《中国民间宗教的秩序和内在理性》,赵昕毅译,香港中文大学崇基学院宗教与中国社会研究中心主办《通讯》1998年第3期。李天纲教授在研究江南民间祭祀与信仰传统的过程中,也深刻感到:"宗教与现代化,信仰与现代性,并非势不两立,此消彼长。"参见李天纲:《金泽:江南民间祭祀探源》,北京:三联书店,2017年,第17页。

俗文化渐趋复兴的过程中,如何认识三教庙这类乡土的、传统的、草根的信仰现象之实质,就成为一个重要而紧迫的问题。对这类庙宇的历史起源、发展脉络、主要形制等进行具体考察和深入研究,有助于我们正确认识和评价这类民间信仰现象的本质、主流及其新特点,进而合理引导这类信仰形式在保留信仰传统的基本内核和合理因素的情况下,更加充分地适应当代中国社会,并最大限度地发挥其积极作用和现实价值。

因此,三教庙及其信仰实践活动为我们寻绎中国民间信仰及地方祠庙礼俗传统的实际形态与内在特质提供了一个极佳的切入点。本书以三教庙为研究对象和核心范畴,选取明清时期山西泽州地区为考察中心,围绕这类庙宇的区域分布特征、基本形制、修建群体、崇奉活动及相关人群的信仰观念等问题展开系统考察和深入研究。

之所以选择"庙"作为本书研究的基点与主线,是因为庙宇不仅是中国古代民众开展信仰实践活动的主要场所,也是所在地域共同体的相关社会经济生活与礼俗文化的重要交汇点,具有突出的社会文化功能。选取明清时期的泽州地区作为考察中心,主要是考虑到这一地区保存了大量明清时期的三教庙建筑以及丰富的碑刻、题记、档案资料;并且,受自然地形、人文环境等因素的影响,泽州地区的农耕社会经济生活和文化习俗在较长的历史时期内呈现出连续性和稳定性。基于上述因素,明清时期的泽州地区能够成为考察三教庙在中国传统乡村社会存在和发展的实际形态、进而寻绎地方祠庙祭祀礼俗深层结构及民间信仰传统内在特质之典型案例。

二、相关学术史综述

以往学界关于三教庙及其信仰活动的研究已取得一定成果。虽然不少古籍、碑刻资料中已出现涉及三教庙的零星讨论,但这些论述大多仅就当时具体的三教庙展开,所秉持的肯定或否定态度在很大程度上受到作者(儒家知识精英、僧人等)特定身份与信仰立场的制约,主观色彩较强,尚不能归入严谨的学术研究。

清末来华的美国传教士明恩溥(Arthur Henderson Smith，1845—1932)在中国乡村社会看到了三教庙，他在 1894 年初版的《中国人的气质》(Chinese Characteristics)一书中对这类庙宇进行了描述和讨论：

> 这种情况在"三教堂"里表现得更为明显，那里并列供奉着孔子、佛陀和老子的塑像，而最受尊敬的位于中间，我们理所当然地认为现应属于孔子。如果不是他的话——因为他从来没以任何神明自居，那么就应该是老子。有理由相信，过去对三者的排位次序曾引起过人们激烈的争论，但是，我们所听到的所有例证几乎都是对佛陀有利的，尽管他是一个外来者。然而，中国人觉得，将"三教"融合于一个仪式中，也没有什么不协调和抵触。①

1899 年，明恩溥又在《中国乡村生活》(Village Life in China)一书中专章介绍了中国乡村庙宇的"众多与普遍"，并注意到乡村地区大量存在的"三教堂"：

> 在三教堂内，孔子、老子(道教的创始人)和如来佛三者的塑像并列于祭台上，作为外来者的如来佛处于中心位置，这或许表明：即使对中国人来说，本土的信仰也缺乏一些佛教所试图提供的东西。当然，佛教的这种地位，是经过长期的努力才取得的。②

由此可见，明恩溥不仅客观描述了当时中国民间"三教堂"的具体形式，而且开始对这种信仰实践现象的基本特征及其根源进行理论上的分析。然

---

① ［美］明恩溥著，佚名译，黄兴涛校注：《中国人的气质》第二十六章，北京：中华书局，2006 年。
② ［美］明恩溥著，陈午晴、唐军译：《中国乡村生活》，北京：中华书局，2006 年，第 106 页。

而,这种理论分析并不系统、深入。他认为,这种庙宇形式是中国历史上"三教一体"的朦胧时期流传下来的一种习俗,但他所谓的这个"三教一体的朦胧时期"指的是哪一时代并未具体说明。

民国年间学者柴萼的《三教堂》一文,是已知最早的关于三教庙的专题研究,收录于他的文集《梵天庐丛录》。柴萼主要依据史籍文献的相关记载追溯"三教堂"的历史渊源,并结合唐代以来"三教合一"的社会思潮进行考察和分析。他认为,至迟在明代,"三教堂"已经形成释迦居中、老子居左、孔子居右的固定塑像座次。①在研究材料方面,柴萼已经注意到唐大历六年《三教道场文》、清道光十六年朝廷禁毁三教庙敕令等相关史料。此外,他还对清代以来社会上流传的"三教堂为衍圣公奉母命而作"的观点提出了质疑。从总体上看,柴萼的《三教堂》一文对三教庙的历史起源、庙宇形制、社会影响等相关问题都进行了具体的探讨;但是,他在这篇文章中过于强调"三教合一"思潮的影响,而未揭示三教庙与中国民间信仰传统、地方祠祀礼俗之间的深层联系,也未真正触及民众同堂崇奉三教圣人的根本动因。

1939 年,东京文献学派的著名学者重松俊章在《支那三教史上の若干の问题》一文中系统梳理了中国儒释道三教的发展历史,亦注意到三教庙现象。重松俊章研究认为,三教庙的起源可以追溯至宋代,是当时一些佛教寺庙为适应世俗民众的"流行品味"而建造的。另外,他还注意到明代林兆恩创立的"三一教"亦曾修建大量"三教祠"、"三教堂"作为传教、修行场所。但是,他并未对这些以"三教"为名的祠庙的具体信仰实践形式进行考察。②实际上,作为三一教等民间教派活动场所的"三教堂"、"三教祠",与宋代以来民间社会自发修建的三教庙在具体崇奉形式上存在较大差异,需要进一步考察和讨论。

1979 年,日本学者间野潜龙在其《明代文化史研究》一书第五章《儒佛

---

① (民国)柴萼:《梵天庐丛录》第二十九卷,上海:中华书局,1936 年,第 15 册,第 46 页。
② [日]重松俊章:《支那三教史上の若干の问题》,《史渊》第 21 号,1939 年,第 148 页。

道三教的交涉》中，围绕林兆恩的"三一教"进行了探讨，具体分析了林兆恩的"三教合一"思想，也对"三教堂"现象给予了关注。他引述了柴萼关于三教堂的研究，指出三教堂这种"三教交涉的现象"反映了明代三教关系调和与融合的趋势。①然而，他似乎将"三一教"组织修建的"三教堂"、"三教祠"等庙宇与民间社会自发修建的三教庙视为同一类事物，而未围绕具体信仰实践形式展开考察和研究。

1985 年，郑振铎先生的遗著《中国古代木刻画史略》出版，书中提到元至正年间(1341—1370)刊刻的建安版《新编连相搜神广记》前三页分别绘有孔子、老子、释迦佛及其弟子侍从的图像。郑振铎先生认为，这些图像可以代表儒、释、道三教各自的"神系"；并指出，后世民间社会的佛庙、道观往往将神、佛合祀，可能是受此书影响而出现的。但他同时又强调："也许，在民间先已有了这样的实例，此书乃就那个现象而加以综合纪录的。"②事实上，并列崇奉三教圣人的庙宇早在宋代以前就已出现，并非元代《新编连相搜神广记》一书影响的结果。当然，郑振铎先生从"图像"入手，对绘有"三教圣人"形象的版画与三教庙之联系进行分析和思考，对探寻三教庙的历史演变脉络颇具启发意义。

1993 年，加拿大学者卜正民(Timothy Brook)在《融合论反思：帝制中国后期的"三教合一"及其组合崇奉》(Rethinking Syncretism：The Unity of the Three Teachings and Their Joint Worship in Late-Imperial China)一文中，主要从"三教融合论"的视角系统考察了明清时期的"三教合一"思潮及三教的组合崇奉现象(Joint Worship of the Three Teachings)。卜正民通过对相关历史文献进行考察和分析，发现这种三教组合崇奉实践的主要动

---

① ［日］间野潜龙：《明代文化史研究》，《东洋史研究丛刊》之三十一，京都：同朋舍株式会社，1979年，第 416 页。另参见间野潜龙：《明代たぉける三教思想——特た林兆恩を中心としこ》，《东洋史研究》十二之一，1952 年。

② 郑振铎：《中国古代木刻画史略》，参见氏著《中国古代木刻画选集》，上海：上海书店出版社，2006 年，第 23 页。

因来自基层社会：

> 三教的组合崇奉现象是宋代以来佛、道、儒三教合流历史上的一种
> 重要形态，同时也是信仰实践层面"折中主义"的一种体现，虽然其具体
> 形态难以确切考证。与三教各自的传统相比，融合论的更大潜能存在
> 于被社会精英和官方冷眼相看的民间信仰中。组合崇奉现象似乎可以
> 证明这种假说。虽然明代中期以后三教堂的传播扩散似乎与同一时期
> 的三教义理、思潮的发展趋势相互关联，但我认为将三教圣人组合崇奉
> 的更大动因来自基层社会，并且反映了民间日益增长的对这三者都积
> 极利用的意愿。①

在卜正民看来，儒释道三教组合崇奉现象可能是三教融合论在信仰实
践层面的反映。关于三教庙的修建动因，他进一步作了如下分析：

> 这类庙宇的流行，反映出三教的组合崇奉形式被广泛接受。这种
> 形式似乎没有烦扰信仰者。实际上，他们认为这一形式提高了神灵的
> 效力。但是，组合崇奉的形式如何与我所使用的"融合论"概念相符合
> 呢？如果缺乏对民众崇奉三教圣人的动机的考量，则会作出一种对这
> 个问题的武断回答。我的理解是三教圣人塑像组合更多地反映出相互
> 并存而不是融合为一的关系。三教中的每一个都出现，以确保各自特
> 定的传统能够被运用于与日常生活不利因素的抗争中。②

笔者以为，卜正民对三教庙基本特征的概括和理解是比较准确的。三

---

①②　Timothy Brook, "Rethinking Syncretism: The Unity of the Three Teachings and Their Joint Worship in Late-Imperial China," *Journal of Chinese Religions*, 1993(21), p.33.

教庙相关信仰实践的动因主要来自底层民众,反映了民间社会以组合、叠加的方式对儒、释、道三教传统(主要是信仰象征和文化符号)进行的积极运用。按照卜正民的理解,三教圣人塑像组合在本质上是一种"相互并存"而非"融合为一"的形态。此外,他指出三教庙修建者的具体信仰动机可能远比我们想象的复杂,而不仅仅是出于"功利主义"的原因。这些都是富有启发性的观点。

2002 年,陈宝良在《明代儒佛道的合流及其世俗化》一文中,主要从社会史的角度考察明代儒家学者提出的"三教合一"论以及佛、道二教的回应,并专门探讨了"三教堂"现象。他指出:"孔子、释迦、老子并祀于一堂之内的三教堂,至迟在元代已见其例,一至明代则蔚然成风。"①他认为,这类"三教并祀"庙宇形式在明代普遍流行,是明代三教界限混淆不清的一个例证。"一旦儒、佛、道三教圣人共聚一堂、一阁甚至一图,那么三教之间的界限已是混淆不清,这在民间的祠庙反映尤为明显。"②换言之,民间"三教并祀"形式中,儒、释、道三教之间原本明确的界限变得"混淆不清"。事实上,在三教庙中,儒、释、道三教信仰元素的组合形态仍具有内在的秩序性,三者之间的界限也并不完全是"混淆不清"的状态,而是具有各自的相对独立性和信仰功能的明确性。

2002 年赵轶峰的《十七世纪前后中国北方宗教多元现象初论》一文,具体考察了 17 世纪前后中国北方地区宗教多元化现象的基本特征,并且注意到这一时期民间社会将孔子、释迦牟尼佛、老子(老君)进行"合祭"的现象。他主要根据山东、河北等地的方志文献中关于"三教堂"、"三教庙"的记载展开研究,认为这类儒释道三教"合祭"现象实质上反映了"在 17 世纪,孔教和其他信仰体系的混合很普遍"的事实。③

①② 陈宝良:《明代儒佛道的合流及其世俗化》,《浙江学刊》2002 年第 2 期。
③ 赵轶峰:《十七世纪前后中国北方宗教多元现象初论》,《东北师范大学学报》2002 年第 1 期。

2008 年,屈直敏在《从三教造像的演进看"儒释道"的融合》一文中,围绕儒、释、道三教在信仰实践层面的融合展开探讨,对三教各自的造像传统及不同历史时期这些造像实践的相互关系进行了研究。①其中,该文关于南北朝至隋唐时期"佛道混合造像"、宋代"以佛像为主尊和儒、道并尊造像"等融合模式的考察与分析,对本书关于三教庙历史渊源的研究很有启发。

2008 年,段建宏在其博士论文《戏台与社会:明清山西戏台研究》中,对山西地区的乡村戏台进行了考察,亦探讨了该地区不同时代的"三教堂与三教信仰"。②他主要依据碑刻、题记等历史资料,对三教思想向地方社会及家庭的渗入、儒家士人对三教堂的反应、国家对三教堂的干预等问题展开研究。同年,他在《晋东南三教信仰初探》一文中指出,三教堂的崇奉形式以佛教为主,但最终被中国社会民间化了,一个典型表现就是大量的三教堂中都修建了戏台。他强调,在佛教寺院是不建戏台的,三教堂中修建戏台主要是出于民间祭祀和娱乐的需要,因而具有民间信仰的特征。③

2009 年,段建宏在《国家与民间社会中的三教信仰:对山西三教堂的考察》一文中,以明清时期山西三教堂为例,考察了三教信仰所反映的国家与民间社会的互动关系。他认为,三教信仰在明清时期极为盛行,各地修建了大量的三教堂作为祭祀场所,产生了广泛的社会影响。这种庙宇及其崇奉形式既反映了地方民众的信仰特征,也与中国社会传统相联系,成为三教文化在地域社会中的缩影。④

在 2016 年出版的《明清晋东南基层社会组织与社会控制》一书中,段建宏亦论及明清时期晋东南的三教堂,他指出:"三教堂的祭祀特点与民众的信仰要求更加接近,在不扩大祭祀场所、不增多献祭物品的基础上就能得到

① 屈直敏:《从三教造像的演进看儒释道的融合》,《普门学报》2008 年第 45 期。
② 段建宏:《戏台与社会:明清山西戏台研究》,华中师范大学博士学位论文,2008 年。
③ 段建宏:《晋东南三教信仰初探》,《知识经济》2008 年第 4 期。
④ 段建宏:《国家与民间社会中的三教信仰:对山西三教堂的考察》,《社会科学论坛(学术研究卷)》2009 年第 2 期。

更多的诉求,因此得到了广大民众的厚爱。"①这种观点与卜正民的看法类似,都认为三教堂在民间社会普遍流行的主要原因在于其信仰实践形式契合了广大民众的基本信仰需求和"多多益善"的朴素观念。

2010 年,原少锋在其硕士论文《明清三教堂研究》中主要围绕"三教堂"的历史起源、发展演变、庙宇形制等展开了具体考察。他指出,"三教堂"初创于唐代,至宋元时期形态渐趋固定,作为民间信仰活动的一种场所,它的出现是"三教合一"思想在底层社会信仰活动层面的一种反映。②原少锋还注意到,早期的"三教堂"与佛教信仰传统之间有着紧密的关联:"三教堂自其产生之初,即有着强烈的佛教倾向,甚或可说即是由佛教僧徒一手主力兴建、创制的。"③三教堂中的圣像并列排放,一般以释迦居中,彰显了三教堂的佛教倾向,但这种形式在普通民众看来是表达对三教祖师的尊崇,未必有贬损之意。然而,该文对这类庙宇与民众信仰生活的内在逻辑及地方社会结构之间的深层联系并未给予充分关注。

2010 年,曹新宇在《三教堂案与清代民间宗教的社会史类型》一文中,结合有关历史档案与田野调查资料,讨论了清乾隆年间三教堂案的社会史意义。他指出,三教堂是"三教合一"观念与三教仪式相关的庙宇形态,清乾隆九年(1744)禁革三教堂的政令及三教堂案逐渐升级为国家通过武力对弘阳教等民间教派的追查,最终又以某种地方性的生存策略完成了地方化转型。④实际上,这个观点是值得商榷的。通过综合分析相关方志、碑刻资料可以发现,明清时期华北地区大多数三教庙、三教堂与弘阳教等民间教派无涉,主要是乡村民众以村社为基本单位进行"春祈秋报"祭祀活动的场所。

---

① 段建宏:《明清晋东南基层社会组织与社会控制》,北京:中国社会科学出版社,2016 年,第 127 页。

②③ 原少锋:《明清三教堂研究》,东北师范大学硕士学位论文,2010 年。

④ 曹新宇:《三教堂案与清代民间宗教的社会史类型》,"清代政治与国家认同"国际学术研讨会会议论文,2010 年。又参见曹新宇:《清前期政教关系中的儒教及三教问题:乾隆朝三教堂案研究》,《清史研究》2019 年第 3 期。

2014 年，张君梅在《晋城地区的三教堂考》一文中对山西晋城地区的三教堂进行了具体考察，指出三教堂主要是地方民间信众修建的合祀儒、释、道三教祖师的庙宇，其建立始于何时难以确考，据一些地方志记载在唐代已有出现，但实际上这些庙宇在唐代初建时并非三教堂，到了宋代重建时才改为三教堂。由此，她推测三教堂的建立大约始于宋代。①

2015 年，朱文广在《庙宇·仪式·群体：上党民间信仰研究》一书中对上党地区的民间信仰进行考察，亦论及这一地区广泛分布的三教堂。他指出，三教堂同时崇奉儒、释、道三教祖师，主要原因可能是：乡村民众在建庙立祀时，由于经济力量有限，"一些村落可能精减庙宇数量，增加同一所庙宇的供神，以求节约资金"②。笔者认为，地方民众采用三教堂形式是否出于节省财力的考虑，需要结合具体庙宇所在区域的相关资料进行分析。

2017 年，王兴亚先生在《明清河南三教堂盛衰的历史考察》一文中考察了明清时期河南三教堂由兴盛到衰落的历史演变。他对"三教堂"这类庙宇进行了定义："民间信众兴建的合祀儒、释、道三教祖师的庙宇，是三教和合文化观念在制度和器物层面的主要载体和集中体现。"③他指出，由明到清，三教堂经历了由兴盛到衰落的历史转变。据史料记载，清代前期仅河南地区的三教堂就多达五百余处，并逐渐向基层社会渗透。到乾隆时期，由于这种崇奉模式与清政府"尊孔"的思想主张相悖，遂遭禁止。虽然三教堂从发展顶峰跌落下来，但并没有被禁绝，此后仍有大量三教堂在民间社会持续存在。

李天纲先生在围绕江南民间祭祀的研究中也论及"三教合一"在信仰实践层面的表现。他认为，"三教合一"之"一"于民间祭祀实践层面，是一个值

① 张君梅：《晋城地区的三教堂考》，《沧桑》2014 年第 5 期。
② 朱文广：《庙宇·仪式·群体：上党民间信仰研究》，北京：中国社会科学出版社，2015 年，第101 页。
③ 王兴亚：《明清河南三教堂盛衰的历史考察》，《石家庄学院学报》2017 年第 2 期。

得关注的重要面向：“事实上，明清时期的三教合一运动不仅仅是教义的融合，还有庙间渗透。”①“三教合一不仅合于教义，而且还合于祭祀、合于基层。”②这种“合一”形式的一个重要体现就是村、乡、镇一级的基层寺庙和信仰生活中儒、释、道三教的界限相当模糊，以至“佛道寺观经常将孔子塑像放进大殿，取其灵魂，与释迦牟尼、老子一起加以祭拜”。直到清代中晚期，“三圣合庙”的现象仍然普遍存在。③他认为，虽然从儒家士大夫的角度看中国宗教，儒释道是“三”教；但从民间信仰的角度看中国宗教，就是一个整体，不辨彼此，难分轩轾。可以说，“三教合一”源自基层民众——在他们日常的宗教生活中，根本就不分什么儒、道、佛。④换言之，民众向神灵祈祷，并不关注神灵属于哪一教派。这反映了普通民众在信仰生活中的“包容”、“开放”观念，也是中国宗教文化“多元化、开放性与兼容性”特质的突出体现。

此外，以往学界还有一些关于三一教、弘阳教等民间教派的研究，也注意到了“三教堂”、“三教祠”等以“三教”为名的庙宇。林国平于1992年出版的《林兆恩与三一教》一书中论及“三教堂”现象，并引用了柴萼关于“三教堂”的讨论，说明“明代的三教合一论不但流行于士大夫和僧尼之间，而且在民间传播开来”⑤。刘晓东在对明代后期“三教合一”思潮与三一教关系的考察中，亦注意到柴萼对明清时期三教庙的探讨，并将这类庙宇视为“三教合一”思潮在民间社会的呈现形式。⑥然而，刘氏侧重于考察林兆恩创立“三一教”、将“三教合一”思想推向顶峰以及林兆恩本人被尊为“三教先生”、“三一教主”并建祠崇奉等史实，却未具体探讨“三一教”修建的以“三教”为名的庙宇与民众自发修建的三教庙在信仰实践形式上的异同与关联。

---

① 李天纲：《金泽：江南民间祭祀探源》，北京：三联书店，2017年，第281—282页。
② 同上书，第327页。
③ 同上书，第358页。
④ 同上书，第356—358页。
⑤ 林国平：《林兆恩与三一教》，福州：福建人民出版社，1992年，第56页。
⑥ 刘晓东：《“三教合一”思潮与“三一教”：晚明士人学术社团宗教化转向的社会考察》，《东北师范大学学报》2002年第1期。

2002 年,梁景之的博士论文《清代民间宗教》,后编为《清代民间宗教与乡土社会》一书,对中国民间社会的全神(多神)信仰进行了深入的研究。他分析指出,清代以来常见于各地乡村社会的"众神庙"、"三教堂"、"三教寺"、"三教庵",以及山西、河北等地乡村盛行的"全案"俗信,正是具有浓厚乡土特色的民间多神信仰传统的产物。①2003 年,梁景之在《清代民间宗教的民俗性与乡土性》一文中,主要依据丰富的历史档案资料,指出全神信仰模式与唐宋以降的"三教合一"社会思潮在民间的普遍盛行相关,"三教合一"的身体力行者就是所谓的"乡愚百姓"。在乡村祠庙中"圆融三教诸神",反映了民间"神无大小,灵者为尊"的信仰观念:

> 乡村百姓出于最朴素的感情、最现实的考虑,圆融三教诸神,无差别地纳入自己的宗教世界,构筑了一副三教混同、仙佛圣同尊的多神信仰模式……在乡村社会的多神信仰中,作为三教之祖的孔子、释迦佛、老君固然是上位神,但最受欢迎者恐怕还是那些与当地民众的现实生活息息相关且通常又被认为是比较灵验的神祇,如观音、娘娘等女性神祇,土地、城隍等地方神,以及形形色色的俗神。②

梁景之指出,诸神并列一堂、共同接受人们崇奉现象的本质是乡村地区多神信仰模式对普通百姓信仰观念的适应。受此启发,笔者在考察三教庙的圣像组合时,亦注重三教圣人并列组合之外的其他祀神,进而分析明清时期地方神祇与三教圣人在民间信仰实践中的具体结合形态。

综上可知,以往学界关于三教庙的研究,在这类庙宇的历史起源、社会思想背景、国家政令干预等方面已经取得一定成果。许多研究将唐代以来

---

① 参见梁景之:《清代民间宗教》,中国社会科学院博士论文,2002 年,第 102 页;以及氏著《清代民间宗教与乡土社会》,北京:社会科学文献出版社,2004 年,第 290 页。
② 梁景之:《清代民间宗教的民俗性与乡土性》,《历史档案》2003 年第 4 期。

"三教一致"、"三教同归"等观念作为三教庙的重要思想基础,或将其与三一教、弘阳教等主张"三教合一"的民间教派结合起来进行研究,提出了不少富有启发性的理论或观点。还有一些研究选取山西、河南等地的三教庙为个案,发掘利用了当地丰富的碑刻、方志资料,也为本书的研究提供了有益的参考。

然而,必须指出的是,过往的研究主要运用文献分析、历史考证等方法展开,而缺少与中国民间信仰相关理论方法的结合,亦未能对三教庙背后的深层动因进行系统考察。而且,在三教庙的历史源流问题上,以往的研究探讨大多过于简略,并未全面梳理和阐明这类庙宇的历史起源与发展脉络;许多学者将三教庙的出现简单归结为"三教合一"思潮在民间社会普遍流行的产物,局限于"思想—社会"解释框架的固化模式。实际上,这类庙宇可能并非"三教合一"思想向民间社会渗透的直接结果,其真正根源和主要动因还需要从基层民众自身的信仰实践模式中寻绎。此外,对于三教庙相关祭祀活动的具体形态、各类人群关于三教庙的多元理解等问题的探讨基本上尚处于沉寂状态。这些现实因素都为本书的研究留下了较大的空间。

三、研究思路与方法

为了更加客观、全面、深入地研究三教庙,首先需要对本书的论域进行界定:本书的研究主要将三教庙及其祭祀活动作为一种民间信仰文化进行考察。之所以确定这样一种论域,是基于对近年来学界关于中国宗教研究的"方法论转向"或称"方法论自觉"的深刻思考。西方传统的宗教观念(概念)、构成要素、理论方法主要是在西方历史和社会文化基础上形成的,实际上不足以解释中国宗教尤其是形态丰富的中国民间信仰现象。故而,我们在面对中国民间信仰现象时,必须充分考虑其蕴含的地方性知识、文化习俗等要素,进而准确把握其实际的存在形态和发展特征。正如张志刚先生指出,应将中国民间信仰视为一个"广义的范畴",诠释为"一种原生态的宗教—文化现象群",并探讨其内在结构与本质意义。①因此,本书倾向于将三教庙及其祭祀活动界定为一种扎根于民间社会的信仰文化现象。

明确这一论域之后,本书将全面、系统地梳理三教庙的历史源流、基本形制、主要类型等,进而选取一定历史时期和区域作为典型案例来考察这种儒释道三教信仰元素在民间祭祀实践层面的融合或整合形态。具体而言,本书的研究框架包括如下几个要点:

(一)辨析和界定三教庙概念的基本内涵、核心要素,围绕三教庙在历史上的源流演变、各发展阶段的基本形态特征进行考察,从而对三教庙有一个宏观的了解和把握。由此,可以为典型案例研究提供必要的理论基础。

(二)选取明清泽州地区三教庙为典型案例,以庙宇范畴为中心,具体考察其分布、形制、类型、修建群体、祭祀活动等问题。这里需要指出的是,民间信仰现象的实际形态具有丰富性和生动性,在充分认识和理解三教庙这一民间祭祀形态的基础上,应当结合相关信仰观念、地域社会结构、文化习俗等方面进行系统分析,并通过实地调查的方法,力求客观、全面、深入地探讨三教庙及其信仰实践的特征与意义。

(三)通过明清泽州地区三教庙的典型分析,扩展到对中国民间社会以祭祀为核心的信仰生活的深层结构的整体性理解与诠释。具体而言,通过呈现中国传统社会知识精英所谓的"教"(特定信仰传统及其正统观念主导的教化体系)与普通民众所行的"祀"(祭祀实践及信仰生活的实际形态)之间的差异与张力,确证中国民间信仰生活之于知识精英阶层正统礼法观念的相对独立性,进而指出这种"一体两面"的内在结构可能也是整个中国宗教文化传统的重要特征。

沿着上述研究思路和理论框架,本书主要运用宗教学与历史人类学相

---

① 张志刚:《"中国民间信仰研究"反思——从田野调查、学术症结到理论重建》,《学术月刊》2016年第11期。

结合、历史文献和实地调查相印证的研究方法,对明清泽州地区的三教庙及其信仰实践展开系统考察和分析。宗教学的研究方法注重对信仰现象进行要素分析与理论阐释,历史人类学的方法则注重对区域社会进行实地研究。实地研究,亦即"实地调查"、"田野考察"(field work),是一种深入到研究对象的内部,以参与观察、收集资料,进而分析、解释相关现象的研究方法。这种方法最早是人类学特有的研究方法,后来被其他相关学科采用。英国人类学家马林诺夫斯基(Bronislaw Malinowski,1884—1942)强调"走入田野","直面文化事实",以"当地人的眼光"(the Native's Point of View)来理解当地的信仰文化。①美国人类学家格尔茨(Clifford Geertz,1926—2006)选取巴厘岛上的一个集镇作为"有限空间的地区",主要运用"深描"(Thick Description)方法,从地方社会的内部而不是外部来观察它,获得"地方性知识"(Local Knowledge),进而对人类的宗教生活作出文化的阐释。②近年来,李天纲先生对江南民间祭祀的研究,即是"地方性深描"方法在中国宗教研究领域较为成功的应用。③类似地,本书所关注的明清时期泽州地区三教庙及相关祭祀活动,与区域社会经济结构、文化传统、民俗观念等范畴紧密相联,因此,借鉴"深描"方法,本书将对与明清泽州三教庙相关的诸种社会、经济、文化因素进行整体考察、描述和分析,尽可能地结合当时的历史脉络和实际的社会环境去分析并诠释三教庙及相关祭祀活动对于"当时人"、"当地人"的具体意义。

此外,欧大年(Daniel L. Overmyer)先生关于中国民间信仰研究的"历史、文献和实地调查"综合方法,对本书的研究也颇有助益。这一综合方法的大致思路是:通过历史研究、文献解读来认识传统背景,再由实地调查来探究结构、功能和习俗;前两者有助于后者,后者则有助于更清晰地理解传

---

① 参见张志刚主编:《宗教研究指要》,北京:北京大学出版社,2005年,第425页。
② [美]格尔兹:《文化的解释》,纳日碧力格等译,上海:上海人民出版社,1999年。
③ 参见李天纲:《金泽:江南民间祭祀探源》,北京:三联书店,2017年。

统脉络。①回到"历史现场",并结合现今依然延续的"活生生的传统"进行考察、分析,通过"融入过程",体验信仰传统在民间社会内部的实际形态与本质意义。在依据历史文献进行分析的同时,对三教庙现存建筑、祭祀仪式进行实地观察和记录,以田野资料与历史文献互证,可以多角度、多层次地呈现研究对象丰富而生动的存在形态。

在研究材料方面,本书主要依据相关史籍文献、方志档案、碑刻题记等资料展开研究,尤其是笔者近年来通过"重返历史现场"——对泽州地区三教庙进行实地调查而获得的各种碑刻、脊枋题记、戏台题壁资料,构成了本书研究的基础性材料。这些资料大多与明清时期泽州地区三教庙的创修或重修活动有关,因真实记录了"当时人"、"当时事"而具有重要价值。②具体而言,相关碑刻资料主要记载了三教庙的修建过程、参与群体、资金来源等信息,有些还对儒释道三教关系进行了讨论,主要体现了"三教同源"、"殊途同归"等思想观念。部分三教庙的脊枋题记资料亦简要记录了庙宇修建年代、参与者姓名等基本信息。一些三教庙戏台保留的题壁资料则为我们提供了当年进行献戏的日期、演出班社、剧目内容等相关信息。可以说,本书选取泽州地区作为考察中心,正是基于这一区域颇具中国传统农耕社会形态的典型性、地方文化与民间信仰实践的连续性以及相关史料的丰富性。

事实上,包括碑刻、题记在内的来源于实地考察和搜集的历史资料,在当前关于地方社会文化以及区域史的研究中越来越受到研究者的青睐。赵

① [美]欧大年:《历史、文献和实地调查——研究中国宗教的综合方法》,《历史人类学学刊》第 2 卷第 1 期,2004 年。

② 需要注意的是,碑刻资料虽然是一种"历史现场"的记录,但同时又具有两大局限性:一是受石碑的书写篇幅限制,对庙宇的具体形制、祭祀仪式过程等信息往往难以进行详述;二是碑文书写的"纪功颂德"趋向比较明显,可能会在一定程度偏离历史真实。此外,某些类型的碑文书写往往是"模式化"的,导致碑文内容的"同质性"程度较高,致使我们从这类材料获取信息的详实程度受到限制。例如,陵川县秦家庄乡赵家背村三圣堂现存的清乾隆三十年(1765)《重修三圣堂碑记》与陵川县平城镇西善底村三教堂的清康熙六十年(1721)《重修三教堂碑记》的正文内容开篇百余字几乎完全一致。因而,单纯依靠碑刻资料对一些历史细节的还原与分析可能并不全面。

世瑜、科大卫(David Faure)等学者曾指出碑刻资料具有重大研究价值:"要想推动历史研究的进步,从碑刻中发掘新史料是一个非常重要的途径。历史研究必从材料出发,因此其意义不仅在于提供更多的研究内容,而且也可以引发方法论意义上的革命。"①在地方祠庙和民间信仰传统研究领域运用实地调查的研究方法,尤其应注意历史资料的丰富性:祠堂族谱、庙宇碑记、匾额楹联、建筑刻字以及各类民间文书等,都是以"历史文字"形态留存至今的重要资料,具有不容忽视的研究价值。因而,笔者在泽州地区实地调查过程中收集的大量"历史文字",构成了本书研究的重要基础。

基于上述研究思路与理论方法,本书的主体内容分为五章展开。

第一章"三教庙概述":集中考察和分析"三教庙"这一概念的基本内涵、核心要素、历史起源及演变脉络。这种整体性的考察,有助于我们在后面章节围绕明清时期泽州地区三教庙的相关问题展开具体研究。

第二章"区域分布、类型与形制":主要围绕明清时期泽州地区三教庙的分布特征、主要类型、形制布局等问题展开具体考察和分析,以呈现这类庙宇在明清泽州地区修建和发展的实际形态、结构特征及其蕴含的内在信仰逻辑。

第三章"主要修建群体":具体考察明清泽州地区三教庙修建活动的主要参与群体,这些群体包括"社"、士绅、僧道、"会"、商号和窑炉行等,共同构成了三教庙修建活动的重要保障。

第四章"相关祭祀活动":主要依据现存历史文献和实地调查资料,对明清时期泽州乡村民众在三教庙进行的烧香敬拜、供奉祭品、献戏酬神等祭祀活动展开具体研究,并寻绎这些祭祀活动背后的信仰逻辑与社会功能。

第五章"关于三教庙的多元理解":集中探讨不同人群对于三教庙的认知与理解,呈现并分析普通民众基于朴素信仰观念和现实生活诉求的"祀"与知识精英阶层强调儒家礼法体系正统性的"教"之间的分歧与张力。

---

① 参见赵世瑜、科大卫等:《碑刻——正在消逝的历史档案》,《光明日报》2002年1月24日第A04版。

第一章
三教庙概述

　　本章主要对"三教庙"这一概念的基本内涵、核心要素及其历史起源和发展演变进行整体性的分析和探讨。这种整体性分析与探讨，可以为后面章节围绕明清时期泽州地区三教庙相关问题的研究建立必要的理论基础。

第一节　概念内涵

　　由于以往学界对三教庙的相关研究尚未给予充分的重视，因而目前关于"三教庙"的概念内涵还没有一个明确的定义。对"三教庙"这一基本概念进行界定、辨析，是我们进一步研究其历史源流、庙宇形制、祭祀实践及相关信仰观念等具体问题的必要前提。

　　"三教"，是对儒、释、道三教即儒教（儒家）、佛教、道教的统称。[①]从历史上看，以"三教"统称儒、释、道，始于南北朝时期的北周，约公元 6 世纪中后期。到了唐代，"三教"的说法已通用于朝野上下。[②]结合中国古代传统典籍的语境来看，"三教"之"教"，主要是"教化"之义，更多是中国人注重的教化、

---

① "儒释道"三教，亦称"儒佛道"、"儒道佛"、"佛道儒"等，但究其本质内涵则是一致的。相比之下，"儒释道"三教的称谓在学界更为常用。因此，本书主要采用"儒释道"三教的表述。
② 李四龙：《论儒释道三教合流的类型》，《北京大学学报（哲学社会科学版）》2011 年第 2 期。

文化体系的内涵,不能等同于现代西方宗教学意义上的"宗教"(religion)概念。①冯友兰先生也曾指出,儒、释、道三教之"教",是教育或教化之教,不是宗教之教。②因此,中国传统文化语境中的"三教",主要是指儒、释、道三种道德教化之道。另外,"三教"也可侧重指代儒家、佛家、道家三种学术思想流派或信仰传统。当然,"三教"的信仰性与教化性内涵并不是截然区分的,往往是紧密结合、浑然一体。在"三教"概念的运用上,本书取其广义,以"三教"指称儒、释、道三种教化或信仰传统。

孔子、佛祖(释迦牟尼)、老子(老君)分别被尊奉为儒、释、道三教的创立者和主要代表人物,他们在各种史料和典籍中通常被合称为"三教圣人"或"三教祖师"。一般而言,儒、释、道三教各有祠庙、寺观分别祭祀或供奉其崇拜对象,儒教(儒家)有祠庙,佛教主要为寺院,道教则多称宫观。与这种常规形式不同,三教庙主要是将孔子、佛祖、老君圣像(采用塑像、雕像、铸像、画像等形制)并列供奉于同一庙宇殿堂。③这类庙宇的具体名称有"三教庙"、"三教堂"、"三教寺"、"三教院"、"三教宫"、"三教殿"、"三教祠"、"三教庵"、"三圣庙"、"三圣堂"等,但就其并列供奉三教祖师的信仰实践形式而言,可以统称为"三教庙"。

查阅历史文献可以发现,清代已有学者论及三教庙所呈现的"合祀"特征。例如,清代学者周广业(1730—1798,浙江海宁人)在《循陔纂闻》中说:

> 国初有所谓"三教堂"者,齐鲁间郡县皆有之,不知何人作俑,雕塑

---

① 西方现代宗教学意义上的"宗教"(Religion)涵义与中国儒释道三教的特征并不完全契合,尤其是在儒家是否称"教"的问题上,目前学界仍存在较大分歧。关于学界围绕"儒教"问题的讨论,可参见张志刚:《"儒教之争"反思》,《文史哲》2014年第3期。
② 冯友兰:《中国哲学史新编》中卷,北京:人民出版社,2007年,第508页。
③ 虽然亦有将儒、释、道三教中的其他崇拜对象(如观音、文昌、真武等)并列供奉于同一庙宇殿堂的现象,但结合对史料的整体梳理及实地调查情况来看,同堂崇奉孔、佛、老是最普遍的形式。此外,还有一些神祇为"儒释道"三教共同尊奉,例如关帝、妈祖,这些神祇同时也是民间信仰的崇奉对象,不能单纯地归类于某一种宗教或信仰传统。

形象,佛居中,道居左,孔子反居其右……其同堂不知所昉。辽太祖神册三年五月,诏建孔子庙、佛寺、道观,三教并举,民庶遂因而合祀之欤?①

清光绪年间的《重修皋兰县志》也有关于合祀三教祖师场所之记载:"三教合祀,在前明已经禁革,本朝道光中又奉谕更正;此洞所奉盖当时革而未尽者。"②另外,还有一些古籍将这类庙宇称为"三教并祀"。例如,清光绪《盐城县志》记载该县湖垛镇有三教庵,修志者按语云:"三教并祀,道光十六年有旨严禁。湖垛之三教庵,虽古刹,然究不可为训。"③

我们注意到,这类庙宇突出体现了"合祀"或"并祀"的特征。在基本内涵层面,"祀"具有浓厚的仪式性,即通过一定的仪式(如烧香、叩拜、供奉祭品等)向神灵或其他超自然力量表达敬意、请求其帮助实现人力难以达成的愿望。

在周代对天神、地祇、人鬼三类祭祀中,"祀"最初指的是对天神的祭祀。这一点在存世文献的具体记载中得到反映。《说文解字》云:"祀,祭无已也。"《周礼》中说:"以雷鼓鼓神祀,以灵鼓鼓社祭,以路鼓鼓鬼享。"贾公彦疏曰:"天神称祀,地祇称祭,宗庙称享。"④《汉书·郊祀志》云:"《洪范》八政,三曰祀。祀者,所以昭孝事祖,通神明也。"⑤在这里,"祀"还指对祖先、神明的祭祀,以"昭孝事祖,通神明"。后世"祀"的对象逐渐扩大,可以在广义上指称对一切鬼神的崇敬、祭祀。

中国古人很早就把祭祀作为国家政权的一项重大事务。《左传·成公十三年》云:"国之大事,在祀与戎。"⑥周代政权的合法性很大程度上就建立

---

① (清)周广业:《循陔纂闻》卷三,中国国家图书馆藏清钞本。
② (清)张国常纂修:《(光绪)重修皋兰县志》卷十九,民国六年石印本。
③ (清)刘崇照修:《(光绪)盐城县志》卷十七,清光绪二十一年刻本。
④ (清)孙诒让:《周礼正义》卷二十三,王文锦、陈玉霞点校,北京:中华书局,2013年,第900页。
⑤ (汉)班固撰、(唐)颜师古注:《汉书》卷二十五《郊祀志》,北京:中华书局,1962年,第1189页。
⑥ 《春秋左传正义》,(清)阮元校刻:《十三经注疏》(清嘉庆刊本),北京:中华书局,2009年,第4148页。

在一套严密的祭祀制度之上。国家层面的祭祀体系,即"祀典",在《周礼》《仪礼》《礼记》等历史文献中有经典表述,在秦汉礼制实践中逐渐成形,以后历代又根据具体情况有所损益,至隋唐时建立起一个基本的架构,宋元明清又各自有局部的调整与总结,至清代达到一个极为成熟和完备的体系。①从唐代开始,国家祭祀体系具体分为大、中、小祀三个级别:"大祀"的对象主要包括天神中的"天"(一般称昊天上帝或皇天上帝)、"地"(后土皇地祇);"中祀"的对象包括社稷、孔子、五岳、四渎、城隍等;"小祀"的对象则包括门神、灶神、马神、司命等。至明清时期,国家祭祀(祀典)的具体规格分为"大祀"、"中祀"、"群祀"三类。②

在国家祭祀体系之外,民间社会也建立了大量祠庙祭祀各种神灵,被官方称为"私祀"。从相关史料记载来看,早在汉武帝时期即已出现了"民间祠"③。至唐宋时期,民间社会建庙祀神的现象已十分普遍。民间所"祀"之对象,不仅包括祖先、神灵,还有佛教、道教的信仰和崇拜对象。前辈学者研究指出:"中国的农民,大多有宗教信仰,不过,其信仰庞杂而易变。诸多神佛、圣贤都在祭祀之列。""佛教和道教的下层信众,离不开念经、祈祷和祭祀。"④这类民间社会的祭祀行为,大多可以归入杨庆堃先生所谓的"弥漫性宗教"(diffused religion),其义理、仪式、组织与世俗制度和社会秩序其他方面的观念和结构密切地交织在一起。⑤荷兰学者田海(Barend J. ter Haar)认为,祭祀是中国传统社会几乎所有团体的核心活动,没有祭祀活动就没有社

① 吴飞:《从祀典到弥散性宗教》,李四龙主编:《人文宗教研究》第三辑(2012年卷),北京:宗教文化出版社,2013年,第108页。
② (明)李东阳等撰、(明)申时行等重修:《大明会典》卷八十一《礼部·祭祀通例》,扬州:广陵书社,2007年,第1265页。(清)允裪等纂:《大清会典则例》卷七十五《礼部·祭统》,清文渊阁四库全书本。
③ "上(汉武帝)善之,下公卿议曰:民间祠尚有鼓舞之乐,今郊祠而无乐,岂称乎?"参见(汉)司马迁撰:《史记》卷十二《孝武本纪》,北京:中华书局,1982年,第472页。
④ 牟钟鉴、张践:《中国宗教通史》下卷,北京:中国社会科学出版社,2007年,第923页。
⑤ 杨庆堃(C. K. Yang):《中国社会中的宗教——宗教的现代社会功能与其历史因素之研究》(修订版),范丽珠译,成都:四川人民出版社,2016年,第17页。

会组织。[1]并且，民间祭祀活动的具体形态是极其丰富的。可以说，在民间信仰实践的维度，"祀"这一概念的内涵达到了最大的弹性。

本书所关注的三教庙，其信仰实践即与"祀"紧密相关，是一种广义的祭祀。三教庙的相关祭祀活动，本质上具有"合祀"的特征。"合祀"是将两个以上的信仰对象按照一定的秩序组合起来进行祭祀的实践形式。一些"合祀"庙宇或现象见于官方祀典，例如各地广泛建立的关岳庙，通常合祀关公、岳飞等。此外，合祀某些上古帝王的庙宇也十分常见，如明正统年间（1436—1449）山西平阳府临汾县的三圣庙，合祀尧、舜、禹三圣。[2]相比之下，"合祀"现象在民间信仰实践中更为普遍。赵天改研究指出，"合祀"现象是中国民间祭祀的常见形式，与中国民间信仰的"多神崇拜"传统密切相关。[3]通过具体考察和分析可知，中国民间社会的"合祀"现象并非杂乱无章，往往具有一定的秩序性。这种秩序性主要体现在庙宇形制、造像位次、仪式形态等方面，通常反映出基层民众信仰实践的内在逻辑。中国民间社会常见的"合祀"庙宇，主要包括以下三种类型：

第一种是"双神组合"类型，即把两位神祇并列供奉于同一庙宇殿堂内。这种类型的民间祠庙十分常见，例如泽州地区的二仙庙（即真泽宫，祀乐氏二仙）、牛马王庙、土地（公、婆）庙、土地山神庙等祭祀对象固定组合，以及二圣庙、二王庙、双忠庙等祭祀对象不固定组合。

第二种是"三神组合"类型，即把三位神祇按照一定的秩序奉祀于同一庙宇殿堂内。这种类型的民间祠庙也比较常见，例如三教庙、三皇庙、三官庙、三圣母庙、三义庙等祭祀对象固定组合，以及祭祀对象不固定的三圣庙、三王庙、三仙庙等。

---

[1] Barend J. ter Haar, *Guan Yu*: *The Religious Afterlife of a Failed Hero*, Oxford: Oxford University Press, 2017.

[2] （明）傅淑训修、曹树声纂：《（万历）平阳府志》卷四，明万历四十三年刻清顺治二年递修本。

[3] 赵天改：《中国民间信仰中的合祀问题研究——以河南方志资料为中心》，《理论界》2010年第11期。

　　第三种是"多神组合"类型，即把三位以上神祇按照一定的秩序奉祀于同一庙宇殿堂内。这种类型的民间祠庙与前两种类型相比，数量并不是很多，主要包括全神庙、诸神庙、诸神观等。

　　由此来看，在同一殿堂内并列供奉孔子、佛祖、老君圣像的三教庙，属于"三神组合"类型的"合祀"庙宇。需要指出的是，三教庙在整体上呈现为一种"组合体"的同时，又保持着孔子、佛祖、老君各自代表的儒、释、道三教信仰传统的相对独立性。正如卜正民（Timothy Brook）在研究三教圣人的组合崇奉现象时指出：

　　　　三教圣人的组合崇奉现象反映了一种共存组合，在这种组合中，三教圣人之间仍保持着区别，这是三教在中国人信仰生活中共存而不是互相融合的生动形式。①

　　因此，三教庙的基本特征是在同一殿堂内并列供奉孔子、佛祖、老君圣像。这种基本特征也可以作为我们分析、判定一座庙宇是否为三教庙的主要标准。根据相关史料可知，三教庙有多种具体名称，主要包括"三教庙"、"三教堂"、"三教寺"、"三教庵"、"三教殿"、"三教宫"、"三教院"、"三教祠"等包含"三教"的名称，以及"三圣堂"、"三圣寺"、"三圣庙"、"三圣祠"、"三圣宫"、"三圣殿"等包含"三圣"的名称。然而，并非所有以"三教"、"三圣"为名的庙宇都采用同堂祭祀三教祖师的信仰实践形式。首先，"三教"除了统称儒释道三教之外，也可能另有所指。例如，佛教中的"戒"、"定"、"慧"三学有时也称为"三教"，指的是佛教内部三种不同的教法。"三教"还可指佛教中的"渐教、顿教、圆教"三种判教范畴。例如四川荣县刘家场"三教堂"，又称"三觉堂"，据民国《荣县志》记载："三觉堂，由翠笔峰入，宋碑存焉，三觉者，

---

① Timothy Brook, "Rethinking Syncretism: The Unity of the Three Teachings and Their Joint Worship in Late-Imperial China," *Journal of Chinese Religions*, 1993(21), p.33.

本觉、始觉、究竟觉也。又称三教，渐教、顿教、圆教也。"①此外，佛教地论宗认为，"声教"、"行教"、"圆教"三教，与"三佛"、"三根"相互关联而形成一个有机系统。在地论经典《融即相无相论》中有"今就体通宗解义，教有三种。其三者何？一者声教，对于六识。二者行教，对于七识。三者圆教，对于八识"，②以及"三教各有三佛"，"三教之差，随器剀别"③等说法。因此，"三教"还可指"声教"、"行教"、"圆教"三种教法。可见，"三教"的具体义涵丰富，以"三教"为名的庙宇并不一定实际采用同堂祭祀三教祖师的形式，而可能属于纯粹的佛教寺庙。其次，一些以"三教"为名的庙宇，虽然其名称中的"三教"指儒释道，但可能主要是收藏儒释道三教典籍的场所，并未设置孔子、佛祖、老君圣像进行祭祀。例如，南宋嘉定五年至十四年（1212—1221）修建的同安郡（今福建省厦门市同安区）紫防山金粟观，"中建三教堂，藏储道、释及儒家诸书"。④以"三圣"为名的庙宇，供奉的也不一定是儒释道三教圣人。"三圣"有着多种具体指称，比较常见的包括"尧舜禹三圣"⑤、"刘关张三圣"⑥等，佛教信仰中的"三圣"亦包括"西方三圣"（阿弥陀佛、观世音菩萨、大势至菩萨）、"东方三圣"（药师佛、日光菩萨、月光菩萨）、"华严三圣"（毗卢遮那佛、文殊菩萨、普贤菩萨）等不同对象。此外，一些以"三圣"为名的民间祠庙，祭祀对象可能是三种地方神灵。例如，明万历年间武乡县显王村重修

① （民国）赵熙总纂：《荣县志》卷十一，民国十八年刊本，台北：台湾学生书局，1971年，第1002页。
② 参见[日]青木隆：《融即相无相论题解》"三教对于三佛论第四"，"三根对于三教论第五"，[日]青木隆等整理：《藏外地论宗文献集成》，首尔：CIR图书出版，2012年，第403—405页。
③ [日]青木隆等整理：《藏外地论宗文献集成》，首尔：CIR图书出版，2012年，第243页。
④ （宋）魏了翁：《泉州紫帽山金粟观记》，曾枣庄、刘琳主编：《全宋文》第三百一十册，上海辞书出版社、安徽教育出版社，2006年，第341页。
⑤ 合祀尧、舜、禹这三位上古帝王的"三圣庙"，多见于山西地区。例如临汾尧庙在明代即称"三圣庙"，据现存明正德十六年（1521）《三圣庙碑》记载，该庙祀"尧、舜、禹三圣"。参见王天然等主编：《三晋石刻大全·临汾市尧都区卷》，太原：三晋出版社，2011年，第77页。
⑥ 例如，明清时期山西地区都很多会馆都称"三圣宫"，合祀刘备、关羽、张飞三圣，参见何炳棣：《中国会馆史论》，台北：学生书局，1966年，第58—69页。

三圣庙,祭祀八蜡、螟蚣、狐神三圣,"祈求除尽螟虫也"。①再如,清道光三十年(1850)陵川县石圪峧村创建三圣祠,实际上祭祀的是药王、瘟神、济渎三圣。②另外,一些并非以"三教"、"三圣"为名的庙宇,却可能实际采用了同堂祭祀三教圣人的信仰实践形式。这类情况比较复杂,似乎并无规律性,只能根据实际情况进行分析、判断。例如,修建于明万历、天启年间的山西阳城县水磨头村集庆庵,据相关史料记载,在清初时庵内供奉三教圣人、观音大士。③在明清泽州地区还有一种特殊情况:很多乡村祠庙可能长期没有正式名字(匾额),由于当地民众习惯将庙宇中的祭祀对象统称为"老爷"、"佛爷"或"佛",因而这些庙宇就俗称为"佛爷庙"、"佛庙"。实际上,这些庙宇中有一部分是三教庙。因此,仅从名称上来判断一座庙宇是否为三教庙,可能并不准确,而应当根据其实际的祭祀形式来分析、判定。

三教庙在祭祀形式上还区别于"三一教"等民间宗教(或称"民间教派"),并没有在三教圣人以外另设一个更高或具有实际主导地位之神(或人物),从而将儒释道三教融摄于某种新的信仰传统之下。例如明代中后期由林兆恩(1517—1598)创立的"三一教",曾修建了大量以"三教"为名的祠庙,尤其是在林兆恩逝世之后,福建的延、建、汀、邵等府,晋、安、清、漳等县"皆有三教堂,以供遗貌"④。这些以"三教"为名的祠庙,除少数三教祠堂内设有儒释道三教祖师像外,大多是供奉"三一教主"林兆恩"遗貌"的场所。由此可知,明代万历年间以后由"三一教"信徒建立的"三教堂"、"三教祠"等以"三教"为名的祠庙,与普通民众自发修建的三教庙虽然在具体名称上类似,

---

① 明万历十八年(1590)《重修三圣庙碑记》,碑存武乡县洪水镇显王村三圣庙。参见李树生主编:《三晋石刻大全·长治市武乡县卷》,太原:三晋出版社,2013年,第111页。
② 清道光三十年(1850)《创建三圣祠碑记》,碑存陵川县潞城镇石圪峧村。
③ (清)白胤谦:《桑榆集文》卷一,清顺治刻康熙续刻雍正补刻本。
④ (明)何乔远:《闽书》卷一百二十九,明崇祯刻本,第11页。

但实质并不相同，这是需要明确的。①

第二节　核心要素

三教庙的祭祀空间，包含着"像"与"位"两大核心要素。"像"即造像，包括铸像、塑像、雕像、绘像等具体形制。"位"即空间位次，主要指三教庙内造像所处的具体位置及这些造像之间的相对位次。

"像"，即造像在祭祀活动中具有重要意义，其本质特征是将崇拜对象以直观的形象展现，并在一定程度上使其神圣意涵也具象化。从儒释道三教各自的造像传统及其相互关系来看，佛教的"像教"传统对儒、道二教造像风格产生了深刻影响。②

佛教在传入中国之前即已形成自身的造像传统。释迦牟尼去世后，佛教信徒绘制或塑造其形象进行敬拜、瞻仰，由此，制作、安设佛像成为佛教信徒修持和供奉佛祖的重要方式。有学者研究指出，古印度佛教偶像可能起源于公元1世纪的贵霜王朝，其代表形制包括坐佛造像碑和寺院佛像。③因此，佛教自早期发展阶段即具有强烈的"像教"特征，以造像为重要的信仰实践方式。两汉之际传入中国的佛教，以"像"为先导，东汉明帝时已有佛教造像的明确记载，至魏晋南北朝时期转盛。南朝梁元帝《内典碑铭集林序》云："自象教东流，化行南国。"④唐王维在《工部杨尚书夫人赠太原郡夫人京兆

---

① 前辈学者如马西沙先生在研究中将"三一教"修建的以"三教"为名的庙宇称为"三一教祠"、"三一教堂"，可能就是出于这种区分的考虑。参见马西沙、韩秉方：《中国民间宗教史》，上海：上海人民出版社，1992年。

② 参见屈直敏：《从三教造像的演进看儒释道的融合》，《普门学报》第45期，2008年。

③ 何志国：《佛教偶像的起源及其在贵霜王朝交流》，《敦煌研究》2010年第1期，第32—33页；何志国：《印度佛教偶像起源再探》，《中国美术研究》2018年第3期，第15页。

④ （唐）道宣编：《广弘明集》卷二十《内典碑铭集林序》。（清）严可均编：《全上古三代秦汉三国六朝文》卷十七，北京：中华书局，1958年，第6105页。

王氏墓志铭并序》中说："男以无双令德,降帝子于凤楼;女则第一解空,归法
王之象教。"①此后,佛教的造像普遍应用于各种供奉活动之中,并且对儒、
道二教的造像活动产生了深远的影响。

　　先秦时期,儒家的祭祀仪式用"尸"而无像,"位"的观念在儒家礼仪中极
为重要。②汉代儒家以"木主栖神"作为祭祀的基本形式。早期儒家祭祀对
象除日月、山川、风雨雷电等自然对象外,主要包括三皇五帝、历代周王以及
周公、孔子等圣贤人物。汉代以来,对孔子的崇奉是儒家祭祀之重要内容。
据《史记·孔子世家》记载:"高皇帝过鲁,以太牢祠焉。诸侯卿相至,常先谒
然后从政。"③永兴元年(153),汉桓帝下诏修建孔庙,并确立了对孔子"春秋
祭祀"的制度。④但此时是否已出现作为祭祀对象的孔子图像,仍然存疑。
关于以造像形式祭祀孔子的最早记载,是东魏兴和三年(541)的《鲁孔子庙
碑》。据该碑记载,兖州刺史李珽塑孔子及十弟子像,并立碑于庙庭;其中,
孔子塑像"圣容肃穆"、"似微笑而时言"⑤。需要指出的是,孔子在早期儒家
祭祀中地位并不是最高的:汉代奉行"周孔之教",直至隋唐时期,官方学校
并祀周、孔,而以周公为先圣,孔子为先师,周公的地位高于孔子。唐高祖武
德二年(619),"始诏国子学立周公、孔子庙;七年,高祖释奠焉,以周公为先
圣,孔子配"⑥。可见,直到唐代初年,儒家祭祀仍以周公为主、孔子为辅。
贞观二年(628),唐太宗听取房玄龄、朱子奢建言,"乃罢周公,升孔子为先
圣,以颜回配",贞观四年(630)又诏令各州县建庙专祀孔子,称"孔子庙"。⑦
由此,孔子逐渐取代周公成为儒家崇奉的"至圣"。卓新平先生研究指出,为
了宣扬孔孟之道、推动儒家文化发展,唐宋以来各地州县都相继建立专祀孔

---

①　(唐)王维撰、陈铁民校注:《王维集校注》卷十,北京:中华书局,1997 年,第 977 页。
②　参见邢千里:《中国历代孔子图像演变研究》,山东大学博士学位论文,2010 年。
③　(汉)司马迁撰:《史记》卷四十七《孔子世家》,北京:中华书局,1982 年,第 1905 页。
④　高文等编著:《中国孔庙》,成都:成都出版社,1994 年,第 2—3 页。
⑤　东魏兴和三年(541)《鲁孔子庙碑》,(清)严可均编:《全上古三代秦汉三国六朝文》卷五十八,北
　　京:中华书局,1958 年,第 7611 页。
⑥⑦　(宋)欧阳修、宋祁等纂:《新唐书》卷十五《礼乐志》,北京:中华书局,1975 年,第 373 页。

子的文庙，并且，许多文庙具有办学功能，由此形成了"庙学合一"的现象。①
此后，文庙祭孔之礼仪形式又经过"立像"与"神主"之争。至元代，各地文庙
祭孔多采用设像的形式，亦有木主供奉之例。明嘉靖九年（1530）通令天下
文庙撤孔子像，改用神主牌位以祭。然而，此后各地仍有不少庙宇以设像形
式祭祀孔子。

道教造像传统的形成也经历了长期的历史过程。汉代至十六国时期，
道教的教义和图像尚处于初期发展阶段，加之文化地域性的限制，尚不足以
建构一个完整的图像体系。②直至魏晋南北朝，随着佛教造像的普遍流行，
道教也开始模仿佛教的造像方式，建造天尊、老君及"三清"圣像。唐释法琳
《辩正论》引王淳《三教论》云："近世道士取活无方，欲人归信，乃学佛家制立
形像，假号天尊及左、右二真人，置之道堂，以凭衣食。宋陆修静亦为此形
也。"③在具体形制上，南北朝道教造像多为石刻造像碑或单体造像，还出现
了大量"佛道并坐"造像。④这类"佛道并坐"造像以及佛教造像传统中的"一
佛二弟子（菩萨）"模式，可能对早期三教庙的造像模式产生了重要的影响。

三教庙的造像形制可分为塑像、雕像、铸像、画像（壁画、挂轴画）等，造
像材质包括土木（木骨泥塑）、金属（金、铜、铁等）、石、丝帛、纸等。据相关资
料记载来看，塑像是三教庙造像最为常见的形制，并且三教祖师圣像通常都
采用"坐像"的造型，大小基本一致。但是，也有一些三教庙的造像大小存在差
异。例如，清乾隆九年（1744）河南学政林枝春调查发现，河南地区三教庙中的
圣像位次通常为"佛踞中，老子、圣人互相左右而略小其身，俯仰旁侧"。⑤即居

① 卓新平：《中国人的宗教信仰》，北京：中国社会科学出版社，2015 年，第 59 页。
② 参见李淞：《中国道教美术史》第一卷，长沙：湖南美术出版社，2012 年，第 197 页。
③ （唐）释道宣：《广弘明集》卷十四，上海：上海古籍出版社，1991 年，第 192 页。
④ 李淞：《中国道教美术史》第一卷，长沙：湖南美术出版社，2012 年，第 197—205 页。
⑤ 清乾隆九年（1744）四月十二日河南学政林枝春奏折《奏请禁河南彰德府所设三教堂事》，北京：
中国第一历史档案馆藏档案。（清）昆冈等纂：《钦定大清会典事例》卷五百一，台北：新文丰出
版公司据光绪二十五年刻本印行，1976 年，第 11743 页。

中的佛像比其两旁的老子、孔子像更高大,这就使得老子、孔子的从属陪衬地位较为明显。这种造像模式体现的主次、尊卑秩序,成为明清时期部分儒家官员与基层民众关于三教庙态度分歧的焦点。除了外形大小差异之外,三教庙中的佛祖、老子、孔子造像在制作形式和材质上也可能存在差异。不少三教庙中的佛像制作形式或材质实际上比孔、老圣像更为精致。例如,明宣德二年(1427)武乡县长乐村三圣寺"重建正殿三间,绘塑释迦佛一尊,壁之左、右位绘夫子及老君二圣之像"。①再如,修建于明万历四十一年(1613)的泽州小庄村三教堂"内塑释迦"而"立壁绘孔、老"②。在这类情形中,佛为塑像,而孔、老二像则采用壁画的形式。

"位"是三教庙祭祀空间的另一个核心要素,主要是指佛祖、老子、孔子三像在庙宇殿堂内所处的具体位置及其之间相对的位次。前文所述,三教庙通常将三教祖师圣像设置于同一殿堂之内。在三教庙坐北朝南的正殿内,佛祖、老君、孔子圣像组合在整体上位于殿堂内的北部;如果采用画像形制,则通常绘于殿内之正壁。

从相关史料来看,三教庙的圣像位次大多以佛像居中,老君、孔子像分别居于佛像之左、右两边。将佛像放在中间,可能与佛教信仰在早期三教庙发展中的主导作用有关。原少锋研究指出,早期的三教堂与佛教信仰传统之间有着紧密的关联,"甚或可说即是由佛教僧徒一手主力兴建、创制的","释迦居中,实际上构成了三教堂的一般情状,同时也彰显了三教堂的佛教倾向"。③另一方面,从圣像外观的整体审美来看,佛祖(释迦牟尼)的外观形象在三教圣像组合中相对独特,老君、孔子的外观形象(发髻、须髯、服饰等)则是近似的。因而,外观形象相对独特的佛像置于中位,形象颇为接近的老

---

① 明弘治七年(1494)《重修三圣寺记》,碑文参见李树生主编:《三晋石刻大全·长治市武乡县卷》,太原:三晋出版社,2013年,第594页。
② 明万历四十一年(1613)《创建三教堂记》,碑存泽州县金村镇小庄村三教堂。
③ 原少锋:《明清三教堂研究》,东北师范大学硕士学位论文,2010年。

君、孔子像分列佛像之左、右，这在整体上呈现了一种"类对称"或者"协调对称"的特征，比较符合人们通常的审美方式。

更深一层来看，三教庙的圣像组合位次还蕴含着一定的秩序。虽然不同历史时期关于左右位次的主次、尊卑观念不尽一致，例如唐、宋时期尚左，元代尚右，明、清时期复尚左，但各个历史时期基本上都认可"居中为主"，即以中位为最尊的观念。因此，在"位"的维度，三教祖师圣像之间形成了一种相对的主次、尊卑秩序：居中的佛像在三教圣像组合中处于核心和主导的位置，而列于佛之左、右位的老君、孔子像则处于相对次要的陪衬位置。相对应地，在思想学说的先后主次顺序维度，这种圣像组合模式也蕴含着以佛教为尊的象征义涵。

综上所述，在三教庙坐北朝南的正殿内，佛祖、老君、孔子圣像组合在整体上位于殿堂内的北部；如果采用画像形制，则通常绘于殿内之正壁。三尊圣像之间的相对位次一般是以佛像居中而老君、孔子像分别居于左、右两边。因此，在"位"的维度，三教祖师圣像之间形成了一种主次尊卑秩序：居中的佛像处于核心和主导位置，老君、孔子像则处于相对次要的陪衬位置。

此外，三教祖师圣像组合位次还有三种特殊情形，需要加以说明：

（1）三教祖师圣像设置于同一殿堂内，佛像位于正面墙壁前（坐北朝南），而老、孔二像位于左、右两侧墙壁前方且朝向相对。这种位次模式虽然不是三尊圣像的"平行式并列"，但三像之间实际上仍形成了一种类似并列的"集聚格局"。

（2）三教祖师圣像分别奉祀于同一庙宇内的不同殿堂，这种情况需要根据三殿的具体方位朝向来具体分析三尊圣像之间的相对位次，通常仍形成类似并列的"集聚格局"。

（3）三教祖师圣像设置于石窟、岩龛空间之内。这种情形需要具体分析三尊圣像在同一窟（龛）或分别在不同窟（龛）之间的相对位次，来判定是否在空间上实际形成了类似并列的"集聚格局"。

第三节　历史源流

关于三教庙的历史起源及演变脉络,前人已经有所关注和探讨。例如,清代学者周广业(1730—1798,海宁人)在《循陔纂闻》中,对"三教堂"的历史起源进行了分析讨论:

> 国初有所谓"三教堂"者,齐鲁间郡县皆有之,不知何人作俑,雕塑形象,佛居中,道居左,孔子反居其右……其同堂不知所昉。辽太祖神册三年五月,诏建孔子庙、佛寺、道观,三教并举,民庶遂因而合祀之欤?[①]

周广业认为,辽太祖神册三年(918)五月诏建孔子庙、佛寺、道观这一"三教并举"措施或许是民间社会出现三教庙的原因。笔者查阅《辽史》,发现确有辽太祖神册三年"五月乙亥,诏建孔子庙、佛寺、道观"的记载。[②]但是,据此只能推知辽代统治者同时扶植儒、释、道三教,但并不能以此作为修建三教庙之起源。

民国学者柴萼在其关于"三教堂"的研究中,主要通过相关文献资料的梳理来追溯这类庙宇的历史渊源。他将唐代的"三教一致"观念以及此后流行的"三教合一"思潮作为"三教堂"出现的一个重要思想基础。然而,关于这类庙宇的最早出现年代,他并未展开系统的考察,仅认为"三教堂明代已行,绝无疑义"。[③]

---

① (清)周广业:《循陔纂闻》卷三,中国国家图书馆藏清钞本。
② (元)脱脱等撰:《辽史》卷一,北京:中华书局,1974年,第13页。
③ (民国)柴萼著:《梵天庐丛录》卷二十九,上海:中华书局,1936年,第15册第22页。

当代学界对三教庙的历史起源亦有关注。加拿大学者卜正民(Timothy Brook)以"三教融合论"为思想背景,对三教组合崇奉现象进行考察。他指出,这种信仰实践形式是自宋代以来"三教合流"历史进程的重要产物。①原少锋认为:"三教堂初创于唐代而成形于宋元。"②段建宏考察发现,山西地区的三教堂最早出现于金元时期。③

现存的三教庙大多为明清时期建筑,元代以前的三教庙建筑几乎都未能留存。我们主要依据相关史籍、方志、碑刻、题记等资料来追溯三教庙的历史起源。依据史料记载和实地考察可知,这类庙宇通常在具体名称中带有"三教"或"三圣"字样。我们首先以此为线索,梳理史籍、方志、碑刻等资料中以"三教"、"三圣"为名的庙宇记载,再具体分析其实际造像形制以辨别该庙宇是否采用了同堂崇奉儒释道三教祖师像的信仰实践形式,由此来追溯这类庙宇的最早出现年代。

现有史料所见最早以"三教"或"三圣"为名的庙宇,可能是宋李昌龄(937—1008)《乐善录》④引述《十生记》中记载的"三教院":

> 昙相禅师(观音化身)往三教院应供,道逢一牛,疮血被体。其徒以问,师曰:"此牛昔一狱吏也,时有禁囚一十七人,吏考掠无完肤,故有此报。今三十年矣,尚余三年。夫箠楚之下,何求而不可得? 苟存心不恕,罪报其可逃乎?"(《十生记》)⑤

---

① Timothy Brook，"Rethinking Syncretism: The Unity of the Three Teachings and Their Joint Worship in Late-Imperial China,"*Journal of Chinese Religions*，1993(21)，p.33.

② 原少锋:《明清三教堂研究》,东北师范大学硕士学位论文,2010 年。

③ 段建宏:《国家与民间社会中的三教信仰:对山西三教堂的考察》,《社会科学论坛》(学术研究卷)2009 年第 2 期。

④ 《乐善录》是一部社会劝善小说,作者李昌龄(937—1008),字天锡,河南杞县人,太平兴国三年进士,官至御史中丞、参政知事。李昌龄从前人各书搜集劝善故事两百余条,编成《乐善录》十卷,以劝世人向善之心。现存古籍底本有宋绍定本。

⑤ (宋)李昌龄撰:《乐善录》,上海:商务印书馆,1935 年,第 26—27 页。

　　据唐道宣《续高僧传》卷十六《周京师大福田寺释昙相传》记载:"释昙相,姓梁氏,雍州蓝田人,与僧实同房……住大福田寺,以周季末历正法颓毁,潜隐山中。开皇之初,率先出俗,二年四月八日卒于渭阴。故都图像传焉。"①据此可知,释昙相为北周时期的僧人,生年不详,卒年为隋开皇二年(582),约与僧实(476—563)同时,主要活动于关中地区,北周武帝废佛期间(约574—578)曾隐居山中,隋初复出弘法。从《乐善录》引述的这则记载来看,昙相禅师应供之处"三教院",可能是一座以"三教"为名的佛教寺院。然而,《乐善录》的成书时间约为公元十世纪后期,此处所引《十生记》为唐代僧人慧宽所作,文本已佚,②又无其他文献记载为佐证,我们仅据此则资料尚难确定公元六世纪时已出现以"三教"为名的庙宇,亦无法考证这座"三教院"是否实际上采用了同堂崇奉儒释道三教祖师的信仰实践形式。

　　另一则关于六世纪时以"三教"为名庙宇的史料记载,见于宋王象之(1163—1230)《舆地纪胜》卷六十五"天皇寺三教殿"条:

　　　　天皇寺三教殿。《朝野佥载》云:"梁张僧繇尝画江陵天皇寺柏堂,作卢舍那像及仲尼、十哲,明帝怪问释寺如何画孔圣,僧繇曰:'后当赖此。'及浮屠法废,独此殿有宣尼像得不毁。"事见《吴郡志》。象之常怪蜀中佛寺有三教像,以为始于唐,而不知已始于梁矣。盖梁人尚佛,故合儒、佛而为一殿;至唐尚道,则又合儒、道、释而为一云。③

---

① (唐)道宣撰,郭绍林点校:《续高僧传》卷十六《周京师大福田寺释昙相传》,北京:中华书局,2014年,第2册第594—595页。

② (宋)本觉撰:《历代编年释氏通鉴》卷八,清阮氏文选楼抄本,参见陈士强:《佛典精解》下卷,上海:上海古籍出版社,1992年,第1294页。

③ (宋)王象之撰:《舆地纪胜》卷六十五《荆湖北路·江陵府下·古迹》,北京:中华书局,1992年,第2220页。

张僧繇是南朝梁(502—557)著名画家,江陵天皇寺故址在今湖北荆州。王象之的《舆地纪胜》编写于嘉定十四年(1221)至宝庆三年(1227),"天皇寺三教殿"这则史料的文献来源有二:一为《朝野佥载》,一为《吴郡志》。《朝野佥载》是唐代张鷟(约 660—740)撰写的一部史料笔记,但该书的现存版本中并没有关于"天皇寺三教殿"的记载。①《吴郡志》的作者范成大(1126—1193)生活年代略早于王象之。我们可以在宋本《吴郡志》中找到"张僧繇佛寺画孔圣"的相关内容:

> 梁张僧繇,吴人,丹青绝代。尝画江陵天皇寺柏堂,作卢舍那像及仲尼、十哲。明帝怪问:"释寺如何画孔圣?"僧繇曰:"后当赖此。"及废浮图法,独此殿有宣尼像得不毁。(《朝野佥载》)②

宋本《吴郡志》亦注明这则资料所据为《朝野佥载》。由此推测,在十二世纪中后期流行的《朝野佥载》版本或有这则记载。与《舆地纪胜》记载不同的是,此处记载张僧繇佛寺画孔圣的具体地点为天皇寺中的"柏堂",而非"三教殿"。

另外,唐李冗《独异志》亦记载了"张僧繇尝画江陵天皇寺柏堂"之事:

> 梁张僧繇善画,为吴兴太守,武帝每思诸王在外藩者,即令僧繇乘传往写其貌,如对其面。尝于江陵天皇寺画佛并仲尼及十哲,帝曰:"释门之内画此,何也?"对曰:"异日赖之。"至后周焚灭佛教,以此殿有儒圣,独不焚之。③

---

① 《朝野佥载》传至宋代已有散佚,至明代已难见其书原貌,今存世版本有六卷本和一卷本两种。参见(唐)张鷟撰、郝润华、莫琼辑校:《朝野佥载》,济南:山东人民出版社,2018 年,第 3 页。
② (宋)范成大纂、汪泰亨增订:《(绍定)吴郡志》卷四十三,择是居丛书景宋刻本。
③ (唐)李冗:《独异志》卷上,北京:中华书局,1985 年,第 10 页。

　　仔细分析上述几则资料,可知张僧繇在江陵天皇寺柏堂所绘者只有卢舍那佛、孔子及十哲像,并未画老子或其他道教崇拜对象。并且,《独异志》《吴郡志》都只言张僧繇画"江陵天皇寺柏堂"而非"三教殿";只有王象之《舆地纪胜》的记载为"天皇寺三教殿"。因此,我们只能确定张僧繇曾在江陵天皇寺中的柏堂绘制了佛、儒二教圣像,至于此处后来是否增加了道教圣像而更名"三教殿",由于缺乏相关史料,尚难确知。另一方面,从上述记载来看,张僧繇将佛、孔同绘于一壁,主要是出于"以儒庇佛"的考虑。

　　成书于日本平安时代(794—1192)的《东大寺要录》引唐天台僧思讬撰写于延历七年(788)的《延历僧录》记载,唐天宝十二年(753),玄宗在长安接见了日本遣唐使藤原清河、大伴宿祢胡麻吕、吉备真备一行,并让当时已留唐三十六年的阿倍仲麻吕(朝衡)引导他们参观府库及"三教殿":

　　　　又发使入唐。使至长安,拜朝不拂尘。唐主开元天地大宝圣武应道皇帝云:"彼国有贤主君,观其使臣趋揖有异。"即加号日本为"有义礼仪君子之国"。复元日拜朝贺正,敕命日本使可居于新罗使之上。又敕命朝衡领日本使于府库一切处遍宵。至彼披三教殿,初礼君主教殿,御座如常庄饰,九经三史,架别积载厨龛;次至御披老君之教堂,阁少高显,御座庄严少胜,厨别龛函盈满四子太玄;后至御披释典殿宇,显教严丽殊绝,龛函皆以杂宝厕填、檀沉异香、庄挍御座,高广倍胜于前,以杂宝而为烛台,台下有巨鳌,戴以蓬莱山,上列仙宫灵宇,戴宝树地,瑟瑟红颜梨宝庄饰树花,中一树花中各有一宝珠,地皆砌以文玉。其殿诸杂木尽钻沉香,御座及案经架宝庄饰尽诸工巧。[①]

　　从这则记载来看,藤原清河等人当时看到的"三教殿",包括"君主教

---

① [日]筒井英俊编:《东大寺要录》卷一《胜宝感神圣武皇帝菩萨传》,大坂:全国书房,1944年,第21页。

殿"、"御披老君之教堂"、"御披释典殿宇"三大部分。"君主教殿"收藏的"九经三史",即王官之学及儒家经典。"御披老君之教堂"主要是收藏道家经典的殿堂,此处称"老君之教堂",当是由于老子在唐代被奉为李唐皇室之始祖,地位尤尊。① "御披释典殿宇"则是收藏佛教经典的殿宇。此处的三教殿,可能是宫内收藏三教典籍以供玄宗御览的殿堂,并非同堂崇奉三教祖师的信仰实践空间。在皇宫内修建收藏三教典籍的殿宇,与唐玄宗秉持的"三教并举"观念密切相关。玄宗曾为《孝经》《道德经》和《金刚经》作注,积极推进三教思想共同发展。这则资料对"御披释典殿宇"的描写最为详细,可能主要是因为当时日本大力推崇佛教,遣唐使对佛教典籍尤为关注,因而对收藏佛典殿宇的记载比其他二殿更为细致、翔实。②

在今四川省成都市龙泉驿区山泉镇大佛村大佛岩,现存一通唐大历六年(771)石刻《资州刺史叱干公三教道场文》,由成都府广都县丞李去泰撰文,记载了大历二年(767)资州刺史叱干公修建"三教道场"之事。③《资州刺史叱干公三教道场文》内容如下:

> 四维无涯,玄黄混其体;精气相射,阴阳孕乎中。寒暑推移,日月所以交会;道德敷畅,仁义所以表仪。即有金人流化,开悟方便之门;宝箓内宗,冲融自然之理。法本无别,道亦强名,随化所生,同归妙用;故知二仪生一、万象起三,殊途而归,体本无异。至哉广运,玄之又玄,方丈之间,示我三教。

---

① 唐高宗乾封元年(666)二月追封老子为"太上玄元皇帝",唐玄宗天宝二年(743)正月加尊号"大圣祖",天宝八年(749)六月又加尊号为"圣祖大道玄元皇帝"。参见(后晋)刘昫等撰:《旧唐书》,北京:中华书局,1975年,第90、223页。

② [日]增村宏:《遣唐使の研究》,京都:同朋舍,1988年,第390页。

③ 叱干为鲜卑古姓,源出鲜卑叱干部,与北周皇室宇文氏同属鲜卑族。叱干公,其名不详,唐大历二年(767)至六年(771)任剑南道资州刺史。参郁贤皓:《唐刺史考》,南京:江苏古籍出版社,1987年,第5册第2678页。

察其形①制，即资州刺史叱干公作礼虔诚，大历二年十月奉为我国家之所造也。公六德居邦，千里作镇，心贯白日，志励秋霜。出敌忘家，长安不徒甲第；以身许国，阃域独作长城，公之忠也。每厌黑山尚屯，常以丹诚望阙，所经幽异，志诚感神，上启灵祇，誓清壤裔，公之义也。今南方已定，全蜀无虞，战马归山，众落附款，公之力也。襟带无外，书轨永同，至于海隅，罔不咸若，公之愿也。所以建此道场，上答神理，公之信也。

天地合应，鬼神共资，磅礴山川，怂邃祠宇，若非智力，谁启此门？巍巍乎视现不穷，荡荡乎思量无及。人世幻影，尽证虚无，众圣真容，超然利见。无言说法，无色现身，不动如始，能生此会。黄金照曜，上有白豪放光；紫气氤氲，下有真人现世。汉崇褒圣，已表儒风；唐号文宣，弥尊德位。仙云法雨，并洒虚空；东序西庠，尽涵雾露。别为世界，更有神形，手持宝刀，常亲护法，枝叶本根，则后周之苗裔也。位尊茅土，再忝文王之名；班列将军，特勋龙骧之号。罗列四部，变现十方，回向之间，不觉恍惚。想之疑远，人理并行；听之无言，风树传法。悲夫造化，未出陶钧，稽首归依，愿离生死。踟蹰勒石，用纪斯文。其词曰：

西方大圣，为法现身。不生不灭，无我无人。甘露洒雨，水月净尘。心澄智海，道引迷津。湛然不动，永绝诸因。

混元难测，杳杳冥冥。恍惚有物，想象无形。九天辩位，四方居星。中含仙道，下育人灵。法传不死，空余老经。

广学成海，焕文丽天。光扬十哲，轨范三千。获麟悲凤，赞易穷玄。首唱忠孝，迹重仁贤。其道不朽，今古称先。

门师京兆府万年县沙门智顺，书人乐安郡任惟谦。

---

① 此处"形"字，《全唐文》著录之《资州刺史叱干公三教道场文》作"规"，参见（清）董诰等编：《全唐文》卷四百四十四，上海：上海古籍出版社，1990年，第2003页。

　　镌字人平原郡雍慈顺，都料丈六弥勒佛匠雍慈敏。

　　大历六年岁次辛亥孟夏月十五日记。①

　　战功赫赫的资州刺史叱干公为报答神灵护佑，"建此道场，上答神理"。文中描绘了三教道场"方丈之间，示我三教"、"众圣真容，超然利见"的形制特征，由此来看，唐大历年间修建的"三教道场"可能是在岩龛空间供奉佛祖、老君、孔子像，采用了崇奉三教祖师的信仰实践形式。文中关于佛祖、老君、孔子的三段赞词书写顺序以佛为先，且文末记录相关参与者首列"门师京兆府万年县沙门智顺"之名，据此推知"三教道场"的奉祀形制与佛教密切相关，其造像组合很可能以佛像居于中心位置。清嘉庆《四川通志》亦著录《三教道场文》，并附注："文内叙三教，先佛、次道、次宣圣。盖三教之目肇于此矣。沙门智顺，谓之门师，未晓其义。三教似皆有造像，而独有都料丈六弥勒佛匠姓名著于末行，亦未详也。"②

　　宋王象之《舆地纪胜》卷一百八十七记载了两处三教院，庙宇故址均在今四川省巴中市境内：

　　　　三教院，去化城县百里。三教，谓儒、释、老也。懿宗咸通二载改为三教院，有诏云："卓哉斯文，设而宏彰。道高德迈，言教洋洋。"谓宣尼也。"大哉世尊，兴自中古。迹隐南天，教传东土。"谓释氏也。"伊为元元，生天地先。道德微旨，言行五千。"谓老子也。

　　　　又曾口县亦有三教院，佛子居中，老子居左，孔子居右。③

---

① 唐大历六年(771)《资州刺史叱干公三教道场文》，现存四川省成都市龙泉驿区山泉镇大佛村，参见北京图书馆金石组编：《北京图书馆藏中国历代石刻拓本汇编》，郑州：中州古籍出版社，1990 年，第 27 册第 97 页。

② (清)常明、杨芳灿等纂修：《(嘉庆)四川通志》卷六十，成都：巴蜀书社，1984 年，第 2166 页。

③ (宋)王象之：《舆地纪胜》卷一百八十七，北京：中华书局，1992 年，第 4892 页。关于唐懿宗《改三教院诏》，可参见陈尚君辑校：《全唐文补编》卷 79，北京：中华书局，2005 年，第 969 页。

由此可知,化城县三教院是唐咸通二年(861)下诏改建的。关于这座庙宇改建之前的具体情况,史载不详。诏书中叙述三教的先后次序(儒、释、道)可能体现了当时朝廷以儒为主导、佛道为辅翼推行治化的整体原则。不过,唐懿宗是有名的崇佛皇帝,在位期间广建佛寺、大造佛像,布施钱财无数,大规模的法会道场空前兴盛,咸通十四年(873)还从法门寺迎佛骨舍利入宫供奉。因此,化城县的这座由唐懿宗下诏改建的三教院,很可能由佛教主导具体崇奉礼仪,而在三教祖师圣像位次设置上以佛居中。

据《舆地纪胜》,曾口县(今四川省巴中市曾口镇)亦有三教院,但未知具体修建年代。从《舆地纪胜》成书于南宋宝庆(1225—1227)年间可知,曾口县三教院的修建年代当不晚于1227年。值得注意的是,《舆地纪胜》明确记载了曾口县三教院中佛祖、老君、孔子圣像设置的具体位次,即佛居中、老子居左、孔子居右。①

又据明曹学佺《蜀中广记》卷二十四引《舆地纪胜》云:

> 新政县大历碑,在江岸之次,颜鲁公书,碑傍有佛、老、孔子像,像傍又有二小记,皆大历中物。按:此所谓三教院也。②

根据这则记载,新政县(今四川省仪陇县新政镇)江岸边有一通唐大历

---

① 古人在描述三教圣像位次时所言"左"、"右",通常是以居中之主位为参照基点来指称的,因此,三教庙以"佛居中、老子居左、孔子居右"的圣像位次,即是指佛居中位,老子居于佛之左、孔子居于佛之右。以下行文论及三教圣像位次之左、右时,亦同此,不再赘述。

② (明)曹学佺:《蜀中广记》(外六种),上海:上海古籍出版社,1993年,第1册第312页。曹学佺所引的这段文字未见于现存版本《舆地纪胜》,可能是因为这则内容在后来佚失。南宋宝庆年间(1225—1227)王象之在长宁军(今四川省宜宾市长宁县)文学任上编写了《舆地纪胜》二百卷,至清代已有大量内容散佚。现存《舆地纪胜》的卷目下,阙第十三至十六卷、第五十一至五十四卷、第一百三十六至第一百四十四卷、第一百六十八至第一百七十三卷、第一百九十三至第二百卷内容。

年间(766—779)的碑刻,碑文为颜真卿书写,碑旁有佛、老、孔子像,皆制作于大历年间。曹学佺认为,这三尊圣像所在之处原有一座"三教院"。若此记载可信,唐大历年间新政县江岸边的三教院亦是一座供奉三教祖师的庙宇。然而,这座三教院的庙宇建筑和造像皆已不存,又缺少其他相关史料,故难以确知其造像奉祀的具体情形。

一些明清时期的方志、碑刻文献也有关于唐代"三教庙"、"三教堂"的记载。例如,山西泽州县金村镇水北村现存的明万历十七年(1589)《重修三教庙碑记》云:"濩泽东二十里许有聚曰水北,即战国韩营,宋元招贤里也。其中社先民创三教祠,始建于唐元和癸巳间。"①再如,清雍正《山西通志》记载:"(阳曲县)崛围寺,在城西三十里崛围山下呼延村,唐贞元二年建,额曰'三教堂'。"②然而,由于这些资料的年代距唐代较远,又无其他史料佐证,我们对这些记载的可信度只能存疑。

综合上述考察和分析来看,三教庙至迟在唐代中后期已出现,具体名称有"三教道场"、"三教院"等,名称中的"道场"、"院"表明其佛教寺院的特征。从地域上看,早期三教庙主要分布于今四川地区。由于这些庙宇建筑及造像今已不存,我们只能依据相关史料推知早期三教庙的圣像位次可能为"佛居中、老君居左、孔子居右"的形式。

至北宋时期,三教庙开始大量修建。综合相关史籍、方志、碑刻等资料来看,北宋时期的三教庙在今山西、四川、山东、河南、河北等地均有分布,通常以"三教院"、"三教寺"、"三教堂"、"三圣寺"、"三圣堂"等为具体名称(表1.1)。

① 明万历十七年(1589)《重修三教庙碑记》,碑存泽州县金村镇水北村。
② (清)觉罗石麟等监修、储大文等编纂:《(雍正)山西通志》卷一百六十八,清雍正十二年刻本,第8页。

表 1.1　史料所见北宋时期三教庙信息一览表

庙宇名称	年代	庙址	庙宇形制、修建信息	资料来源
三教院	太平兴国三年（978）	洪洞县箕山		宣和五年（1123）《会胜院赐名敕》
三教院	大中祥符四年（1011）	梓州通泉县		大中祥符四年（1011）《宁国寺牒碑》
三圣寺	庆历二年（1042）	武乡县长乐村	塑儒、释、道三圣之像	明弘治七年（1494）《重修三圣寺记》
三教堂	庆历七年（1047）	济州任城县晋阳乡柏山村	塑像三尊……东则混元睟象帝之威容,西则文宣穆先王之体貌,中则释迦示太雄之相好	庆历七年（1047）《□□济州任城县晋阳乡柏山村修三教堂记》
三教圆通堂	不晚于嘉祐五年（1060）	蔡州开元寺内	而将置吾儒,复欲笼彼聃	梅尧臣（1002—1060）《题三教圆通堂》
			一堂何所像,三教此焉俱	祖无择（1011—1084）《题三教圆通堂》
三圣堂	元丰八年（1085）	太原县明仙寺内	象三圣,会之一堂。若方上人建	元丰八年（1085）《三圣堂铭碑》
三教堂	元丰八年（1085）建,政和六年（1116）重修	泽州陵川县三泉里积善村	崇三圣之设教	金天会十年（1132）《泽州陵川县三泉里积善村三教堂记》
三教寺	绍圣年间（1094—1098）	威县东北六十里寺庄集		(明)胡容修、王组纂:(嘉靖)《威县志》卷八,明嘉靖二十九年刻本,第6页
三教堂	大观四年（1110）	林州马店村慈源寺内	西马店村维那头刘进转化到众人自舍净财共造香炉一座……院主僧契佺	大观四年（1110）石柱铭文

据此可知,北宋时期三教庙的修建大多与佛教密切相关,并且其基本形制已呈现一定的模式化特征。北宋庆历七年（1047）修建的济州任城县晋阳乡柏山村三教堂,其形制格局具有典型性:堂内"塑像三尊","其像皆南向以

坐”，“东则混元晬众帝之威容；西则文宣穆先王之体貌；中则释迦示大雄之相好”。①儒释道三尊圣像皆坐北朝南，具体位次以佛居中、老君居左、孔子居右。这种位次模式在当时具有普遍性。正如宋徽宗崇宁五年(1106)十月诏敕所言：

> 旧来僧居多设三教像为院额及堂殿名，且以释氏居中，老君居左，孔子居右，非所以称朝廷奉天神、兴儒教之意。可迎老君及道教功德并归道观，迁宣圣赴随处学舍以正名分，以别教像。②

这则诏敕反映出，至北宋后期，在“僧居”即佛教寺庙中设置“三教像”并以“三教”为院额及堂殿名称的现象已经十分普遍，并且形成了“以释氏居中，老君居左，孔子居右”的基本模式。徽宗下诏禁止这类庙宇，主要理由是认为这种崇奉形式有贬低儒、道的含意，违背了“朝廷奉天神、兴儒教”的宗旨。按照当时的方位尊卑标准，居中最尊、左尊于右，三教庙的圣像位次确实隐含着以佛为尊、老子次之而孔子又次之(居于末座)的意味。徽宗的纠正方案是“迎老君及道教功德并归道观，迁宣圣赴随处学舍”，以“正名分”、“别教像”。然而，这次诏令收效甚微，此后各地仍有大量三教庙长期存在。大观元年(1107)十二月，徽宗再次“诏内外佛寺尚有以道像侍立者，并迎归道观，不可迁则除之”。③

我们发现，三教庙实质上体现了佛教在信仰实践层面对儒、道资源的吸收利用，尤其是将孔子、老君纳入自身崇奉对象范畴的积极尝试。更深一层，我们应当思考：三教庙的出现具有何种动因与条件？其得以长期存续和

①　宋庆历七年(1047)《□□济州任城县晋阳乡柏山村修三教堂记》，中国国家图书馆藏拓本(编号：各地1153)。
②　(宋)谢守灏编：《混元圣纪》，《道藏》，文物出版社、上海书店、天津古籍出版社联合出版，1988年，第17册第45页。
③　(宋)李埴撰、燕永成校正：《皇宋十朝纲要校正》，北京：中华书局，2013年，下册第466页。

发展的关键因素又是什么？笔者以为，三教庙的出现及长期存续可能得益于诸种因素、条件的综合作用。

首先，"兼综三教"的僧人是早期三教庙修建活动的主要推动者。依据相关史料，早期三教庙的修建者主要是僧人。南北朝以降，有大量汉人出家为僧，这些僧人在尊奉佛教既有造像仪轨的同时，往往可以结合自身的思想观念、文化旨趣来设置具体的崇祀对象及其组合形式。至唐宋时期，不少中国僧人在修持佛法的同时也熟习儒、道经典，可谓是"兼综三教"。这些兼习儒释道三教义理的僧人，在思想上认同三教圆融之旨，将孔子、老君视为与佛在根本上一致或相通的崇拜对象。例如，北宋初年蔡州开元寺内的"三教圆通堂"，即由一位"潜心老与儒"的僧人主持修建。祖无择（1011—1084，上蔡人）有《题三教圆通堂》诗云："师本佛之徒，潜心老与儒。一堂何所像，三教此焉俱。香火长相续，丹青久不渝。高贤旌好事，二记耸龟趺。"①由此诗可知，蔡州开元寺三教圆通堂的修建者虽然身为"佛之徒"，但对于儒、道二教的思想文化亦有潜心研习，并同时崇奉儒释道三教圣人，故有"一堂何所像，三教此焉俱"之举。再如，北宋元丰八年（1085）太原明仙寺僧人若方在寺内修建三圣堂，设像合祀"孔丘氏"、"李耳氏"、"瞿昙氏"三教圣人。从时任河东路安抚使的吕惠卿为该堂撰写的铭文来看，这种"三圣一堂"的供奉模式与僧人若方秉持儒释道三教"殊途同归之旨"密切相关。②因此，"兼综三教"的僧人推动是早期三教庙修建的主要动因。

其次，佛教自身固有的造像传统构成了三教庙的图像学基础。佛教传入中国后，因其造像供奉的特点，亦被称为"像教"，即"以像设教"之意。古印度佛教造像中的"一佛二菩萨（弟子）"、"三佛并坐"等组合模式亦传入中国，至晚在公元五世纪初期，汉地已出现"一佛二菩萨（弟子）"造像组

---

① （宋）祖无择：《龙学文集》卷三，清文渊阁四库全书本，第 1098 册，第 802 页。
② （宋）吕惠卿：《三圣堂铭》，收（明）高汝行纂修：《（嘉靖）太原县志》卷五，明嘉靖三十年刻本，第 19 页。

合模式。①至唐宋时期，"三佛并坐"的造像形式在中国佛寺殿堂内十分普遍。方立天先生研究发现，佛寺大雄宝殿的配置有一尊像（释迦牟尼或毗卢遮那佛或接引佛）、三尊像等模式，佛像两旁通常塑有迦叶尊者和阿难尊者像；宋代以后，"三佛并坐"组合造像模式在佛教寺庙中十分普遍，较大的佛殿通常是"三佛同殿"，一般是将释迦佛置于中座。②佛教固有的造像传统，尤其是"三佛并坐"的组合造像模式为三教庙的修建提供了重要的图像学基础，使佛教能够在固有的"三佛并坐"造像模式基础上吸收、转化中国本土文化符号而传衍出保留居中主尊佛像、将孔子和老君圣像置于两侧的组合造像模式。

再次，"三教一致"思潮的流行，为三教庙的修建提供了有利的社会环境。佛教传入中国以后，在思想上"不断地援儒、道入佛，并极力论证佛教与儒、道在根本上的一致性，积极倡导三教一致论"。③例如，唐代高僧宗密（780—841）在其《华严原人论序》中说："然孔、老、释迦皆是至圣，随时应物，设教殊途；内外相资，共利群庶。"④唐末五代高僧永明延寿（904—975）也认为："儒道先宗，皆是菩萨；示劣扬化，同赞佛乘。"⑤南北朝以至隋唐，一些佛教疑伪经甚至将孔子、老子奉为佛之化身或弟子（菩萨）。《清净法行经》就是一个典型的例子。据道宣（596—667）《广弘明集》记载："释迦成佛已有尘劫之数，或为儒林之宗，或为国师道士，固知佛道冥如符契。又《清净法行经》云：佛遣三弟子振旦教化，儒童菩萨彼称孔丘，光净菩萨彼称颜渊，摩诃

---

① 据考古资料可知，汉地现存最早的"一佛二弟子"组合造像为炳灵寺169窟造像，修建于西秦建弘元年（420）。

② 方立天著：《中国佛教与传统文化》，上海：上海人民出版社，1988年，第174页。

③ 洪修平：《儒佛道三教关系与中国佛教的发展》，《南京大学学报》（哲学·人文科学·社会科学版）2002年第3期，第84页。

④ （唐）宗密撰《原人论》，《大正新修大藏经》，台北：财团法人佛陀教育基金会出版部，1990年，第45册第708a页。

⑤ （五代）延寿撰：《万善同归集》，《大正新修大藏经》，台北：财团法人佛陀教育基金会出版部，1990年，第48册第988a页。

迦叶彼称老子。"①法琳(572—640)《破邪论》亦引《清净法行经》云："佛遣三弟子震旦教化,儒童菩萨彼称孔丘,光净菩萨彼云颜回,摩诃迦叶彼称老子。"②另据《万善同归集》引《起世界经》云："佛言:我遣二圣往震旦行化。一者老子,是迦叶菩萨;二者孔子,是儒童菩萨。"③这一时期,道教提出了"老子化胡说",认为佛陀是老子所化或为老子之弟子。南朝道士顾欢在《夷夏论》中说:"道经云:老子入关之天竺维卫国,国王夫人名曰净妙,老子因其昼寝,乘日精入净妙口中,后年四月八日夜半时,剖左腋而生,坠地即行七步,于是佛道兴焉。"④"老子化胡说"虽从维护道教自身正统的立场出发,但实际上淡化了佛、道之间的冲突与对立,在一定程度上消弭了佛祖、老君作为不同信仰传统的主要神圣符号的差异,有利于"三教一致"思想的广泛流行。并且,统治者对儒释道三教采取兼容并包、促其融合的政策,使"三教一致"观念深入人心。"隋唐统一王朝建立以后,为了加强思想文化上的统治,推行三教并用的政策:一方面,确立了儒学的正统地位,另一方面,又以佛道二教为官方意识形态的重要补充。"⑤唐代推行儒释道三教并重之国策,武德七年(624)高祖在《兴学敕》中强调"三教虽异,善归一揆"。⑥唐代统治者在尊奉儒家正统的同时,将佛、道视为辅翼教化的有力手段,对于三教都予以认可、扶持,并通过举行"三教谈论"等方式,促进三教之间的相互交流、融合。⑦至宋代,

---

① (唐)道宣编:《广弘明集》,《大正新修大藏经》,台北:财团法人佛陀教育基金会出版部,1990年,第52册第140a页。
② (唐)法琳撰:《破邪论》,《大正新修大藏经》,台北:财团法人佛陀教育基金会出版部,1990年,第52册第478c页。又据《出三藏记集》著录有《清净法行经》一卷。参见(梁)僧祐撰,苏晋仁、萧鍊子点校:《出三藏记集》,北京:中华书局,1995年,第165页。
③ (五代)延寿撰:《万善同归集》,《大正新修大藏经》,台北:财团法人佛陀教育基金会出版部,1990年,第48册第988a页。又《出三藏记集》著录有《儒童菩萨经》一卷,并注明"抄《六度集》,或云《儒童经》",参见(梁)僧祐撰,苏晋仁、萧鍊子点校:《出三藏记集》,北京:中华书局,1995年,第130页。
④ (梁)萧子显撰:《南齐书》卷五十四,北京:中华书局,2019年,第3册第1027页。
⑤ 洪修平:《中国儒佛道三教关系研究》,北京:中国社会科学出版社,2011年,第15页。
⑥ (宋)宋敏求编:《唐大诏令集》,北京:中华书局,2008年,第537页。
⑦ 谢重光:《中古佛教僧官制度和社会生活》,北京:商务印书馆,2015年,第434页。

统治者继续采取三教并重的政策,在社会上普遍形成了"三教一致"、"殊途同归"的思想氛围,这为三教庙的修建提供了相对开放、宽松的社会思想环境。

最后,与基层民众的"灵验性"关切、"多多益善"观念等信仰实践特点相适应,是三教庙能够在中国社会长期存续、发展的关键因素。在基层民众看来,佛祖慈悲渡人,能赐福消灾,老君主要保佑健康、延年益寿,孔子是读书人的祖师,掌文运昌盛、科考顺利、仕途腾达。三教庙的信仰实践形式充分满足了基层民众的"积功德"、"求福佑"心理,与他们期望借助多种神圣力量的叠加以提高祈愿"灵验性"的观念相契合,从而得到了民间社会的广泛支持。可以说,正是对广大基层民众信仰实践特点的积极适应,使三教庙能在中国民间社会落地生根、持续发展。实际上,与基层民众信仰实践相适应也是唐宋时期中国佛教发展的整体性特征。李四龙曾以"民俗佛教"的概念来描述佛教在民间社会发展的实际形态。他认为,中国佛教在五代北宋之际发生了"气质上的转变",即从"学理佛教"过渡到"民俗佛教","仙佛不分"、"儒道佛三教兼融并包"是民俗佛教的重要特点。①雷闻亦指出,中晚唐以后大量的佛、道教寺观在功能上与民间神祠日益接近,逐渐成为民众祈祷祭祀之所;"人们在与佛教神灵打交道时适用的仍是中国传统的对待神灵的'报'的原则,即人神互惠原则"。这种转变从唐代开始,到北宋时期初步完成。②笔者以为,三教庙的大量修建正发生在这一时期,实际上也是"佛教寺庙民俗化"转型趋势的重要体现,反映出地方社会上大量佛教寺庙在奉祀功能层面对普通民众信仰需求的积极适应。

元代以后,虽然佛教主导修建的三教庙仍是最为普遍的类型,③但三教

---

① 李四龙:《民俗佛教的形成与特征》,《北京大学学报》(哲学社会科学版)1996 年第 4 期,第 59 页。

② 雷闻:《论中晚唐佛道教与民间祠祀的合流》,《宗教学研究》2003 年第 3 期,第 76 页。

③ 例如,元至正元年(1341)翰林学士揭傒斯在为苏州嘉定县大报国圆通寺三教堂撰写的《三教堂记》中说:"余行天下,数见于三教堂者,然皆出于释氏之广大哉。"参见(明)韩浚、张应武等纂修:《(万历)嘉定县志》卷 18,明万历三十三年刻本。

庙的修建主体渐趋泛化,不少道教宫观、文人家堂和乡村祠庙也在同一庙宇空间内崇奉儒释道三教祖师。至明清时期,三教庙广泛分布于各地,总量极为庞大。据笔者统计,为各种史籍、方志、碑刻资料所记载以及现存庙宇建筑的明清时期三教庙超过 1 100 处,占目前已知所有时期三教庙总数的80％以上。明代中期以后,乡村祠庙逐渐成为三教庙的主流类型,“社”成为修建、祭祀活动的主要组织者,不少三教庙实际上兼有春祈秋报的“社庙”属性。不过,早期三教庙“以佛居中、老君居左、孔子居右”的圣像位次模式对后世这类庙宇基本形制产生了深刻影响,成为长期沿袭的传统。

本章小结

本章首先对“三教庙”概念的基本内涵进行界定与分析,明确了三教庙主要是指在同一殿堂内将三教祖师孔子、佛祖、老君圣像并列供奉的一种庙宇形式。这类庙宇虽然具体名称不尽相同,但可统称为“三教庙”。

三教庙的基本特征是在同一殿堂内并列供奉孔子、佛祖、老君圣像,其祭祀空间包含着“像”与“位”两大核心要素。“像”即造像,包括铸像、塑像、雕像、绘像等具体形制。三教庙中的造像通常采用塑像形式,但有时也存在差异。“位”即空间位次,主要指三教庙内造像所处的具体位置及这些造像之间的相对位次。同堂并列设置佛祖、老子、孔子像,构成了三教庙祭祀空间中“位”的一般情形,圣像位次大多采用“佛居中,老子居左,孔子居右”的模式。因此,在“位”的维度,三教圣像之间形成了一种主次尊卑秩序:居中的佛像处于核心和主导位置,老君、孔子像则处于相对次要的陪衬位置。

依据现有资料对三教庙的历史起源、发展脉络进行考察可知:这类庙宇的历史起源可以追溯至唐代中后期,北宋时期开始广泛修建。早期三教庙多由僧人修建，与佛教信仰紧密相关。①实质上，三教庙是"佛教中国化"在造像奉祀实践层面持续展开的重要体现，生动反映了作为外来宗教的佛教积极吸收中国本土文化资源而在信仰实践层面"本土化"、"民间化"、"民俗化"的发展特点。三教庙的出现及长期存续得益于诸种因素、条件的综合作用："兼综三教"的僧人是早期三教庙修建活动的主要推动者，佛教固有的造像传统构成了三教庙的图像学基础，唐宋以来盛行的"三教一致"思潮为这类庙宇的修建提供了有利的社会环境，与基层民众信仰实践特点相适应则是三教庙能够在中国社会长期存续的关键因素。元代以后三教庙的修建主体渐趋泛化，至明清时期，乡村祠庙逐渐成为三教庙的主流类型，"社"成为修建、祭祀活动的主要组织者。另一方面，早期三教庙"以佛居中，老君居左，孔子居右"的圣像位次模式得到了长期沿袭，直至明清时期仍为各地三教庙普遍采用。

① 原少锋也认为，早期的三教堂大多具有强烈的佛教倾向，"甚或可说即是由佛教僧徒一手主力兴建、创制的"。参见原少锋：《明清三教堂研究》，东北师范大学硕士学位论文，2010 年。

第二章
区域分布、类型与形制

　　本章围绕明清时期泽州地区三教庙的区域分布特征、主要类型与形制布局展开具体考察和研究,并结合这一区域社会历史、文化传统等因素与三教庙的修建、祭祀活动之关联进行分析和探讨。

　　泽州地区位于山西东南部,隔太行山与河南相望,境内地形以山地为主,平均海拔在 800 米以上,东南一带海拔较低,有数道隘口通往华北平原。泽州地区受大陆性季风影响,降水较少,气候干燥,沁水及其主要支流丹河是境内的两大河流。在各种史籍文献关于泽州地区的描述中,常有"万山深处"、"土瘠民贫"之语。然而,正是这一看似闭塞的区域,却有着悠久、厚重的历史文化传统。

　　泽州地区历史悠久,尧舜时期为冀州之域,至春秋中期境内形成了高都、获泽、泫氏、端氏四大城邑,均属晋国封邑。战国初为韩国上党之地,战国后期分属赵、魏。秦并天下,为河东、上党二郡地,两汉因之。三国魏时属平阳、上党二郡地,西晋因之。隋开皇三年(583),省郡入州,依境内濩泽河之名,改建州为泽州,辖高都、高平、获泽、端氏、永宁五县,泽州由此得名。唐代为泽州(高平郡),隶河东道,下辖晋城、高平、获泽、陵川、端氏、沁水六县,州治晋城。北宋为泽州(高平郡),属河东路,辖晋城、高平、阳城、陵川、端氏、沁水六县,治晋城。金改称南泽州,后升忠昌军节镇。元中统元年(1260)改置泽州司侯司,直属中书省;至元三年(1266),复为泽州,隶中书省平阳路,辖晋城、高平、阳城、陵川、沁水五县,州治晋城。明洪武二年(1369),改泽州直隶州,隶属山西布政司,下辖高平、陵川、阳城、沁水四县,原晋城县省入泽州。至清雍正六年(1728),泽州升为府,辖凤台、高平、阳城、陵川、沁水五县,府治凤台县。明清时期泽州地区的行政区划比较稳定,未有大的变动,除凤台县今改名为泽州县外,范围与今山西省晋城市行政区域基本一致。

泽州地区长期保持着以农耕桑麻为主、兼有冶炼和商贸的经济模式,并且社会文化与信仰传统也具有较强的稳定性和连续性。自古以来,泽州地区深受儒家思想文化濡养,形成了"崇文尚礼"、"耕读传家"的传统。据方志文献记载,泽州之民"力勤耕种","少委曲,重儒术","淳而好义,俭而循礼,动于力田,多嗜文学"①。宋英宗治平二年至四年(1065—1067),大儒程颢(1032—1085)任泽州晋城县令,在当地大力推行儒学、教化民众,"亲乡间、厚风化、立学校,语父老以先王之道,择秀俊而亲教导之","未几,被儒服者数百人,达乎邻邑之高平、陵川,渐乎晋、绛,被乎太原,济济洋洋,有齐鲁之风焉"。②至金元时期,泽州地区文化昌盛,人才辈出,科考进士数量冠绝一时。这种"耕读传家"、"崇礼尚儒"的浓厚人文传统一直延续到明清时期,成为泽州地区重要的社会风貌。③

自南北朝以来,佛、道二教亦在泽州地区广泛传播。至隋唐时期,泽州境内已修建了大量寺庙宫观。其中,佛教寺庙主要有泽州龙华寺、报恩寺、开元寺、青莲寺、崇寿寺、资圣寺、乾明寺、碧落寺,高平定林寺、开化寺,陵川宝应寺、崇安寺,阳城寿圣寺、开明寺、海会寺,沁水县鹿台山香岩寺、灵泉禅院、圣天寺等,道教宫观主要有泽州玄妙观、陵川县二仙庙等。另一方面,宋

① (清)朱樟修,田嘉穀纂:《(雍正)泽州府志》卷十一,清雍正十三年刻本。
② (元)郝经:《陵川集》卷二十七《宋两先生祠堂记》,清文渊阁四库全书本。
③ 笔者在实地考察中发现的大量"耕读传家"、"敦厚崇礼"石质门额,即反映了泽州地区乡村社会悠久的人文传统。例如,泽州县川底乡和村、陵川县西河底镇万章村、阳城县驾岭乡暖泇村等传统古村落皆留存着这类明清时期的石质门额、牌匾。

代以来泽州地区民间祠庙的修建、祭祀活动也极为兴盛。正是多种思想文化和信仰传统长期交织、互动的社会环境,孕育了泽州地区丰富多彩的历史文化。

由于泽州地区降水较少,气候干燥,加之当地民众非常注重保护文化古迹,境内有大量庙宇建筑和碑碣、脊枋题记、戏台题壁等历史资料留存至今,其中不少都与三教庙相关。相关碑刻资料大多记载了三教庙的修建过程、参与群体、资金来源等信息,有些还对儒释道三教关系进行了具体讨论,主要体现了"三教同源"、"殊途同归"等思想观念。部分三教庙的脊枋题记资料亦简要记录了庙宇修建年代、参与者姓名等基本信息。一些三教庙戏台保留的题壁资料则为我们提供了当年的演戏日期、演出班社、剧目内容等相关信息。可以说,本书选取明清时期泽州地区作为考察中心,正是基于这一区域颇具中国传统农耕社会形态的典型性、地方文化与民间信仰实践的连续性以及相关历史资料的丰富性。

第一节　区域分布

首先,我们对明清时期泽州地区三教庙的区域分布进行考察和分析。依据相关碑刻资料,可以追溯泽州地区修建三教庙的最早年代。泽州县金村镇水北村现存的明万历十七年(1589)《重修三教庙碑记》云:"其中社先民创三教祠,始建于唐元和癸巳间,年久圮。"[①]此碑记载水北村三教庙"始建于唐元和癸巳间",然而此碑撰写于明万历十七年,距唐元和癸巳年即元和八年(873)时间较远,又无其他史料佐证,因而仅据此碑尚不能确定水北村三教庙的始建年代为唐元和八年。在陵川县西河底镇积善村昭庆院内现存

---

① 明万历十七年(1589)《重修三教庙碑记》,碑存泽州县金村镇水北村。

一通金天会十年(1132)《泽州陵川县三泉里积善村三教堂记》碑碣,记载积善村三教堂始建于宋元丰八年(1085)。①结合碑刻年代来看,这则记载当是可信的,昭庆院在北宋元丰年间曾为三教堂。由此可知,泽州地区的三教庙可能最早出现于宋元丰八年。另外,泽州地区还有几处金元时期的三教庙,包括陵川寺润村三教堂、高平仙井村三教堂等。寺润村三教堂现存建筑面阔进深各三间,平面呈正方形,从建筑形制判断为金代遗构。②庙内原有三教圣像,惜已毁失。仙井村三教堂始建年代不详,据庙内现存碑刻记载,金大定二十五年(1185)重修,元、明时期亦有重修。③

　　综合相关历史文献和实地调查资料,可以对泽州地区三教庙的整体分布情况有一个基本的了解。其中,各种史籍、方志文献中关于三教庙的记载相对有限,而通过实地调查则可以搜集到较为丰富的庙宇修建碑刻、题记资料。笔者主要依据近年来在泽州地区开展实地调查所获得的碑刻、题记资料,呈现并分析泽州地区三教庙分布的基本状况。

表 2.1　泽州地区三教庙分布信息表

	宋	金	元	明	清	民国	年代不明	总计
泽州县(凤台县)	0	0	1	12	96	20	13	142
高平县	0	1	1	4	36	18	2	62
阳城县	0	0	0	3	21	2	1	27
陵川县	1	1	0	10	75	14	5	106
沁水县	0	0	0	2	6	1	0	9
总　计	1	2	2	31	234	55	21	346

① 金天会十年(1132)《泽州陵川县三泉里积善村三教堂记》,碑存陵川县西河底镇积善村昭庆院。
② 刘晓丽:《山西陵川县域宋金建筑营造技术探析》,太原理工大学硕士学位论文,2012 年。
③ 金大定二十五年(1185)《仙井北村重修三教堂记》,元至正四年(1344)《有元仙井里再重修三教堂记》,明嘉靖十七年(1538)《高平邑仙井北社重修三教堂记》,碑存高平市河西镇仙井村三教堂。

据上表可知,泽州地区已知的三教庙总计有 346 处,其中明清时期三教庙 265 处。从明代开始,三教庙在泽州境内各县广泛分布。各个历史时期中,清代的三教庙数量最多(234 处)。根据现存碑刻、题记资料对明清泽州地区三教庙修建(重修)的具体年代进一步分析发现:明代嘉靖年间(1522—1566)以前修建的三教庙较少,从嘉靖年间即 16 世纪中期开始,泽州地区三教庙的修建活动明显增多;进入清代以后,泽州地区有大量的三教庙修建或重修,尤其是乾隆年间的修建活动最为频繁。

清代乾隆年间三教庙修建频繁,可能与清初以来泽州地方社会变迁密切相关。明清易代,兵燹连年,泽州境内大量庙宇损毁。不少碑刻资料记录了清初战乱对泽州村社的波及。例如,陵川县附城镇西瑶泉村西庙现存的顺治十五年(1658)重修碑,记载清军在与山西地方武装的作战中使用了威力巨大的“弘移炮”(即红夷炮),本境有不少村社在战火中受到严重毁坏。①再如,陵川县盖城村三教堂现存的清康熙二十六年(1687)重修碑中说:“年来兵燹之后,风雨剥落,庙貌倾颓。”②据此推知,泽州地区可能有不少前代的三教庙毁于清初的战乱,至乾隆时期社会局势已趋稳定、经济得到充分恢复和发展,大量村社具备了重修或修建三教庙的物质条件。因而,乾隆年间泽州地区有大量三教庙修建活动。

从表 2.1 中还可以发现,明清时期泽州地区三教庙的分布具有突出的内部差异:泽州地区各县的三教庙分布数量并不平均,主要分布于泽州、陵川、高平三县,而阳城、沁水二县分布数量较少。此外,结合相关方志资料和实地调查的情况来看,明清泽州地区三教庙在各县城关地区的分布较少,而在乡村地区分布较为密集。这种现象体现出明显的“城—乡”分布差异。

并且,不少三教庙位于“村小民稀”、“地瘠民贫”的山村。这些村落距城关数十里以上,有的只有一二十户居民,以传统农耕经济为主,普遍存在“地

---

① 清顺治十五年(1658)《重修高禖祠碑记》,碑存陵川县附城镇西瑶泉村西庙。
② 清康熙二十六年(1687)《重修三教堂碑记》,碑存陵川县附城镇盖城村三教堂。

瘠民贫"的状况。如清乾隆年间重修三教堂的陵川县南川村,"居是村者不过二三十家","村小民贫"。[1]再如清嘉庆十四年(1809)创建三教堂的凤台县贾氾村,僻处城南三十里许,"河带环绕,山色周围","奈土瘠人贫,功难创建"[2]。

通常而言,自然环境、人口数量及经济实力等因素,直接制约着村社庙宇的修建与维持。"村小民贫"、"村隘地瘠"的现实因素,使得庙宇的修建十分艰辛,这种情况为不少碑刻所记载。例如,明崇祯年间创修三教庙的阳城县荆底村,"仅三十余家,且室如悬磬,势贫力弱,庙不能遽修矣"。[3]清乾隆年间陵川县郝家村三教堂倾颓已久,村民们虽"久怀增修之志","同捐资材",却"惜村小民穷",增修工程时断时续,数年之后才最终完成。[4]陵川县马家庄三教堂的重修工程自道光二十六年(1846)开工,但由于"社小户稀、力有不给",历时十二年才最终告竣。为此事撰写碑记的庠生张凤翼不禁感叹:"自古修寺立院、拜佛礼神,诚善事也。乃名邑大都为力易,而穷乡僻壤为力难!"[5]

明清时期泽州地区三教庙在村落中的具体方位也呈现出一定的规律性。民间传统观点认为,庙宇是镇一村之锁钥,"立庙以培风脉"。一般而言,乡村庙宇大多建于水绕山环、人杰地灵的"风水宝地"或需祛防煞气、培补风脉之处。在修建之前,往往要请阴阳先生依据堪舆学说、结合本村具体的五行、八卦、风水环境因素进行卜地选址。从相关碑刻资料可知,泽州地区许多三教庙的选址都充分考虑了"风水"、"风脉"、"来龙去脉"等具体因素。例如:

明嘉靖三年(1524)至七年(1528)泽州移风乡建福都下川里秋树坨村修

① 清乾隆三十年(1765)《重修三教堂碑记》,碑存陵川县崇文镇南川村三圣庙。
② 清同治二年(1863)《创修三教圣庙碑记》,碑存泽州县大箕镇贾氾村三教堂。
③ 明崇祯十二年(1639)《创修碑记》,碑存阳城县凤城镇荆底村成汤庙。
④ 清乾隆三十九年(1774)《三教堂增修碑记》,碑存陵川县礼义镇东沟村郝家村。
⑤ 清咸丰八年(1858)《重修三教堂碑记》,碑存陵川县杨村镇岭北底村三教堂。

建的三教佛堂,位处"山峰圣境,水远山遥,八峰显现"的"金华之地"。①

明万历二十四年(1596)泽州坚水村民众商议创建三教堂,认为村西之地"往来风水观之,可立榱神所,修补风脉"。②

清康熙十一年(1672),泽州贺家凹村(今贺洼村)创建三教堂,"以资助风水,保合族人安物阜、家业兴发、田蚕茂盛、六畜兴旺、有感即应、获福无穷"。③

清嘉庆十四年(1809),凤台县贾泇村民众在"村之北,创立三教圣庙一所,以崇奉祀,以辅来龙"。④

清光绪十六年(1890)凤台县坡东村民众筹划创建三教堂,"合社公议,请定风水,择吉日兴工"⑤。

从相关碑刻资料和实地调查情况来看,明清时期泽州地区三教庙选址的具体方位大多为本村之坎(正北)、艮(东北)、坤(西南)位。由于风水的因素,一些庙宇还可能改址迁建。此外,一些三教庙内部的殿宇布局也考虑了八卦、风水等因素。清咸丰七年(1857)至光绪三十年(1904)间重修的陵川县井沟村三教堂,即呈现了符合八卦、风水原则的殿宇布局:除了位于正北的主殿之外,在乾艮二方修蚕姑殿、牛马王殿,震方修高禖祠,兑方修禅房。⑥

直到今天,这种修建庙宇的"卜地选址"传统仍然在泽州地区延续。近年来,泽州地区一些迁建、改建的三教庙在具体选址上也充分考虑了"风水"的因素。⑦

---

① 明嘉靖九年(1530)《重修三教堂记》,碑存泽州县柳树口镇秋坨村三教堂。
② 明万历三十一年(1603)《创修三教堂记》,碑存泽州县李寨乡坚水村。
③ 清康熙十一年(1672)《山西泽州移风乡青莲都贤子里贺家凹村创建三教堂碑记》,碑存泽州县金村镇贺洼村三教堂。
④ 清同治二年(1863)《创修三教圣庙碑记》,碑存泽州县大箕镇贾泇村三教堂。
⑤ 清光绪二十九年(1903)《重修三教堂碑记》,碑存泽州县犁川镇坡东村三教堂。
⑥ 清光绪三十年(1904)《井沟村重修碑记》,碑存陵川县西河底镇井沟村三教堂。
⑦ 例如,陵川县秦家庄乡三道河村旧有三教堂,原庙已毁,2014年由村民集资,"择地于坤阜"即在村西南重建三教堂。参见2014年《重建三教堂碑记》,碑存陵川县秦家庄乡三道河村三教堂。

第二节　庙宇类型

依据相关碑刻资料记载和实地调查情况，可以发现明清时期泽州地区众多的三教庙实际上包括三种不同的类型：社庙、家庙、佛庙。这三种类型的三教庙在具体形态、修建模式、信仰实践特征等方面存在着一定的差异。下文分别论述之。

一、社庙

从相关碑刻、题记等资料来看，明清时期泽州地区有大量三教庙是所在村社的"社庙"，亦称"大庙"。与"社庙"紧密关联的，是"社"的概念及围绕其展开的"春祈秋报"社祭传统。《说文解字》云："社者，土地之主。"[①]"社"原指"土地之主"、"土地之神"，亦代指祭祀土地神的场所（具体形态有社坛、社庙等）。[②]对土地神的祭祀一般称为"社祭"。这种祭祀具有岁时性，汉代形成了春、秋二祭的模式，即"祭社有二时，谓'春祈秋报'"[③]。因此，"春祈秋报"是社祭活动的主要特征。在春、秋的循环往复中，从祈到报，再到新一轮的祈、报，形成了具有鲜明模式化特征的时间秩序。

"春祈秋报"的社祭传统与农耕文明紧密相关。在中国古代农业社会，人们遵循四季节令规律和自然环境条件进行耕作、畜牧等农事生产活动，而风调雨顺、五谷丰登、六畜平安等就成为"春祈秋报"的基本诉求。

---

① （汉）许慎撰，（清）段玉裁注：《说文解字注》，上海：上海古籍出版社，1981年，第8页。

② 据陈宝良考证，最初的社祭场所只是"坛"，社主或用石、木；唐宋以后，社祭场所由"坛"变为"庙"，社庙、土地庙、土谷祠等纷纷出现。参见陈宝良：《中国的社与会》（增订本），北京：中国人民大学出版社，2011年，第412—413页。

③ （汉）郑玄注，（唐）贾公彦疏：《周礼注疏》，（清）阮元校刻：《十三经注疏》（清嘉庆刊本），北京：中华书局，2009年，第1662页。

其中,"秋报"是社祭的核心内容。据《事物纪原》记载:"赛社,农事已毕,设酒食以报田神也。"①因秋季收获谷物之资,故祭祀规模往往较"春祈"更为盛大。

从史料记载来看,将各地的社祭活动和社庙(社坛)空间系统化、标准化的关键事件,是明初推广每里百户立坛祭祀"五土五谷之神"的里社制度:

> 凡各处乡村人民,每里一百户内立坛一所,祀五土五谷之神,专为祈祷雨旸时若、五谷丰登。……遇春秋二社,预期率办祭物,至日约聚祭祀。②

明代各地里社立坛每岁春、秋两次祭祀"五土五谷之神",即土地神(社神)和谷神(农神),以祈求风调雨顺、五谷丰登。在春秋二祭的日期上,"以春分后戊日为春社,秋分后戊日为秋社"。③不过,从相关历史资料记载来看,各地举行"春祈秋报"的具体日期实际上并不统一,存在着区域差异。明清时期的泽州地区以传统农耕经济为主,各村的"春祈"(春社、春祭)大多在每年农历二、三月间举行,"秋报"(秋社、秋祭)则通常在每年农历七至九月间进行,这与泽州地区的自然条件和传统农业生产周期密切相关。④

由于传统农业生产方式受气候、水源等自然条件影响较大,故而存在着诸多不稳定因素,旱涝饥荒,时有发生。明弘治至万历年间多次重修的沁水

---

① (宋)高承:《事物纪原》卷八,北京:中华书局,1989年版,第439页。
② (明)李东阳等撰、(明)申时行等重修:《大明会典》卷九十四《礼部》五十二《群祀》四,扬州:广陵书社,2007年,第1476页。
③ (明)璩昆玉:《古今类书纂要》卷二,上海:上海古籍出版社,1997年,第36页。
④ 泽州地形以山地、丘陵为主,山势险峻,河流较少,灌溉不易;气候属典型的暖温带大陆性气候,四季分明,且受大陆性季风影响强烈而持久,降水较少,民谚有"十年九旱"之说。当地主要粮食作物为小米(粟)、冬小麦,其中,小米在每年农历三、四月间播种,农历八月白露、中秋前后收获,谓之"秋收";冬小麦一般在每年农历九月播种,第二年农历五月中下旬麦子成熟,五、六月间收麦,谓之"夏收"。

县孔壁村三教庙是乡民春祈秋报之所，"岁遇亢旱有祈则甘霖大降；时遭瘟疫有祈则阖村获吉"。①又据陵川县井沟村三教堂现存光绪三十年（1904）重修碑记载，清同治六年（1867）"景岁不好，小米每斗钱八百文"，光绪三年（1877）"大祲，斗米一千八百文，人去八九"②。尤其是清光绪三年至四年（1877—1878）的大旱、饥荒波及范围甚广，史称"丁丑之变"、"丁戊奇荒"。泽州地区大量碑刻资料记载了当时饥荒的惨状。据泽州县大箕镇贾泇村三教堂现存清光绪六年（1880）《奇荒碑记》记载："自光绪二年，秋成半稔，人已难堪。及至三年，至春及秋，雨不盈指，春麦旱干，秋禾尽槁，天时寸草不生。"③沁水县龙港镇石堂村现存清光绪十四年（1888）《石堂村光绪三年灾荒碑记》亦云："是年自五月以后半载不雨，百谷歉收，约计秋成不足十分之一……粟价日昂。"④又据高平市神农镇团西村三教庙现存民国二十五年（1936）碑记载，清光绪三年（1877）"丁丑之变，民户顿减，至今始复其大半焉"。⑤正是在脆弱的农耕经济基础的现实面前，"靠天吃饭"的淳朴乡民产生了强烈的忧患意识，祈求风调雨顺、五谷丰登的"春祈秋报"成为泽州地区乡村社会最重要的祭祀活动。⑥

明清时期泽州乡村的"春祈秋报"社祭活动通常在本村的"社庙"、"大庙"中进行。杜正贞指出，最晚到明代，"社庙"或"大庙"的概念已普遍存在于晋东南民间社会，而定义"社庙"的标准，即这些庙宇是否为乡村年度祈报活动的场所。⑦一村之"社庙"，就是实际上具有"春祈秋报"祭祀功能、作为本村民众开展集体祭祀活动中心场所的庙宇，即"各乡村里社定为春祈秋报

① 明万历八年（1580）《重修三教庙记》，碑存沁水县郑庄镇孔壁村三教庙。
② 清光绪三十年（1904）《井沟村重修碑记》，碑存陵川县西河底镇井沟村三教堂。
③ 清光绪六年（1880）《奇荒碑记》，碑存泽州县大箕镇贾泇村三教堂。
④ 参见贾志军主编：《沁水碑刻蒐编》，太原：山西人民出版社，2008 年，第 256 页。
⑤ 民国二十五年（1936）《团池村第四社重修三教观音神殿增构钟亭及围墙碑记》，碑存高平市神农镇团西村三教庙。
⑥ 秦海轩主编：《晋城市志》，北京：中华书局，1999 年，第 1992 页。
⑦ 杜正贞：《区域社会中作为信仰、制度与民俗的"社"》，《学术月刊》2016 年第 12 期。

的神庙"。①

明初以后很长一段时间内,"社祭"是官方认定唯一合法的民间集体祭祀活动。②因而,许多乡村祠庙通过在祭祀功能上"社庙化"以获得合法性的地位。明清时期泽州乡村的"社祭"对象逐渐多元化,不再局限于"五土、五谷之神",许多祭祀其他神祇的祠庙也成为所在村社实际上的"春祈秋报之所"。并且,一切被认为能保佑风调雨顺、阖村平安的神灵都可能成为社庙的主神。从相关资料来看,至明代中期泽州乡村已有大量社庙祭祀土地神以外的其他神灵。例如,明成化二年(1466)泽州府城村重建玉帝庙,"以为玉帝行宫之所,春祈秋报之方"。③阳城县下交村的汤王庙在明弘治年间(1487—1505)"为一乡祈报之所,春祈百谷之生,秋报百谷之成"④。明万历年间(1573—1620)泽州冶底村东岳神祠(岱庙)亦为该村民众"春祈秋报"之所:"居民每岁春恪致虔敬、修礼节乐,以祈顺成;秋谷阜登、刑牲结彩,又以报之。所谓'春祈秋报'之意也。"⑤

清代以后,泽州地区除部分村社仍以土地庙(五谷庙、土谷神祠等)作为本村"社庙"外,大量村社的"春祈秋报之所"实际上是玉皇庙、关帝庙、汤王庙、炎帝庙、东岳庙、佛爷庙、三教庙、观音堂、高禖祠、二仙庙、龙王庙等庙宇。姚春敏在对清代泽州乡村社庙祀神进行深入研究后发现:"清代泽州社神也十分庞杂,但并非无章可循。社神中,以玉皇、汤帝、炎帝、关帝、舜帝为

---

① 杨孟衡校注:《上党古赛写卷十四种笺注》,台北:财团法人施合郑民俗文化基金会,2000年,第6页。

② 明代初年,朝廷对民间社会除"春祈秋报"以外的集体祀神活动进行严格限制,《大明会典》规定:"若军民装扮神像,鸣锣击鼓,迎神赛会者,杖一百,罪坐为首之人。里长知而不首者,各笞四十。其民间春秋义社不在禁限。"参见(明)李东阳等撰,(明)申时行等重修:《大明会典》卷一百六十五《律例六》,扬州:广陵书社,2007年,第2306页。

③ 明成化二年(1466)《重建玉帝庙记》,碑存泽州县金村镇府城村玉皇庙。

④ 明成化十八年(1482)《重修下交神祠记》,冯俊杰编:《山西戏曲碑刻辑考》,北京:中华书局,2002年,第174页。

⑤ 明万历二十六年(1598)《重修东岳神祠记》,碑存泽州县南村镇冶底村岱庙。

多。"①根据姚春敏统计,玉皇庙在明清时期泽州乡村社庙数量中居于首位,其次是汤帝庙、炎帝庙、关帝庙等,也被众多村社作为社庙。此外,在一些村社,民众所称的"社庙""大庙"由于年代久远,塑像、碑记无存,现已不知所祀何神。

据现存的碑刻、题记等相关资料统计,明清时期泽州地区的265处三教庙中能确定作为本村"社庙""春祈秋报之所"者至少有170处,约占总数的三分之二。在此试举数例:

明嘉靖年间高平县仙井北社重修三教堂,"凡被人民朝夕香贡与夫春祈秋报,辄有事于其中"②。

明万历年间重修的泽州李道汕村三教堂,"于众作春祈秋报之祀"。③

明崇祯年间修建的阳城县荆底村三教庙,为"春祈秋报"及"逢朔遇望,添香运火"之场所。④

清乾隆年间,凤台县郭家庄村三教堂"为阖社春祈秋报之所"。⑤

清乾隆年间,凤台县孟匠村三教庙为"一乡中春祈秋报"之地。⑥

清嘉庆年间,陵川县岭北底村三教堂是民众进行"或春祈,或秋报,迎赛社事"之地。⑦

清道光、咸丰年间增修的凤台县刘家河村三教神庙为本村的"社庙"。⑧

清咸丰年间,凤台县樊家国坨村"旧有三教堂神祠,为春祈秋报之所"。⑨

---

① 姚春敏:《清代华北乡村庙宇与社会组织》,北京:人民出版社,2013年,第133页。
② 明嘉靖十七年(1538)《高平邑仙井北社重修三教堂记》,碑存高平市河西镇仙井村三教堂。
③ 明万历二十五年(1597)《重修三教堂碑记》,碑存泽州县大箕镇李道汕村三教堂。
④ 明崇祯十二年(1639)《创修碑记》,碑存阳城县凤城镇荆底村成汤庙。
⑤ 清乾隆二十六年(1761)《重修三教堂记》,碑存泽州县川底乡郭庄村三教堂。
⑥ 清乾隆二年(1737)《重修三教圣庙碑记》,碑存泽州县金村镇孟匠村三教庙。
⑦ 清嘉庆二十五年(1820)《重修三教堂序》,碑存陵川县杨村镇岭北底村三教堂。
⑧ 清咸丰元年(1851)《增修社庙榜庭、照壁、两院碑记》,碑存泽州县大东沟镇东刘河村三教堂。
⑨ 清咸丰三年(1853)《重修舞楼及殿宇碑记》,碑存泽州县李寨乡国坨沟村三教堂。

清光绪年间重修的凤台县孔家窑村"三教神殿"为该村"大庙"。①

据此可知,明清时期泽州地区的三教庙大多为所在村社的"社庙"(大庙)、"春祈秋报之所",即进行每岁春、秋两次祭祀活动的中心场所。正是在作为村社民众"春祈秋报之所"这一意义上,我们可以将这些三教庙称为"社庙"。并且,从不少清代碑刻资料的记载来看,当地一些乡村民众将本村三教庙直接称为"社庙"。例如,道光二十四年(1844)至咸丰元年,凤台县大东沟村增修本村"三教神庙",竣工勒碑,碑记题名即为"增修社庙榜庭、照壁、西院碑记"。②

泽州地区大量三教庙成为"社庙",并不是偶然的,而是有着深层次的原因。综合史料分析与实地考察情况来看,明清时期泽州地区各村"社庙"的主神,除三教圣人的组合外,通常还有玉皇、佛祖、观音、关帝、东岳大帝、龙王、炎帝(神农)、汤帝(汤王)等。通过分析发现,这些"社庙"的主神可以大致分为三类:第一类是民众认为等级最高或较高、能够主宰一切事务或能在普遍意义上赐福消灾的神祇,玉皇、佛祖、炎帝、汤帝、关帝以及三教圣人的组合都可归入此类。第二类是虽然等级并非很高但具有一定专门职司或功能的神祇,这类神祇与一些村社民众某种重要的具体需求直接相关,因而被奉为社庙主神。龙王、蚕姑、高禖等可归入此类。第三类是具有突出的地方历史文化元素、被认为护佑本地民众的地方性神祇。这些神祇大多由人而成神,不仅掌管着某种具体的功能,还具有突出的地域文化认同意义,从而被当地民众奉为社庙主神。例如,二仙、后羿(三嵕)、崔府君等可归入此类。

一般而言,乡村民众最倾向于选择等级最高或较高、能够主宰一切事务或能在普遍意义上赐福消灾的神祇作为社庙主神,三教圣人的"组合"充分契合了这一需求。儒释道三教作为中国古代信仰文化的主流,对中国地方

---

① 清光绪十六年(1890)《重修三教神殿碑记》,1993 年《重修大庙碑记》,碑存泽州县大箕镇孔窑村三教堂(三教神殿)。

② 清咸丰元年《增修社庙榜庭照壁西院碑记》,碑存泽州县大东沟镇大东沟村。

社会具有普遍而深刻的影响。按照乡村民众对三教圣人的基本认知：孔子是读书人的祖师，可以保佑文运昌盛、科考顺利；佛祖慈悲度人、法力无边，能治病消灾、解除一切苦难；老君是道家祖师，能保佑健康、延年益寿，在泽州地区又被奉为煤铁冶炼业的祖师神，"创工匠炼修之制，殊为治世所不能缺"①。孔子、释迦佛、老君作为三教祖师，皆是等级较高的神灵，具有普遍意义上的赐福消灾功能，可以从整体上保佑村社平安、风调雨顺、物阜民康，满足村社民众的共同需求。并且，在民众看来，将三教圣人崇奉于一堂，更能增加祈愿实现的可能性。由此可见，儒释道三教在地方社会的广泛影响与乡村民众对三教圣人的朴素认知，是明清时期泽州地区大量三教庙成为"社庙"的重要基础。

并且，明清时期泽州地区大量村社以三教庙作为"社庙"，还与元代以后三教庙持续"地方化"、"民间化"的演变趋势有关。如前文所述，从历史起源及发展脉络来看，早期三教庙大多由僧人主持修建，与佛教信仰紧密相关；北宋以后，在"民俗佛教"、"佛教民俗化"转型的趋势下，三教庙亦趋于适应基层民众的信仰实践特点，故而能在中国社会长期存续、发展。到了元代，随着三教庙持续"地方化"、"民间化"，修建主体亦渐趋泛化，不少道教宫观、文人家堂和乡村祠庙亦同堂崇奉三教祖师。明代中期以降，随着佛教信仰在泽州乡村进一步延伸、传播发展，数量众多的"佛爷庙"（佛堂）、"三教庙"在乡村地区修建，并与明初以来普遍确立于基层乡村的里社制度相结合，逐渐具有了"春祈秋报"的祭祀功能。还有不少村社因"村小民稀"、"地瘠民贫"无力新建社庙而长期沿用前代原有的佛爷庙、三教庙作为"社庙"。姚春敏亦指出，明清泽州一些村落没有实力新建社庙，只能借用元代之前当地普遍兴建的佛寺作为社的载体。②

由此来看，随着元代以后"民俗佛教"、"佛教民俗化"转型趋势的深化，

---

① 清道光七年（1827）《补修三教堂三官殿碑记》，碑存高平市北诗镇西诗村三教堂。

② 姚春敏：《清代华北乡村庙宇与社会组织》，北京：人民出版社，2013年，第136页。

早期由佛教传统主导的三教庙充分适应基层民众信仰实践特点,并逐渐与地方村社祭祀体系相结合。在这一过程中,早期三教庙的佛教信仰特征持续减弱,以地方祭祀为底色的民间信仰传统渐趋凸显。

与其他社庙类似,明清时期泽州地区的三教庙大多形成了一种"复合型"的社庙场域:正殿崇奉三教圣人,配殿则祭祀某些专门保障村社生产、生活需求的其他神祇。一个典型的例子是泽州县大东沟镇东岭头村三教堂,在清乾隆年间为本村大庙:

> 乾隆癸酉仲秋间,时和岁稔,当社祭宴享、朋酒羔羊之际,一倡众和之间,陡起改造大庙之心,共发挪移神像之愿。内院正殿塑三教尊神,中央殿玉皇大帝及地藏王菩萨,东西角殿六瘟尊神、牛马王尊神,东西厢殿关圣帝君、龙王尊神。[1]

由此,东岭头村大庙三教堂实际上形成了在正殿供奉"三教尊神",各殿兼祀玉皇、地藏王菩萨、瘟神、牛马王、关帝、龙王诸神的"复合型"社庙场域,作为本村开展重要祭祀活动的中心场所。

又如陵川县西河底镇井沟村三教堂,据清光绪三十年(1904)《井沟村重修碑记》记载:

> 成群立社,古礼昭然,况神者乃民人之主,神所凭依。……自同治三年重修,往后走了五尺,至五年上石木工,修成三教堂三间,乾艮二方,蚕姑殿三间,牛马王殿三间,创修关帝殿三间。……自二十八年,谷有一百五六十石,重立维事人,开工重修震方高禖祠三间、兑方禅房三间,又代东、西风口二所,及自二十九年底,工程告竣。[2]

---

① 清乾隆四十一年(1776)《东岭头村重建大庙碑记》,碑存泽州县大东沟镇东岭头村三教堂。
② 清光绪三十年(1904)《井沟村重修碑记》,碑存陵川县西河底镇井沟村三教堂。

在井沟村三教堂的整体布局中，正殿崇奉三教圣人，配殿祀神包括蚕姑、牛王、马王、关帝、高禖等，整体上形成了一种"复合型"的社庙场域。在乡村民众看来，正殿崇奉三教圣人能从整体上保佑平安、赐福消灾，配殿祭祀其他功能性的神祇则可以专门保障村社生产、生活的某些具体需求。因而，这类"复合型"社庙场域作为本村开展"春祈秋报"等重要祭祀活动的空间，被认为能充分满足保佑人口平安、风调雨顺、岁时丰稔等信仰需求，提升村社整体祈愿的"灵验性"。

作为"社庙"的三教庙往往有一定的公共财产，称为"社产"，可用于村社祭祀、维修庙宇等公共事务的开支。这些"社产"的来源主要有两种：一是每年按村社民众地亩多寡或农作物产量高低收取的"社费"①，二是村社民众自愿捐赠的钱物或施舍的田地。"社费"除用于村社庙宇修建工程、祭祀活动等花费，也可以用来购置"社地"，长期作为"社庙"的地产。例如，清康熙十二年（1673），泽州野返村东北隅创建三教堂一所，并购置社地若干。②民众自愿捐赠钱物或施舍田地入社，充作"社产"、"社地"，也是"社产"的一个重要来源。例如，清乾隆十六年（1751）凤台县樊家国垯村新修三教堂，"大社住持武本立施马岭地亩、施砖八千入社"。③清乾隆三十年（1765）陵川县马家庄三教堂"山门之前社地无多，出入亦觉维艰"，"村中张得敬有祖遗地基一段，与庙前相接，因发善念，情愿施入社地四分六厘"④。

结合相关碑刻资料及实地调查发现，许多修建了三教庙的村庄还建有其他庙宇。例如，清同治、光绪年间高平县常庄村有三教堂、关帝阁（春秋

① 按地亩收取社费的方法具有较强的可行性和稳定性，因而在清代中期以后成为泽州地区乡村"社费"最有力的保障之一。显然，这种"社起于亩"的征收方式是对国家收取田租制度的模仿。参见姚春敏：《清代泽州村社"社费"问题研究》，《中国农史》2014年第4期。
② 清康熙五十年（1711）碑记，碑存泽州县柳树口镇野返村。
③ 清乾隆二十年（1755）《山西泽州府凤台县樊家国垯村新修三教堂碑记》，碑存泽州县李寨乡国垯沟村三教堂。
④ 清乾隆三十年（1765）《乐输记》，碑存陵川县礼义镇马新庄村三教堂。

阁)等庙宇。①在高平市建宁乡苏庄村,除了大庙三教堂之外,还修建有玉皇庙、祖师庙、观音阁等庙宇。陵川县崇文镇井郊村不仅建有社庙三教堂,还有关帝庙、奶奶庙等庙宇。据碑刻资料记载,陵川县崇文镇南垛村不仅建有崇奉三教圣人的三圣宫,还有关帝庙、观音庙、奶奶庙等庙宇。②在这些村庄,村民们既到三教庙烧香,也到其他庙宇敬拜。可以说,三教庙与玉皇庙、关帝庙、奶奶庙(高禖祠、二仙庙等供奉女性神祇的庙宇)、观音阁等庙宇共同构成了明清时期泽州村社祭祀体系和民众信仰生活的丰富图景。

另一方面,尽管这些村庄建有多座庙宇,但村民们通常都只认定三教庙为"社庙"或"大庙",村里每年的"春祈秋报"祭祀活动也都在这座庙宇中举行。由此可见,"社庙"或"大庙"在本村祭祀体系和民众信仰生活中具有实际上的核心地位。

不少碑刻资料还反映出,除了进行朔望烧香、春祈秋报等祭祀活动之外,一些村社也经常在三教庙中集会议事、宣布官府告示、社规禁约等信息及调解各种纠纷。换言之,作为"社庙"的三教庙,不仅是本村最主要的集体祭祀场所和信仰空间,往往还是社区公共活动中心,具有公示信息、道德教化等多种重要的社会功能。例如,清嘉庆年间凤台县湛家村三教宫立碑以宣明社规、淳化风俗:

> 因而合社相商,共议立禁勒石,以维人心风俗于不敝。自议之后,各宜循规蹈矩。如有不遵者,住持通知执年社首,公同议罚。有一人徇情者,加倍认罚。所罚银两,入社公用。
>
> 一禁庙内不许赌博,如违者议罚。
>
> 一禁群羊不许入地内,如违者议罚。

---

① 清光绪二年(1876)《建修春秋阁碑记》,碑存高平市原村乡常庄村关帝魁星阁。
② 2018年《维修三圣宫碑记》,碑存陵川县崇文镇南垛村三圣宫。

一禁各项货物不许入庙,如违者议罚。

一禁庙前不许拴系六畜,如违者罚银一两。

一禁庙内不许安放五谷,如违者罚银五两。

一禁庙内不许夜晚安歇外人,如违者罚银三两。

一禁匠艺与在家做工,不许入庙,如违者罚银二两。

一禁入庙办公事者不许毁坏桌椅板凳,如违者加倍认罚。

一禁做棺木者天晴不许入庙,下雨只许向舞楼底做去,违者议罚。①

再如,清道光元年(1821)陵川县大郊村为禁止破坏桑树、砍伐树木的行为而在本村社庙三教堂建碑,公布禁约:

合社仝议,永禁桑叶,不得独行乱采。如有不遵,乱采者有人拿获,报社公同议罚,拿获人分去罚头一半,下剩入社公用。倘有不法之徒不遵社规,送官究处,决不容情。

又约,放羊儿入吾界牧羊,山林树木不得砍伐。如有不遵者,有人拿获,报社公同议罚,决不宽情。

又约,立秋时鸣锣开万,违者议罚。②

此外,还有大量的"禁赌碑"置立于三教庙中,向民众宣明赌博禁规。例如,清乾隆三十一年(1766)陵川县岭北底村三教堂内立碑布告"禁设赌局"③。清道光十二年(1832)陵川县甘井掌村合社社首、乡地立碑公告:"曹

① 清嘉庆二十五年(1820)碑记,碑存泽州县金村镇湛家村莲花寺。
② 清道光元年(1821)碑记,碑存陵川县马圪当乡大郊村三教堂。
③ 清乾隆三十一年(1766)《岭北底村今遵县示禁止赌博碑志》,碑存陵川县杨村镇岭北底村三教堂。

太老爷晓谕：永禁赌博，违者罚戏三天"①。清咸丰八年（1858）陵川县东沟村社首、乡地在三教堂内所立的禁赌碑，强调了沾染赌博恶习之危害："小则贷钱典衣致其穷困，大则毁家败产，灭德丧志莫甚于斯，蔑礼犯法，无所不为"，并宣布"合社公议永禁赌博，泯目前之恶习，冀挽回于将来耳。议：查有赌博，罚戏三天，自犯赌者亦如之。"②清同治九年（1870）凤台县樊家国坨村阖社在三教堂立碑"公议禁止赌博，违者议罚"。③

这类禁约碑，通过在社庙——村落内最重要的公共活动区域内宣布特定的禁止事项，明确、有效地向村社民众传达相关信息，在一定程度上起到了规范民众行为、消除恶习、淳化风俗的效果。

另外，从一些碑记资料来看，村社之间的重大纠纷调解也通常在社庙中进行。例如，清道光年间陵川县下西善底社与上西善底社因松坡归属及松木买卖权益等发生纠纷，两社在三教堂"立合同执据文字，各执一纸存社"④。

二、家庙

这里作为一种庙宇类型讨论的"家庙"，主要是指由家族（宗族）组织修建、维持的庙宇。家族或宗族组织是以血缘为基础而形成的共同体。区别于前述作为"社庙"的三教庙主要以"合社"名义组织修建的方式，"家庙"类三教庙实际上是以"合族"名义组织修建的，并且通常是由单姓家族组织修建的。

从现有资料来看，在明清时期的泽州地区，作为"家庙"的三教庙基本上都分布于单姓村落，或可以称之为"宗族型村庄"。⑤在明清时期主要以杂姓

---

① 陵川县崇文镇甘井掌村三教堂。
② 清咸丰八年（1858）《禁赌碑》，碑存陵川县崇文镇东沟村三教堂。
③ 清同治九年（1870）《禁赌碑》，碑存泽州县李寨乡国坨沟村三教堂。
④ 清道光二十九年（1849）《西善底村立合同碑》，碑存陵川县平城镇西善底村三教堂。
⑤ ［美］杜赞奇：《文化、权力与国家：1900—1942年的华北农村》，王福明译，南京：江苏人民出版社，2018年，第221页。

村为主的泽州乡村地区，这类三教庙数量较少。明代泽州班塌村范氏家族修建的三教堂是一座典型的"家庙"三教庙，据庙内现存的明嘉靖二十五年（1546）《创修三教堂记》云：

> 今日三教堂，惜无考据。溯其源流，肇我祖高皇帝洪武时，镇人范氏肆于此，盖欲宅尔宅，吉尔□，亩尔亩，幹尔至今约世有百八十年矣。夫自立业遗后，嗣世如守端者，肯堂、肯播、肯构、肯获令似伯庄、伯库、伯良，亦善承庭训，殷勤弗怠，家业益隆，乃曰："三教堂，吾前人遗迹，报神赐，祈鸿休，告成事，庇民物。岁久倾颓不堪。兹堂可兴不可废，可有不可无。设废且无，固忍于忘教，毋宁忍于忘祖。不忍于忘祖，毋宁忍于忘教。"由是父子兄弟秉丹慨输，不持因旧而已。……从兹祈福有地，庙貌益隆，将见鹫岭慈云，函关紫气，杏坛化雨，同开聋聩。以暨本庙法座诸尊神凝威肃爽，有求皆应，无祷不灵，民物康阜，五谷丰登。新一时之香火，启奕祀之观瞻。凡在照临，保安庇佑，岂止生生世世而已耶。[①]

由此碑记可知，三教堂在明代初年为范氏家族先祖所建，旨在"报神赐，祈鸿庥，告成事，庇民物"。至嘉靖年间（1522—1566），范氏后人"父子兄弟秉丹慨输"，由家族组织财力物力修建庙宇。从碑记中的"将见鹫岭慈云，函关紫气，杏坛化雨"一句来看，叙述三教的顺序为佛、道、儒，与此对应，该庙正殿所设三教圣像位次很可能是佛居中、老君居左、孔子居右的形式。

类似地，清乾隆年间凤台县刘家川村三教堂，由该村刘氏家族修建。三教堂内现存清代勒石的《刘氏开建碑记》，记载了刘氏家族"生族久籍贯丹西清绁"的历史渊源以及该家族来到此地建立村落的过程。[②]

---

① 明嘉靖二十五年（1546）《创修三教堂记》，碑存泽州县周村镇班塌村三教堂。
② 清《刘氏开建碑记》，碑文参见李永红、杨晓波主编：《三晋石刻大全·晋城市城区卷》，太原：三晋出版社，2012年，第353页。

一些由家族修建的三教庙在碑记中被称为"家佛堂",可见其主要采用佛教礼仪形式。例如,清末民国时期,陵川县杨村镇池下村和家佛堂,实际上采用同堂崇奉三教祖师圣像的形式。据民国九年(1920)《重修家佛堂碑记》云:

> 盖闻时相积而成古今,事相续而垂千古。先人创造于前,后人继修其旧,诚垂万世而不朽,必得后之代有其人,嗣茸勿揸,方能美传于永久焉。村之东北有吾家佛堂庙一区,崇祀三教圣像。考其志,创建于李唐,重修于明末,自前清同治补茸之后,迄今又数十余年。经风雨摧残,栋宇损坏,垣墉坍塌,不但路人观之兴嗟,而且圣像难妥。
>
> 余先祖父于光绪三十二年虽有输金补茸之举,奈因工大力微,不克完竣。自民国八年三月,合族议决兴工,大社补助砖瓦、石灰等物,创修西耳房两间……工程告竣,自此以后,佑合族平安,蕃其族昌。①

从碑记内容可知,池下村和氏宗族"崇祀三教圣像"的家佛堂在清末、民国时期是由"合族议决兴工",并组织族人修建庙宇,同时村社"补助砖瓦、石灰等物"予以支持。该庙修建告竣之后,和氏族人祈祷"佑合族平安,蕃其族昌"。

根据泽州地区现存资料来看,可以确定为"家庙"类型的三教庙仅有12处,并不是明清时期泽州地区三教庙的主流类型。此外,从现有资料来看,作为"家庙"的三教庙基本上都出现在清代中期以前,这可能与清代中期以后泽州村社组织充分发展、乡村庙宇普遍以"社"为单位进行修建的演变趋势相关。正如杜正贞的研究指出:"在泽州,士绅宗族始终是一种较为边缘化的、次要的基层组织,而村社则配合清代国家基层行政制

---

① 民国九年(1920)《重修家佛堂碑记》,碑存陵川县杨村镇池下村。

度的演化，不断提高自身的权威，成为清中期以后泽州地方上最核心的制度和机构。"[1]

三、佛庙

佛教信仰在泽州地区的发展有着悠久的历史，境内现存有北齐、北魏、唐代造像碑及经幢。不少建有三教庙的乡村，实际上在更早的历史时期就有佛教信仰传布。例如，泽州县金村镇贺洼村中的三教堂创建于清康熙十一年(1672)，而早在唐乾元元年(758)，当地已有佛教造像活动。[2]再如，陵川县西河底镇积善村三教堂始建于宋元丰八年(1085)，而该村的三圣瑞现塔塔身则刻有"隋仁寿元年僧丰彦藏"字迹，[3]可见，早在隋代仁寿元年(601)该村已有佛教信仰传播及造塔崇祀实践。

如前文所述，早期的三教庙大多由僧人主持修建，与佛教信仰紧密相关。并且，三教庙自产生之初即趋于适应基层民众的信仰实践特点，从而能在中国社会长期存续、发展。元代以后，三教庙的修建主体渐趋泛化，道教宫观、文人家堂和乡村祠庙亦有采用同堂崇奉三教祖师者，但由佛教主导的三教庙仍是这一时期的主要类型。至明代中期，大量佛教主导的三教庙向乡村地区延伸，与村社祭祀传统相结合，逐渐转变为"社庙"类三教庙。

从现存资料来看，明清泽州地区仍有一些三教庙主要是由僧人或居士捐资修建，而非依靠村社组织，并且在庙宇形制、信仰实践方式上与佛教传统的关系较为紧密，因而可以归为"佛庙"类型。

例如，明嘉靖三年(1524)至七年(1528)泽州移风乡建福都下川里秋树坨村修建"三教佛堂"，主要依靠"男信士赵宗义、室人周氏同男赵奎□喜舍

---

① 杜正贞：《村社传统与明清士绅：山西泽州乡土社会的制度变迁》，上海：上海辞书出版社，2007年，第196页。

② 唐乾元元年(758)"石相敬造弥勒佛及金刚神□一铺"造像碑，碑存泽州县金村镇贺洼村。

③ （清）司昌龄：《重修昭庆院碑记》，参见（清）徐枎修、梁寅纂：《（光绪）陵川县志》卷二十，清光绪八年刻本。

地基","修盖殿三楹,三教圣人金像满堂",①并有朝阳庵僧人净迁、云水道人清云等佛教僧侣参与,重修碑记也由夏城郡明月寺僧人性安撰写。

再如,创建于明万历年间的泽州移风乡建福都大泽里(今泽州县金村镇)三教堂,是青莲寺下院净影寺内的一处殿堂。据明万历三十四年(1606)《濩泽碤石青莲山福岩院古刹净影寺山庄退猪盆创修三教堂碑记》记载:

> 盖闻昔汉明帝梦金人,而佛教始于此,中国有三教之序也。老子著《道德经》,而道教始于此;自伏羲氏画卦,儒教始于此。大抵儒以正设教,道以尊设教,佛以大设教。观其好生恶杀,则同一人也;视人犹己,则同一公也;禁过防非,则同一操修也;日月群盲,则同一风化也。由粗迹而论,则天下之理,不过善恶二途,三教之意,无非欲人之舍恶归善。孝宗曰:"以佛治心,以道治身,以儒治世,不容有一不治也。"又曰:"儒疗皮肤,道疗血脉,佛疗骨髓,不容有一不疗也。"又曰:"佛之日也,道之月,儒之星辰也,如是三光在天,不可缺一也。秦皇去儒而终不可去,梁武除道而道不可除,三武灭佛而佛终不可灭也。"一心者,所谓心能作佛、心作众生,心作天堂,心作地狱,心异则千差竞起,心平法界坦然矣。
>
> 兹者山西泽州移风乡建福都大泽里耆民卢世登、卢世科、姬国宪、韩守奉、卢国宾、卢世安、卢世全、姬守然、张应贵等愿四方善信捐舍资帛,就于青连里青莲寺山场,庄名退猪盆山庄左翼,创立大三教堂三楹,内塑圣像一新,专祈一方善信年年十二月月月保平安、昼夜十二时时时增吉庆,更祈田蚕万陪,五谷丰盈,合社吉祥,增延常乐,命功镌石永为碑铭记云耳。
>
> 大明万历三十四年岁在丙午十一月之吉,当代住持了冲、退堂住持正辉。

---

① 明嘉靖七年(1528)碑记、嘉靖九年(1530)《重修三教堂记》,碑存泽州县柳树口镇秋坨村三教堂。

　　耆宿：成讷、成奉、如勋、成雷、成许；僧官：了侣、了恒、了奈、了住、成左、了还、正平、了宁、了直、了悲、正芝、正登、正化、正合、正刚、正潘、正源、正理、正佩

　　主工：卢景元、王礼、王应登；塑画匠：申自宁、申自亮、合山百十余众。庙地去课籽钱□拾文为记。①

　　从该碑开列的"施财功德主"名单来看，修建三教堂的资金来源主要依靠众善信布施。佛教信仰在这类庙宇修建、维持的过程中具有非常重要的作用，佛教提倡的"行善"、"做功德"的信仰观念可能构成了这些善信为修建三教堂捐资出力的主要动因。

　　再如，清康熙年间阳城县郭峪村三教堂也是一处佛庙类三教庙。据清康熙二十二年(1673)泽州庠生蔡霑雨撰写的《重修三教堂碑记》可知，这座三教堂由"恒山僧四世住持"②。据现存史料可知，朗然法师、普宝法师等僧人先后担任该庙住持。与作为"社庙"的三教庙不同，此庙的修建资金主要是由一些信仰或仰慕佛教的文人居士自发捐资。"博雅之君子累年来捐资、捐田接踵。"③清康熙三十二年(1693)河南林县知县廖凤征(华亭人)应蔡霑雨之请游览该庙，并撰写《阳城三教堂藏经记》，称赞三教堂僧衡山(即恒山上人普宝)"能一心精进，守律甚严"，还曾"南涉江淮之滨，达秀州，辇载诸梵典以归，键而藏诸楼"。④由此可知，该庙还藏有大量佛经。

　　清代沁水县石楼山修建的佛教寺庙群包括一座三教堂。据清康熙《沁水县志》记载：

---

① 明万历三十四年(1606)《潞泽硖石青莲山福岩院古刹净影寺山庄退猪盆创修三教堂碑记》，碑存修武县后河村。参见刘文锴主编《修武碑刻辑考》，北京：中国矿业大学出版社，2013年，第138—142页。此碑文开篇引述了元刘谧《三教平心论》讨论三教殊途同归之大义。据陈士强《佛典精解》下卷第六《护法部·论辩》著录元刘谧《三教平心论》二卷。

②③　清康熙二十二年(1673)《重修三教堂碑记》，现存阳城县北留镇郭峪村白云观。碑文参见卫伟林主编《三晋石刻大全·晋城市阳城县卷》，太原：三晋出版社，2012年，第164页。

④　(清)廖凤征：《阳城三教堂藏经记》，《瓵剑楼文稿》，清雍正顾复堂刻本。

> 石楼山,在县南二里峻嶒峰,叹若楼台,故名。山半旧有石楼,后废,因修佛殿,名石楼寺。山顶有大松数株,左有三教堂,右有白衣堂,故邑景谓"石楼精舍"。①

此处三教堂,实际上是石楼寺的附属建筑,属于整个石楼山佛教寺庙群的一部分,因而在信仰实践礼仪上很可能与佛教传统紧密相关。

类似地,沁水县白云寺中也有一座三教堂,清雍正十三年(1735)《古记白云寺山场地界碑》云:

> 雍正八年,合寺僧人公举化缘长老,四方善士各家出心捐输经书,筹著费尽心而今工果方能完备……寺南古记佛堂庙,前转石后古柏林。岭至上下山绎路,三教堂内有云峰。雍正乙卯年冬月志。②

据此来看,包括三教堂在内的白云寺,在雍正年间的这次重修资金主要来源于合寺僧人公举化缘长老向佛教信众募化,并非以"社"组织进行集资。

泽州县晋庙铺镇窑掌村的中月寺,实际上也是一座"佛庙"类三教庙。晋庙铺镇南部三教河西岸月院山一带修建了由大月寺、中月寺、小月寺组成的佛教寺庙群。③其中,位于晋庙铺镇窑掌村的中月寺始建于清乾隆年间,为两进院,主要建筑包括三教殿(正殿)、关公殿、地藏殿等。④据相关碑刻资料记载,清乾隆二年(1737),由四方善士捐资"创塑三教佛祖像"。⑤又据清乾隆二十七年(1762)《重修三教堂碑记》云:

---

① (清)赵凤诏纂修:《(康熙)沁水县志》卷一,清康熙三十六年刻本。
② 清雍正十三年(1735)《古记白云寺山场地界碑》,碑存沁水县端氏镇山泽村白云寺。
③ 杜秋炉主编:《珏山志》卷四,太原:三晋出版社,2008年,第102—104页。
④ 泽州县志编纂委员会编:《泽州县志》,北京:中华书局,2015年,第1316页。
⑤ 清乾隆二年(1737)《创塑三教佛祖塑像碑》,碑存泽州县晋庙铺镇窑掌村月院山。

粤稽如来佛起于西域,至汉帝尊崇佛教立祀焉;道德祖出于春秋时,而诸夏始;文章师出于周灵王廿一年。三圣之功德教化于天下祀焉。三晋之地,太行蜿蜒而来。泽郡以南六十里一舍窑而掌,旧有三教堂,年成久远,风雨倾颓。本庄信士捐起资财,兴工重修正殿五间,西廊房□间,普塑金神。①

可见,清乾隆年间窑掌村的三教堂即今中月寺的前身,这座庙宇在乾隆二年创塑三教圣像、乾隆二十七年重修殿宇等费用,可能主要来自僧人向四方善士、本庄信士的募化。

依据相关史料来看,明清时期泽州地区的佛庙类三教庙仅有 13 处,与数量众多的"社庙"类三教庙相比,并非主流类型。这种情况并不仅仅存在于泽州地区,据相关资料来看,"佛庙"类三教庙在明清时期整个山西地区的数量也十分有限。

第三节　庙宇形制

本节主要对明清泽州地区三教庙的形制布局展开研究。结合相关碑刻资料的描述和实地调查情况来看,明清时期泽州地区三教庙的形制规模通常为一进院落。例如,据清咸丰四年(1854)《石庄村创修东西看楼碑记》可知,凤台县石庄村"古建有三教堂焉,正殿群庑虽曰毕具,规模卑狭"②。部分庙宇经过增修、扩建而达到二进以上规模。这在大量的重修碑记中得到了反映。例如陵川县南川村三圣庙,清咸丰年间的重修碑记言其原本"规模

---

① 清乾隆二十七年(1762)《重修三教堂碑记》,碑存泽州县晋庙铺镇窑掌村月院山。
② 清咸丰四年(1854)《石庄村创修东西看楼碑记》,参见樊秋宝主编:《泽州碑刻大全》第三册,北京:中华书局,2013 年,第 89—90 页。

狭隘",后增修配房六间、移修舞楼七间。①

总体来看,明清时期泽州地区三教庙规模大多为一进院落、十余楹(间)房屋。从实地调查的情况来看,这些庙宇的占地面积多在1 000平方米以内。例如高平市石末乡瓮庄村三教堂为清代建筑(如图2.1),为一进院落,包括殿宇、房屋十七间,占地面积约700平方米。

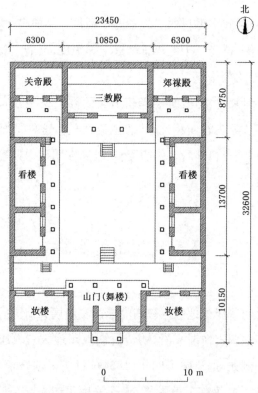

图2.1 高平市瓮庄村三教堂平面图

庙宇朝向大多为坐北朝南。②殿宇布局基本上呈中轴线对称,通常包括

---

① 清咸丰四年(1854)《重修三圣庙碑记》,碑存陵川县崇文镇南川村三圣庙。

② 笔者在实地调查中也发现少数三教合祀庙宇采用坐西朝东的方位,结合所在村落具体的自然环境来看,当与地形因素有关。如陵川县岭北底村位于山麓,地形崎岖,平整地带呈东西狭长形态,因此该村三教堂整体方位为坐西朝东。

正殿、配殿(正殿左右两侧的耳房)、厢房(位于左右两庑的房屋)、戏台(山门舞楼)、看楼等部分。

此外,需要注意的是,三教庙的殿宇、圣像布局并非一成不变。例如,陵川县井沟村三教堂在清同治、光绪年间经历了持续的重修,至同治五年(1866)"修成三教堂三间,乾、艮二方,蚕姑殿三间、牛马王殿三间,创修关帝殿三间",至光绪二十九年(1903)又"重修震方高禖祠三间"[①],最终形成了现在井沟村三教堂的殿宇布局(图 2.2)。

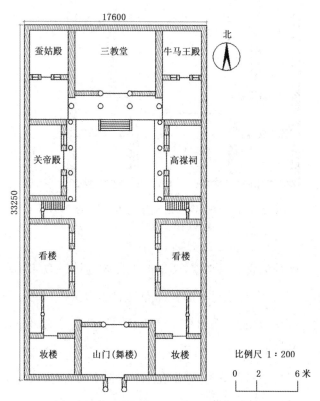

图 2.2 陵川县井沟村三教堂平面图
资料来源:陵川县博物馆提供

---

① 清光绪三十年(1904)《井沟村重修碑记》,碑存陵川县西河底镇井沟村三教堂。

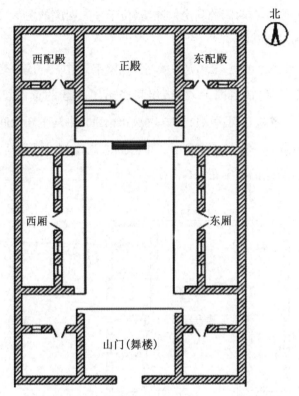

图 2.3 明清泽州地区三教庙"标准化"形制平面图
资料来源:笔者绘制

结合大量实地调查资料来看,明清时期泽州地区三教庙采用了大致相同的殿宇布局,与许多其他村落的社庙布局也非常类似。通过将建筑格局保存完好的 73 座三教庙平面图进行叠加、对照,可以绘制出一种"标准化"形制平面图(图 2.3)。

数量众多且形制布局呈现"标准化"特征的三教庙,反映了本区域可能存在一定数量的职业建庙群体。这些职业建庙群体通常由木匠、石匠、泥瓦匠、漆画匠等分工明确的匠人组成,他们主要在本村及邻近村社从事庙宇、民居等建筑的修造活动,并且在长期的建造实践中积累、形成了一套相对固定的建屋、造像"标准化"方案及成熟的技艺流程。采用"标准化"的形制布局,可以简化设计程序,充分发挥技艺熟练的优势,降低建造成本(包括时间成本)。换言之,庙宇的形制布局越是趋于一致,村社所需要承担的建造费用也就越低;而如果重新设计或部分改变庙宇形制布局,修建成本则会提升。因此,明清时期泽州地区三教庙的修建过程中形成了一种"延续传统"的强大动因,遂在庙宇形制布局上普遍采用了"标准化"模式。

图 2.4　陵川县营里村三圣庙外景

图 2.5　陵川县郊底村三教堂外景

图 2.6　泽州县关山村三教堂山门

图 2.7　泽州县吴庄村三教堂内景

图 2.8　陵川县大河西村三圣宫山门匾额"三圣同宫"

图 2.9　泽州县邢家村三教庙山门匾额"殊途同归"

图 2.10　泽州县东石瓮村三教庙山门匾额"三教堂庙"

一、正殿

在三教庙的整体形制布局中,正殿是核心部分。据笔者实地调查的情况来看,明清时期泽州地区三教庙的正殿通常位于院落内的最北或最西。一些庙宇正殿的门楣上设有匾额一块,题写"三教堂"、"三教殿"、"三圣殿"等名称,或为概括儒释道三教同源、圆融关系的内容,如"三教同源"、"异派同源"、"殊途同归"、"皆古圣人"、"道本同源"、"三圣同宫"等。

图 2.11　陵川县西河底村三教堂正殿

图 2.12　泽州县孔窑村三教堂正殿

图 2.13　陵川县沙泊池村三教堂正殿匾额"皆古圣人"

图 2.14 泽州县磨滩村三教堂正殿匾额"殊途同归"

一些三教庙正殿门楣的中、左、右部各设匾一块,题写内容分别与正殿内的正中位、左位、右位圣像身份相对应。例如,清乾隆年间重修的陵川县小庄上村三教堂正殿内三教圣像以佛居中、老君居左、孔子居右,与此对应,正殿门楣匾额中书"西天圣人",左书"道法五千",右书"万世师表"。①陵川县井沟村、井郊村三教庙都采用了这种模式。还有一些三教庙正殿的门柱上镌刻或题写了楹联,内容大多为彰显儒释道三教殊途同归、功垂千古等思想义涵。例如,清顺治三年(1646)重修的泽州县南岭乡阎庄村三教堂正殿面阔三间,有石柱楹联云:"道本一诚,既一故极参天两地之文而莫拟其妙;名列三教,有三则随四海九州之远而皆服其神。"②

① 2018 年 11 月 25 日笔者在陵川县礼义镇沙河村小庄上村三教堂实地调查资料。
② 彭守忠、成根同主编:《南岭乡志》,太原:山西人民出版社,2005 年,第 36、41 页。

图 2.15 陵川县井沟村三教堂正殿匾额"万世师表"

图 2.16 泽州县大南庄村三教庙正殿匾额"三教同源"

三教庙正殿内设有儒释道三教祖师圣像,圣像方位朝向通常与正殿的整体朝向一致,多为坐北朝南。依据相关碑刻资料的记载,可以了解明清时期三教庙正殿圣像组合的大致情形。例如,明嘉靖三年至七年(1524—

1528)泽州移风乡建福都下川里秋坨村民众赵宗义等重修三教佛堂,"塑绘三教佛像"①,"修盖殿三楹,三教圣人金像满堂,粲然一新"②。陵川县嵩山村(今松山村)三教殿创建于明天启六年(1626),"上建广殿,塑设三圣、能仁、阿难、迦舍、道童、颜回、子路"。③可惜的是,经过上世纪三十年代以来的社会动荡,泽州地区三教庙正殿旧有圣像百无一存,我们如今所看到的三教圣像基本上都是近年来重塑或重绘的。这些圣像的组合形式,或许可作为一种参照。泽州地区三教庙正殿现有圣像的组合模式主要有三种:

模式1:佛祖、老君、孔子三尊圣像组合,在笔者实地调查所见到的72处三教庙正殿圣像组合中有65处采用了这一模式,占了大多数。

模式2:佛祖及左右弟子胁侍(僧人形象)、老君、孔子共五尊圣像组合。这一模式目前在泽州地区仅见5处。

模式3:佛祖及左右弟子胁侍(僧人形象)、老君及左右弟子胁侍(道童形象)、孔子及左右弟子胁侍(儒生形象)共九尊圣像组合。这一模式目前仅见泽州县两谷坨村三教堂、陵川县小翻底村三教堂2处。

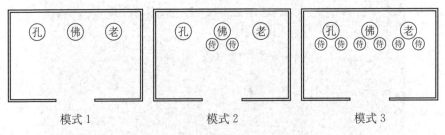

模式1   模式2   模式3

图 2.17　泽州地区三教庙正殿现有圣像的组合模式

另一方面,从实地调查的情况来看,泽州地区三教庙正殿现有圣像的位次基本上都采用了以佛居中、老子居左、孔子居右的模式。这种位次模式的

---

① 明嘉靖七年(1528)碑记,碑存泽州县柳树口镇秋坨村三教堂。
② 明嘉靖九年(1530)《重修三教堂记》,碑存泽州县柳树口镇秋坨村三教堂。
③ 明崇祯五年(1632)《创建三教殿碑记》,碑存陵川县六泉乡松山村三教堂。

普遍采用可能与明清时期的情形存在关联。并且，从一些史料记载来看，这种"佛居中，老子居左，孔子居右"的位次模式在清代中后期山西地区的三教庙中十分普遍。据清道光十六年（1836）六月山西学政汪振基上奏称：

> 窃惟礼有常经，民间供奉神像，除载在典祀、垂为官制者，不得违例供奉。臣闻山西省向有三教庙，佛居中，老子居左，孔子居右。乡愚积习，罔知悖戾。……查访寿阳县属之西步落、太安镇、李家沟等村，均有三教庙。据该县知县臣钟汪杰详称该属西步落、太安镇二处，业经晓谕，移供神像，更改庙名，惟李家沟一处，仍有该庙旧立碑文，现饬令磨洗……是三教庙久干禁例，自应永远恪遵禁止。①

可见，清代中后期山西地区的三教庙普遍采用了"佛居中，老子居左，孔子居右"的圣像位次模式。这种位次模式当是早期三教庙（主要由佛教修建）的圣像位次模式的延续。据前文考证，泽州地区最早的三教庙出现于宋金时期，这一时期的三教庙与佛教传统紧密相关，普遍采用"佛居中，老子居左，孔子居右"的圣像位次。明清时期三教庙的圣像位次仍然沿袭了早期三教庙的模式，亦反映出中国民众的信仰行为往往具有很强的"惯性"。正如荷兰汉学家高延（J. J. M. de Groot）指出的那样："一般而言，中国民众的信仰活动和风俗礼仪，如今仍然保留于这一庞大帝国的此处或彼处，因为中国人极为顽固的保守主义，保证了源自祖先的几乎每一种活动都不断地被模仿。"②美国人类学家魏乐博（Robert P. Weller）在中国地方社会进行田野调查时也发现，许多民众对自己信仰行为的原因作出的解释是"他们祖祖辈辈

---

① 清道光十六年（1836）六月廿四日山西学政汪振基奏折《奏为三教庙久干例禁请饬下山西巡抚通谕各属无论城市乡村一体严禁事》，北京：中国第一历史档案馆藏档案。
② 参见［荷］高延：《中国的宗教系统及其古代形式、变迁、历史及现状》第六册，芮传明等译，广州：花城出版社，2018 年，第 1593 页。

就是这么做的"。①可见,中国民众在某些信仰观念层面的"惯性",在历史发展过程中可能是极其稳定的。

此外,这种圣像位次模式的采用,也使得三教圣像组合在整体外观上呈现出一种"类对称"协调特征:形象相对独特的佛祖被置于中位,形象相对近似的老子、孔子则分置佛祖之左、右位,形成了一种外观形象上相对协调的组合。并且,这种位次普遍见于泽州地区三教庙,可能与当地匠人建庙、造像的"标准化"模本方案相关。②例如,陵川县平城镇南坡村三教堂始建年代不详,清康熙五十四年(1715)曾重修,旧有圣像今已不存,2002年重修庙宇、新塑三教圣像。据守庙人王女士介绍,当年重修庙宇、塑像,请的是本村工匠,正殿圣像采用"佛居中,老子居左,孔子居右"的位次(图2.18)。③

图2.18 陵川县南坡村三教堂正殿圣像

---

① 卢云峰:《宗教为中国提供了重要的社会资本——访美国波士顿大学人类学系主任魏乐博教授》,《中国民族报·宗教版》2008年9月19日;龙飞俊:《主体、多样性与仪式:我的中国人类学研究——魏乐博教授访谈》,上海社会科学院宗教研究所主办:《当代宗教研究》2013年第4期。荷兰汉学家高延(J. J. M. de Groot)也曾指出:"一般而言,中国民众的信仰活动和风俗礼仪,如今仍然保留于这一庞大帝国的此处或彼处,因为中国人极为顽固的保守主义,保证了源自祖先的几乎每一种活动都不断地被模仿。"参见[荷]高延:《中国的宗教系统及其古代形式、变迁、历史及现状》第六册,芮传明等译,广州:花城出版社,2018年,第1593页。
② 如前文所述,泽州地区的三教庙可能主要由职业化的建庙群体修建,在正殿塑像形式和座次安排上普遍采用"标准化"模本,因而三教造像形式在工艺层面可能具有固定性。
③ 口述人:王女士,67岁,陵川县平城镇南坡村三教堂守庙人,访谈者:笔者,访谈日期:2018年8月3日。

二、配殿

三教庙的形制布局,除正殿以外,一般还包括若干配殿。这些配殿通常面阔一至三楹不等。在一座三教庙内,通常以正殿左、右两侧的耳殿(有时也加上左、右厢房的部分空间)祭祀某些神祇。①从现存的碑刻资料来看,明清时期泽州地区三教庙的配殿祀神呈现出多样化的特征。以下列表说明:

表 2.2　碑刻资料所见明清时期泽州地区三教庙配殿祀神

庙　　宇	创建或重修年代	配殿(耳殿、厢房等)祀神
陵川县佳祥村三教堂	明嘉靖年间创建	奶奶、牛王、蚕姑
沁水县孔壁村三教庙	明万历三年至万历八年重修	汤帝、关圣、龙王、白龙圣像
阳城县万安村三教堂	明万历四十六年增修	关帝、牛王
陵川县西要迪村三教堂	明万历庚申四十八年新修	关圣、蚕姑
泽州退猪盆村三教堂	清顺治十八年重修	观音菩萨
泽州樊家国坨三教堂	清康熙二十年创修	龙王、关圣、牛王、马王,高禖
泽州七岭店村三教堂	清康熙二十八年重修	五瘟
泽州董家沟村三教堂	清康熙三十四年移建	高禖、牛马王
陵川县西柏崖村三教堂	清康熙五十二年新建	观音、高禖
凤台县于家口村三教堂	清乾隆十五年	观音、地藏、马王、蚕姑、高禖
凤台县司街村三教堂	清乾隆二十年	关圣、高禖
凤台县东岭头村三教堂	清乾隆十八年至四十一年重建	瘟神、牛马王、关帝、龙王
凤台县秋泉村三圣堂	清乾隆四十三年重修	高禖
阳城县横岭村三教堂	清乾隆五十五年扩建	高禖
凤台县刘家河村三教堂	清嘉庆二年增修	高禖、皂君、蚕姑

---

① 实际上,在三教庙修建配殿、兼祀其他神灵的现象,并非泽州地区所特有。杜赞奇在研究 20 世纪初的华北乡村社会时,就发现山东济南冷水沟村的三圣堂是一座崇奉“老子、孔子、如来佛”的庙宇,而庙内还供奉财神、牛王和土地神。参见[美]杜赞奇:《文化、权力与国家:1900—1942 年的华北农村》,王福明译,南京:江苏人民出版社,2018 年,第 99 页。

庙　　宇	创建或重修年代	配殿(耳殿、厢房等)祀神
高平县西诗村三教堂	清道光七年补修	蚕姑圣母
凤台县李道迤村三教庙	清道光九年重修	关帝、高禖
陵川县汤庄村三教堂	清道光二十五年重修	观音、财神、土地
阳城县北留村三教堂	清道光二十一年补修	高禖
陵川县下东河村三教堂	清道光二十二年至同治九年重建	关圣、高禖
陵川县马家庄村三教堂	清道光、咸丰年间重修	马王、高禖
陵川县南川村三圣庙	清咸丰七年重修	关圣、文昌
陵川县井沟村三教堂	清咸丰七年、同治五年、光绪三年重修	蚕姑、牛马王、关帝、高禖
凤台县孔家窑村三教堂	清光绪十六年重修	财神、马王
凤台县坡东村三教堂	清光绪十六年至二十九年重修	观音、玉皇、关帝
高平县瓮庄村三教堂	清光绪三十三年重修、民国五年补修	关帝、高禖圣母
凤台县东陕村三教堂	清光绪三十二年创修舞楼	高禖

资料来源:笔者据相关碑刻资料整理

　　据此来看,明清时期泽州地区三教庙的配殿祀神主要包括关帝、观音、高禖、蚕姑、牛马王、龙王(龙神)、财神、瘟神等。这些神祇大多被民众认为具有专门的神圣功能。例如,高禖为主管生育之神,牛马王、蚕姑神则被认为能够保佑六畜平安、桑蚕万倍,是与当地农业生产密切相关的神灵。以下具体分析泽州地区三教庙配殿中比较常见的神灵。

　　关帝,即蜀汉将领关羽(161—220),字云长,河东解良(今山西运城市)人,东汉末年辅佐刘备建立蜀汉政权,一生忠义神勇,威震华夏,后因失荆州,为孙吴擒杀。北宋以降,关羽受到历代统治者的尊崇、加封,并成为儒释道三教共尊之神。至明万历年间,神宗追封其为“协天护国忠义大帝”、“三界伏魔大帝神威远震天尊关圣帝君”,“关帝”之号由此而来,民间又称“关公"、"关老爷"、"武圣人"、"美髯公"等,对关帝庙亦有"关爷庙"、"老爷庙"等俗称。明清时期,关帝被民众尊奉为司命、主财、降雨、延嗣、赐福保安、治病消灾、伏魔驱邪的万能之神,祠庙遍天下,香火旺盛。商贾也敬仰关公忠义、诚信,将其奉为"武财神",祈求保佑平安、生意兴隆。因关老爷故里在山西,所以山西民众对其尤为尊崇。明清时期泽州地区许多村社以关帝庙为"大庙"(社庙)、"春祈秋报之所",尤其是遇到大旱之年,民众会向关老爷祈雨,当地俗语云"关老爷磨刀就下雨"。泽州地区亦有不少三教庙以配殿祭祀关帝。清光绪年间重修的陵川县东掌村三教堂,庙门匾额题写"儒释老髯"四字,其中的"髯"即指关帝。[①]

观音,即佛教之观世音菩萨,民间亦称"观音娘娘"、"白衣大士"。据《妙法莲华经》中的《观世音菩萨普门品》,观世音是大慈大悲的菩萨,能够显现三十三化身,救十二种大难,众生只要念其名号,"菩萨即时观其音声",往救解脱。并且,观音菩萨对一切人救苦救难,不分贵贱贤愚,被民众尊称为"大慈大悲救苦救难观世音菩萨",简称"大悲"。[②]道教宫观也有供奉,尊为"慈航道人"。此外,民间社会又将观音菩萨与高禖奶奶、圣母等女神一并奉为掌管生育之神,俗称"送子观音"。因此,观音菩萨在民间社会广受信奉。泽州地区许多乡村建有观音庙、观音堂、观音阁,一些三教庙也以配殿供奉观音,亦称"观音殿"或"观音堂"。

高禖神,为主管生育、广生延嗣之神。高禖信仰起源于先秦时期在郊外祭祀"郊禖"的古老传统。泽州地区很多地方村民基本上都直接称高禖神为奶奶,其塑像通常是一位慈祥的老婆婆或一对老年夫妇形象——俗称"四爷爷"、"四奶奶"。按照泽州地区的习俗,新婚夫妇如果多年不孕,要到庙里给"四大大"、"四奶奶"烧香上供、磕头许愿,并从庙里取回一个泥娃娃,民间叫"偷孩子"。此后若如愿生了孩子,要往庙里回送几个或十几个泥娃娃,也有

———————————

① 2018 年 8 月 2 日笔者在陵川县东掌村三教堂实地调查资料。

② 白化文《汉化佛教与寺院生活》,天津:天津人民出版社,1989 年,第 83 页。

送匾额的,称为"还愿"。北石店等地民众到庙里求子,要敬上四大碗、四小碗素食献供和四碟水果,烧上一炉香,跪地叩头一百个,求奶奶为其送子。明清时期,高禖信仰已普遍流行于泽州地区,不少乡村都建有高禖祠,俗称"奶奶庙"。①例如,明万历三十一年(1603)高平县石堂会村民姬孝修建高禖祠,以祈子嗣兴旺。②清顺治十二年(1655)修建的泽州保福村广生祠,祭祀"郊禖尊神"③。从上表可知,明清时期泽州地区有众多的三教庙以配殿祭祀高禖,这也是当地高禖信仰极其兴盛的重要体现。

蚕姑神,又称"蚕神"、"蚕王"、"蚕姑娘娘"、"三蚕圣母"(包括养蚕神嫘祖、地桑神、天蚕神)④,是植桑、养蚕缫丝业的保护神。男耕女织是中国古代农业社会的基本特征,蚕姑之祀反映了中国民间信仰与桑蚕经济、女红传统的紧密结合。长期以来,植桑养蚕是泽州社会的重要经济基础,尤其是高平、阳城、沁水一带,养蚕、织丝的人很多,普遍敬奉蚕神。⑤清雍正年间,泽州知府朱樟结合在当地乡村的考察情况,撰成《桑蚕麻论》,指出:"泽州蚕丝之利甲于他郡。"⑥从植桑养蚕的具体过程来看,几乎全年都需要精心料理。因此,泽州民众非常重视祭祀蚕神以祈求保佑桑蚕生产的。泽州地区以养蚕缫丝为业的村社,多建有专庙或在某些庙宇的配殿祭祀蚕神。例如,在阳城县的乡村地区,许多汤帝庙的偏殿即供奉蚕姑。⑦高平县西诗村三教堂以配殿祀蚕神,据清道光七年(1827)《补修三教堂三官殿碑记》云:"至于蚕母之祀,原以励女红也,是皆人所共信也。"⑧清同治、光绪年间重修的陵川县

---

① 张保福:《晋城民俗》,太原:三晋出版社,2010年,第260页。
② 明万历三十二年(1604)《创凿高禖洞壁记》,碑存高平市陈区镇石堂会村。
③ 清顺治十二年(1655)《创修广生神祠碑记》,碑存泽州县高都镇保福村。
④ 王家胜主编:《阳城县志(1978—2008)》,太原:山西人民出版社,2015年,第1385—1386页。
⑤ 张保福:《晋城民俗》,太原:三晋出版社,2010年,第271页。
⑥ (清)朱樟修,田嘉穀纂:《(雍正)泽州府志》卷四十五,清雍正十三年刻本。
⑦ 王家胜主编:《阳城县志(1978—2008)》,太原:山西人民出版社,2015年,第1386页。
⑧ 清道光七年(1827)《补修三教堂三官殿碑记》,碑存高平市北诗镇西诗村三教堂。

井沟村三教堂,正殿西侧建有蚕姑殿三间。①

牛马王,即牛王、马王之合称,被民众认为是保佑牛、马、猪、羊等牲畜健康的神灵。牛马王庙在泽州地区数量众多。在中国传统农业社会,牛、马等力畜是农耕生产、物资运输必不可少的动力和工具。牛、马的健康状况直接影响着农业生产的进行。在泽州乡村地区,农家百姓通常供奉牛马王,以祈求自家的牛、马等牲畜能够健康繁衍。②除了专祀牛马王的庙宇,许多其他庙宇也在配殿祭祀牛马王。从现存碑刻资料和实地调查情况来看,泽州地区大量三教庙中建有牛马王殿。例如,清乾隆年间重建的东岭头村大庙三教堂,在西角殿祭祀"牛马王尊神"。③在清同治、光绪年间重修的陵川县井沟村三教堂,正殿东侧建有牛马王殿三间。④

龙王,又称"龙神",是中国民间广泛尊奉的司雨之神。泽州地区河流较少,气候干旱,降雨对农业生产具有至关重要的意义。因此,过去老百姓十分重视对龙王的祭祀。明清时期泽州地区许多村社的"大庙"(社庙)就是龙王庙(龙神庙)。一些三教庙以配殿祀龙神,也主要是出于祈雨之需。正如明嘉靖二十二年(1543)泽州珏山南顶兴建三教龙王堂庙,碑记即言龙王为司雨之神:"兴云致雨,万物生长皆托其神祇焉。"⑤

财神,又称"财神爷",在民间被认为是主管财运的神明。与同样具有财神属性的关老爷相比,财神庙中的圣像通常以文官形象呈现,又称为"文财神"。在泽州地区,商人尤为重视对财神爷的敬奉,以祈求生意兴隆、财源滚滚。

瘟神,亦称"五瘟"、"五瘟使者",是中国民间信奉的瘟疫之神。唐宋以后,民间以春瘟张元伯、夏瘟刘元达、秋瘟赵公明、冬瘟钟仕贵、总管中瘟史文业为"五瘟使者"。"瘟疫"是古人对烈性、急性传染病的通称,因其传染迅速、死亡

---

① ④　清光绪三十年(1904)《井沟村重修碑记》,碑存陵川县西河底镇井沟村三教堂。
②　张保福:《晋城民俗》,太原:三晋出版社,2010 年,第 269 页。
③　清乾隆四十一年(1776)《东岭头村重修大庙碑记》,碑存泽州县大东沟镇东岭头村三教堂。
⑤　明嘉靖二十二年(1543)《创立三教龙王堂庙碑序》,碑存泽州县金村镇珏山南顶。

率高,古人对它极为恐惧。明清时期,泽州地区曾多次发生大规模的瘟疫。例如,据泽州县山河镇时街村现存清光绪五年(1879)《记光绪三年灾荒碑》记载,清光绪三年(1877)"凶荒之中,瘟疫流行……吾辈几无遗类"。①过去医疗条件落后,人们认为瘟疫是由恶鬼作祟所导致,因而祭祀瘟神以祈求免遭瘟疫、保佑人畜健康。②泽州乡村一些三教庙也在配殿供奉瘟神,尤其是在瘟疫流行之年,人们对祭祀瘟神更为重视。例如,清康熙二十八年(1689)泽州七岭店村古庙三教堂内有五瘟神殿,"连年来瘟疫之疾乡中人亦不少矣,传有祷于神者即不移时而愈",该村民众遂捐资修葺庙宇、金妆五瘟神像。③

总的来看,三教庙配殿所祀的各种神祇,反映出乡村民众的信仰实践是与世俗生活基本需求紧密联系的。这种对于现实生活需求的充分关切,实际上也是中国民间信仰的一般特征。正如 20 世纪初期美国社会学家罗斯(Edward Allworth Ross)到中国考察时发现的那样:

> 普通的中国人在宗教方面如同其他方面一样,追求实用,认为菩萨是世界上获得利益的源泉。他们从菩萨那里寻求恢复健康、好收成、科举考试成功、经商获利、仕途腾达。④

张志刚先生指出,中国乡土社会的民间信仰"主要是与普通百姓的日常生活息息相关的信仰习俗"⑤。对于普通百姓而言,选择和维持某种信仰实践的一个重要因素就是与他们日常生活息息相关的基本诉求。中国的老百姓主要基于现实世界和日常生活,按照自己的认知、理解(包括许多地方习

---

① 参见樊秋宝主编:《泽州碑刻大全》第一册,北京:中华书局,2013 年,第 509 页。

② 张保福:《晋城民俗》,太原:三晋出版社,2010 年,第 262—263 页。

③ 清康熙二十八年(1689)碑记,碑存晋城市城区北石店镇七岭店村永福寺,碑文参见李永红、杨晓波主编:《三晋石刻大全·晋城市城区卷》,太原:三晋出版社,2012 年,第 138 页。

④ [美]E.A.罗斯:《变化的中国人》,公茂虹、张皓译,北京:时事出版社,1998 年,第 229 页。

⑤ 张志刚:《"中国民间信仰研究"反思——从田野调查、学术症结到理论重建》,《学术月刊》2016 年第 11 期。

俗、民间传统观念等)安排信仰生活的具体内容。并且,他们的信仰生活内容往往是丰富多彩的,希望通过对各种神灵的虔诚祭祀来获得现实的福佑。欧大年(Daniel L. Overmyer)先生认为:"中国民众更为关注的是通过祭祀神灵的仪式实践对现实生活需要的满足。"①从我们的考察和分析来看,的确如此。与彼岸、来世、天堂佛国相比,中国民众可能更加注重现实的功效。

三、厢房、戏台和看楼

据相关碑刻资料记载及实地调查情况来看,明清时期泽州地区三教庙的整体形制布局,除正殿、配殿之外,通常还包括厢房、戏台、看楼等其他建筑。

厢房,又称"陪房"、"偏房",通常位于庙内庭院的两庑。以一进院落的三教庙为例,进入庙宇正门后,院落之左、右两边各有一排厢房,每排房屋从两三间至十余间不等。这些厢房一般是供村社民众聚会、议事之场所。据明清时期相关碑刻资料反映的情况来看,一些三教庙也将部分厢房作为住持僧人、道士居住之所,称为"禅房"、"僧房"、"禅室"、"道房"等。例如,明万历二十二年(1594)重修的泽州李道迪村三教堂内,即建有僧房。②清康熙五十五年(1716)重修的高平县何家庄三圣堂有东、西禅房各五间。③清乾隆三十九年(1774)凤台县东杨村三教堂内建有道房八间。④另外,一些厢房也作为祀神的殿堂,与正殿左右两侧的耳殿具有类似的用途,亦可视为一种"配殿"。例如,清乾隆年间重建的凤台县东岭头村大庙三教堂,东厢供奉关帝,西厢供奉龙王。⑤由此可见,明清时期泽州地区三教庙的厢房空间在用途上具有多样性。

---

① 范丽珠、[美]欧大年:《中国北方农村社会的民间信仰》,上海:上海人民出版社,2013 年,第4 页。
② 明万历二十五年(1597)《重修三教堂碑记》,碑存泽州县大箕镇李道迪村三教堂。
③ 清雍正五年(1727)《何家庄重修三圣堂并接引佛阁碑记》,碑存高平市建宁乡何家庄村三教堂。
④ 清乾隆三十九年(1774)碑记,碑存泽州县南村镇东阳村三教堂。
⑤ 清乾隆四十一年(1776)《东岭头村重建大庙碑记》,碑存泽州县大东沟镇东岭头村三教堂。

戏台,又称"戏楼"、"舞楼"、"舞台"、"舞亭"等。明清时期泽州乡村的庙宇普遍建有戏台作为"献戏酬神"的场所。①例如,清乾隆五年(1740)陵川县峰西村民众在三教堂"创修戏楼,以为告成报答之所"②。泽州县北义城镇张庄村现存的清嘉庆十二年(1807)《创建舞楼碑记》载:"古者建堂立庙,并树舞楼,无非为春祈秋报、演戏礼神之便也。"③不少碑刻资料还记载了三教庙戏台的重修、改建情况。例如,凤台县陟椒村社庙三教堂创建于明嘉靖十五年(1536),后"缘祭祀献戏之不便",该村民众于清乾隆十九年(1754)接补下院、舞楼十四间,东、西看楼十二间。④再如,清咸丰四年(1854)陵川县桑树河村三教堂戏台因"风雨损坏,当春秋祭祀无以献戏酬报",村民集资重修之。⑤

从相关碑刻资料记载来看,不少三教庙在重修殿宇时也会对戏台进行修葺。例如,泽州县犁川镇西沟村三教堂在清康熙十三年(1675)重修殿宇,亦修建戏台。⑥一些三教庙在创建之时并没有戏台。例如,高平市建宁乡张家村三教堂(大庙)正殿始建于清顺治六年(1649),之后又陆续修建了东房三间、西耳楼二间等建筑,直到咸丰元年(1851)才"创修戏楼三间"。⑦一些戏台创建之后,还可能根据实际需要进行改建或移建。例如,泽州县山河镇王庄村三教堂在清乾隆初年已经建有舞楼四楹,至乾隆四十二年(1777)又重新改建山门舞楼并东西厦。⑧再如,泽州县犁川镇杜家河村三教庙,据庙内现存清嘉庆六年(1801)《舞楼碑记》云:

---

① 村社民众在三教庙中献戏酬神,是"春祈秋报"祭祀的重要内容,本书第四章将详细探讨。
② 清乾隆五年(1740)《创修舞楼碑记》,碑存陵川县附城镇峰西村西大庙。
③ 清嘉庆十二年(1807)《创建舞楼碑记》,碑存泽州县北义城镇张庄村。
④ 清乾隆四十年(1775)《重修三教堂碑记序》,碑存泽州县李寨乡陟椒村三教堂。
⑤ 清咸丰四年(1854)《重修三教堂戏楼碑记》,碑存陵川县杨村镇桑树河村三教堂。
⑥ 清康熙十三年(1675)《重修三教堂并立龙王庙碑记》以及同年戏台脊枋题记,现存泽州县犁川镇西沟村三教堂。
⑦ 清顺治六年(1649)《创建三教堂布施花名》、顺治十年(1653)《创修三教堂记》、康熙四年(1665)碑记,同治三年(1864)碑记,现存高平市建宁乡张家村三教堂(大庙)。
⑧ 清乾隆四十二年(1777)《重修三圣佛堂碑记》,碑存泽州县山河镇王庄村三教堂。

泽郡西南乡杜家河村,古有三教庙堂,原系一乡敬神之所,但地势窄狭,每遇焚香,往来人繁,不胜拥挤,皆以为舞楼狭迈,无以申祝祷之情。自己未春社同集庙中,兴言及此,别建戏楼于庙前河南岸。斯心一举,不日成功。①

据此碑刻可知,杜家河三教庙原已建有舞楼一所,历时已久,因建筑狭小,每遇焚香、春祈秋报,往来不胜拥挤,为拓宽庙内活动空间,移建戏楼于庙前河南岸。

明清时期泽州地区三教庙戏台可以分为两大类,即"庙内戏台"和"庙外戏台"。庙内戏台大多是建于庙门上层,具有"底层通行,上层演戏"的功能,俗称"倒座式戏台"。例如,清道光二十二年(1842)至同治九年(1870),陵川县下东河村重建三教堂庙(福兴院),"南建舞楼三楹,门出其中,楼两旁建配房各二楹"②。这类戏台,碑刻资料中多称之为"山门舞楼"、"山门戏楼"。笔者在实地调查中发现,泽州地区现存的明清时期三教庙戏台大多为"山门舞楼"形制。实际上,这种戏台也是明清时期泽州地区乡村庙宇最为常见的形制。冯俊杰先生研究认为,这种"山门舞楼"形制的戏台始于明而普遍建立于清,为现存最常见的古戏台样式,是神庙山门和戏曲舞台的组合体,估计至少占中国现存古戏台的70%以上。③山门戏台的朝向通常与庙宇正殿方位相对,坐南朝北。在山门戏台的两侧通常还各建有一间耳房,上下各两层,上层有门通往舞楼,称为"戏房"或"妆楼",可以作为戏班演员的休息室和化妆间。"庙内戏台"还有一种类型,即对置式戏台,坐南朝北,朝向也与庙宇正殿方位相对,但并无下层通道作为山门。

"庙外戏台"则修建于庙宇之外不远处,通常在庙宇山门对面,是一种"外置式戏台"。例如清嘉庆六年(1801)凤台县杜家河村三教庙堂"别建戏

① 清嘉庆六年(1801)《舞楼碑记》,碑存泽州县犁川镇杜家河村三教堂。
② 清同治九年(1870)"万善同归"碑,碑存陵川县附城镇下东河村三教堂(福兴院)。
③ 冯俊杰:《略论明清时期的神庙山门舞楼》,《文艺研究》2001年第4期。

楼于庙前河南岸"①,即是庙外戏台的类型。

图 2.19　泽州县下庄村三教堂戏台(山门舞楼)

图 2.20　泽州县东莒村三教堂戏台(山门舞楼)

---

① 清嘉庆六年(1801)《舞楼碑记》,碑存泽州县犁川镇杜家河村三教堂。

图 2.21 泽州县刘河村三教堂戏台(山门舞楼)

图 2.22 陵川县洼窑村三教堂戏台(山门舞楼)

图 2.23 阳城县东封村三教庙戏台(山门舞楼)

图 2.24 沁水县下坡村三教堂戏台(对置式)

看楼，是庙宇中戏台的配套建筑，即山门两侧延伸至左右厢房二层的廊庑空间，也就是左右厢房的上层通道，可供观众看戏使用（如图）。两侧看楼面向院落的一侧均敞开，人们站在看楼上，可以观看到庙内的庭院和山门戏台。在过去，看楼是专门作为妇女和小孩看戏的场所，具有"严男女之大防"的作用。①例如，阳城县北留镇郭峪村每年秋收后要在大庙（社庙）举行"秋报"仪式，献戏三朝，男女均可前来观看；然而，礼教森严，男女有别，按照规定，十六岁以上的成年男子均在下院看戏，女人和孩子在上院及左、右看楼上看戏。②高平市米山镇孝义村三教堂内也建有戏台和看楼，"据说这阁楼只能供妇女和小孩在上面坐，男子爷们只能站立在台下"③。陵川县西河底镇万章村三圣庙的清代看楼较好地保存至今，我们从看楼向山门上方的戏台看去，可以想见当时的人们正是这样观看戏剧的。

图 2.25　陵川县万章村三圣庙西看楼（观看戏台视角）

① 冯俊杰：《山西神庙与戏台调研小结》，《中华戏曲》2002 年第 1 期。
② 薛林平、高林等：《郭峪古村》，北京：中国建筑工业出版社，2018 年，第 114 页。
③ 沈琨：《千村夕阳——中国上党古戏台》，太原：北岳文艺出版社，2015 年，第 104 页。

图 2.26 陵川县大河西村三教堂东看楼

此外,一些三教庙的正殿前方还建有献殿,亦称"献亭"、"香亭"、"拜殿",人们在这里可以面向正殿内的圣像烧香、献祭、叩拜。由于通常修建为"亭"的形制,并在其中设有供桌或香炉,所以也称为"献亭"、"香亭"。明代泽州乡村一些三教庙中修建有献殿(香亭)。例如,陵川县潞城镇东掌村三教堂内现存的明嘉靖二十四年(1545)《重修香亭碑记》,记载了"本庄重立香亭"之事。①明万历二十二年(1594)重修的泽州李道汕村三教堂内亦建有拜殿。②由此可见,在明代中后期,泽州地区一些三教庙中已建有"香亭"、"拜殿"之类的建筑。

总的来看,三教庙的形制布局呈现了一种具有内在秩序性的"复合"结构:正殿供奉三教圣人,能够在普遍意义上赐福消灾,从整体上保佑村社平安、风调雨顺,并以组合的方式提升祈愿的"灵验性";其次,在配殿(耳殿及部分厢房)祭祀各种功能性神祇,涉及生产、生活的具体需求,能够进一步扩展庙宇整体的功能范围。如此布局,实际上是将多种信仰元素及其祭祀功

① 明嘉靖二十四年(1545)《重修香亭碑记》,碑存陵川县潞城镇东掌村三教堂。
② 明万历二十五年(1597)《重修三教堂碑记》,碑存泽州县大箕镇李道汕村三教堂。

能按一定的秩序结构进行集聚、整合，以充分满足村社民众各方面的信仰需求。

本章小结

本章围绕明清时期泽州地区三教庙的分布特征、主要类型与形制布局展开具体的分析与探讨。通过对泽州地区三教庙的区域分布进行考察，发现其分布具有明显的区域内部差异和"城—乡"分布差异：主要分布于乡村地区，而在各县城关分布较少。在修建年代上，清代的三教庙数量最多，尤其是乾隆年间修建活动最为频繁。

明清时期泽州地区的三教庙主要包括三种类型：社庙、家庙、佛庙。其中，作为"社庙"的三教庙数量最多，是明清泽州地区三教庙的主要类型。大量三教庙成为村社"春祈秋报"的"社庙"并不是偶然的，而是有着深层次的原因：儒释道三教在地方社会的广泛影响与乡村民众对三教圣人的朴素认知，是明清时期泽州地区大量三教庙成为"社庙"的重要基础；元代以后三教庙持续"地方化"、"民间化"、"民俗化"的演变趋势及明清时期泽州乡村社会的现实条件也是大量三教庙成为"社庙"的关键因素。作为"社庙"的三教庙，不仅是村社的主要信仰空间，还是区域公共生活集中开展的场所，发挥着公示信息和道德教化的作用，对于村社共同体秩序的维系、村社民众行为的规范都具有重要的意义。

明清时期泽州地区的三教庙通常为一进院落，殿宇布局包括正殿、配殿、厢房、戏台、看楼等部分，呈现出"标准化"的模式特征。其中，正殿是庙宇整体形制布局的核心部分，殿内设三教圣像，位次普遍采用"佛居中，老子居左，孔子居右"的模式。在正殿的左、右两侧，往往各建有配殿（耳殿）；左右两庑的厢房除作为居住、聚会、议事场所外，也可作为神殿。泽州地区三教庙配殿所祀神灵较为常见的有观音、关帝、高禖、牛马王、龙神(龙王)、蚕姑、财神、瘟神等。此外,三教庙的形制布局通常还包括戏台、看楼等建筑,共同构成了庙宇整体布局与祭祀空间。

三教庙的形制布局并非杂乱无章,而是一种具有内在秩序性的"复合"结构,体现了乡村民众基于现实生活需要来组织信仰实践的特征:正殿供奉三教圣人,能够在普遍意义上赐福消灾,从整体上保佑村社平安、风调雨顺,并以组合的方式提升祈愿的"灵验性";其次,在配殿(耳殿及部分厢房)祭祀各种功能性神祇,涉及生产、生活的具体需求,能够进一步扩展庙宇整体的功能范围,实现对村社民众信仰需求的全面关怀。

第三章
主要修建群体

据相关历史资料可知，明清时期泽州地区三教庙的修建群体构成具有多元化的特征。从整体上看，这些修建群体主要包括以下几类：第一是"社"（包括社首、社民），第二是士绅，第三是僧道，第四是"会"，第五是商号、窑炉行。本章主要对这些参与三教庙修建活动的群体进行具体的考察和分析。

需要指出的是，这种群体类型的划分具有相对性，主要是基于对相关碑刻、题记资料所直接呈现的参与者身份信息进行的分析和归纳，而在实际的历史情形中，各种群体之间可能存在着一定程度的重叠。例如，"社"的成员中或许也包括一些士绅或"会"的成员，一些士绅可能同时又是商号的经营者。

第一节 "社"

如前文所述，明清时期泽州地区的三教庙大多是所在村社的"社庙"。通过进一步研究分析，可以发现这些庙宇的修建活动主要是以"社"为基本单位组织乡村民众进行的。正如赵世瑜在研究晋东南地区的基层社会组织时发现，乡村基层的"社"、"会"等组织对信仰实践的主导，是地方上的普遍模式。①并且,明清时期的"社庙"不仅是乡民"春祈秋报之所",也是泽州乡村社会最重要的自治组织——"社"所依托的载体。从大量碑刻资料来看,清嘉庆、道光之后,泽州地区95％的乡村都以"社"作为地方自治组织形式。②

"社"的属性、范围及规模经历了一个漫长的演变过程。先秦时,"二十五家为里,里各立社",③"二十五家为社"④。宋代以后,"里社"常常并称,"里"是官府行政组织,而"社"则是与之并存的民间管理与祭祀组织。⑤元代泽州地区的"社"逐渐由祭祀组织演变为地方基层组织,与乡村公共生活紧密相关。明清时期泽州地区各"社"的具体人数并不一致,多寡悬殊。村与"社"的相互关系,除"一村一社"对应的情况外,还有"一村数社"、"数村一社"等多种模式。具体而言,一些较大的村内部可能分为数个"社",例如:明嘉靖年间(1522—1566)的高平县仙井村分为仙井南社、仙井北社。⑥清道光年间的陵川县西善底村分为下西善底社、上西善底社,两社各有社首数人分别负责本社事务。⑦清代中叶,高平县团池村人口繁盛,"尔时居民之多,号称千户,因分十一小社"。⑧反过来,也有数村组成一"社"的情况。例如,陵川县神山头、冶子、南窑三村在清乾隆年间就是一个"社"。⑨此外,还有一些"大社"实际上包括数个村社,例如,清咸丰年间凤台县玲珑山大社由郝家、要脚、南庄三个村社组成。⑩

---

① 赵世瑜:《在空间中理解时间:从区域社会史到历史人类学》,北京:北京大学出版社,2017年。
② 姚春敏:《清代华北乡村庙宇与社会组织》,北京:人民出版社,2013年,第1页。
③ (明)陈士元:《论语类考》卷二,清文渊阁四库全书本。
④ 杨伯峻:《春秋左传注》,北京:中华书局,1990年,第1465页。
⑤ 朱文广:《庙宇·仪式·群体:上党民间信仰研究》,北京:中国社会科学出版社,2015年,第37页。
⑥ 明嘉靖十七年(1538)《高平邑仙井北社重修三教堂记》,碑存高平市河西镇仙井村三教堂。
⑦ 清道光二十九年(1849)《西善底村立合同碑》,碑存陵川县平城镇西善底村三教堂。
⑧ 民国二十五年(1936)《团池村第四社重修三教观音神殿增构钟亭及围墙碑记》,碑存高平市神农镇团西村三教庙。
⑨ 清乾隆二十七年(1762)碑记,碑存陵川县崇文镇冶子村三教堂。
⑩ 清咸丰三年(1853)《重修三教庙本社加捐碑》,碑存泽州县柳树口镇庙南庄村三教庙。

　　"社"组织由"社首"和普通"社民"（社众）构成。"社首"是村社各项公共事务的负责人，在史料中还有"社长"、"社头"、"社首人"、"首事人"、"维那"、"都维那"、"维那头"、"维那首"、"纠首"、"经理人"、"总理"、"执事"等多种称谓。为简便起见，本书将这类组织和管理村社公共事务的负责人统称为"社首"。他们通常以"合社"（"阖社"）的名义组织和管理村社的各项公共事务。姚春敏在关于清代山西村社组织的研究中指出，"安排与主持村社的春祈秋报"、"修建庙宇、添置祭祀什物"等都是社首的重要职能。①"社首"有一定的任期，通常为一至三年。据《（同治）高平县志》记载："社首逾年而易。"②即岁更其役、每年一换。例如，清道光年间凤台县大南庄村实行"三班社首"轮换的方式，每年轮值一班，即"本年社首"，负责社费征收、庙宇修建、祭祀等村社事务。③有的地方"社首"实际上是"以三年为期"。④一些村社还专门选派若干名"维首"为特定的建筑修造工程募集资金、监督进度以及负责其他具体事务。"维首"的任期一般就是在相应的修建工程期间。⑤

　　从相关碑刻、题记等资料来看，每次庙宇修建（重修）工程一般由若干名"社首"或"维首"负责组织，具体人数主要受村社大小及工程规模影响，从几名至二三十名都很常见。例如：

　　明天启二年（1622）至崇祯二年（1629）泽州北石瓮村创建三教堂佛殿，由"社头"毋从香、毋从贺、毋从友等十五人组织进行。⑥

　　明崇祯十二年（1639）阳城县荆底村创修三教庙的工程，由社首茹大兴、

①　姚春敏：《清代华北乡村"社首"初探——以山西泽州碑刻资料为中心》，《清史研究》2013 年第1 期。
②　（清）龙汝霖纂修：《（同治）高平县志》卷四，清同治六年刻本。
③　清道光二十四年（1844）《本镇捐资补修东阁附开羊原因碑记》，碑存泽州县下村镇大南庄村三教堂。
④　（清）程德炯纂修：《（乾隆）陵川县志》卷十三，清乾隆四十四年刻本。
⑤　关于"维首"的定义，学界仍存在争议。本书主要采用姚春敏的观点，将"维首"作为"社首"之一种，其职能与"督工社首"相近。参见姚春敏：《清代华北乡村"社首"初探——以山西泽州碑刻资料为中心》，《清史研究》2013 年 1 期。
⑥　明崇祯二年（1629）《佛殿碑记》，碑存泽州县柳树口镇北石瓮村三教堂。

茹成家、茹成栋、茹国礼四人组织进行。①

清道光二十四年(1844)凤台县大南庄村负责补修东阁事宜的"本年社首"为贾梦兰、王俊、陈永茂、郜桂、牛瑞麟、尹义、赵闰成等十二人。②

另外,有的碑记中亦将"社首"和"维首"统称为"维社首",例如,清同治九年(1870)陵川县下东河村重建三教堂(福兴院)告竣,所立碑记中列有"维社首"三十人姓名。③

在泽州地区,"社首"一般由"社内公举"产生。一些乡村(尤其是人口较少者)也采用轮派轮换的方式。但是,并非所有人都有资格当选"社首",一般是从本社的各大姓中推选德行好、威望高、年富力强且热心村社公共事务的成年男性。由于"社首"并非政府官吏,没有薪俸,有时还要自己出资贴补公用,因此,担任"社首"者本身还需要有一定的经济力量。④有学者在研究华北乡村社会时指出:"社首往往是本地富户的代表。"⑤

由于明清时期泽州乡村多为杂姓村,一个村中往往有两个以上的主要姓氏,因此,"社首"一般会按本村各大姓(宗族)的户数(或人数)比例选出,通常每个大姓都有代表。杜赞奇(Prasenjit Duara)认为,"社首"从大姓中产生,可以保证村社内各主要宗族之间的权力均衡,进而有利于村社共同体的稳定。⑥

这种规律在大量碑刻资料中得到了反映。例如,清乾隆三十八年(1773)至乾隆四十二年(1777)陵川县下东河村创建福兴院,组织修建活动

---

① 明崇祯十二年(1639)《创修碑记》,碑存阳城县凤城镇荆底村成汤庙。
② 清道光二十四年(1844)《本镇捐资补修东阁附开羊原因碑记》,碑存泽州县下村镇大南庄村三教堂。
③ 清同治九年(1870)"万善同归"碑,碑存陵川县附城镇下东河村三教堂(福兴院)。
④ 朱文广:《庙宇·仪式·群体:上党民间信仰研究》,北京:中国社会科学出版社,2015年,第242页。
⑤ 范丽珠、[美]欧大年:《中国北方农村社会的民间信仰》,上海:上海人民出版社,2013年,第87页。
⑥ [美]杜赞奇:《文化、权力与国家:1900—1942年的华北农村》,王福明译,南京:江苏人民出版社,2018年,第96页。

的社首为冯子□、郭景隆、武来法、张自□、武□□等六人；清道光二十二年
(1842)至同治九年(1870)该村重建三教堂庙（福兴院），"维社首"包括冯万
镒、郭世祥、武建镒、武致和等三十人，仍以冯、郭、武等姓氏为主。①再如，陵
川县西河底镇万章村三圣庙（大庙）现存碑刻资料记载，清乾隆年间以来，在
该庙修建活动中担任"社首"、"总理"、"维首"者多为王、吴、张、周、焦、宋等
姓。②据实地调查，该村大姓正是吴、王、张等。

再如，清乾隆年间至咸丰年间凤台县樊家国圪村（今泽州县李寨乡国圪
沟村）三教堂几次修建活动的"社首"信息，也体现了这一规律。以下列表
说明：

表 3.1　樊家国圪村三教堂碑刻所见"社首"信息

碑刻资料	社首信息
乾隆二十年(1755)《山西泽州府凤台县樊家国圪村新修三教堂碑记》	总社首：樊瑞坤，社首：郭永厚、樊瑞君、郭连枝、李自好、郭自重、翟文冤、段聚响、樊子华、樊子厚
乾隆三十一年(1766)《樊家国圪重修碑记》	总领社首：樊顺楼、李自轩、翟洪法，督工社首：樊瑞彩、郭锡之、郭瑞德、樊子建、段禄彩、樊子义等
乾隆六十年(1795)《施业碑记》	社首：段禄旺、李有孝、樊子□、郭全昇
嘉庆二十二年(1817)碑记	社首：李崇德、郭申桂、樊思□
咸丰三年(1853)《重修舞楼及殿宇碑记》	总理社首：段金魁、樊盛树、郭掌茂、樊东树

由上表来看，自乾隆二十年(1755)至咸丰三年(1853)的近一百年间，樊
家国圪村三教堂几次修建活动的"社首"大多为樊、郭、李、段等姓。据实地
调查，该村主要姓氏为樊、郭、李、宋、段等。可见，这种按"姓氏比例"选派
"社首"的规律具有长期稳定性。

---

① 清乾隆四十二年(1777)《创建福兴院记》，清同治九年(1870)"万善同归"碑，碑存陵川县附城镇
下东河村三教堂（福兴院）。

② 清乾隆十九年(1754)《重修三教堂创建看楼舞楼碑记》，清嘉庆二十三年(1818)《重修舞楼碑
记》，清道光二十三年(1843)《重修三圣庙碑记》，碑存陵川县西河底镇万章村三圣庙（大庙）。

从碑刻资料来看,明清时期泽州地区也有一些村落为单姓村(由单一宗族构成)。例如,明万历四十八年(1620)至天启三年(1623)陵川县西鹡山村修建三教堂,"新修三教堂维那头"王世宽、王奉云等均为王姓。①明末至清康熙年间泽州北石瓮村三教堂修建工程中担任"社头"、"维首"者几乎都为毋姓。②清康熙五年(1666)泽州建兴乡永义都天户里岭后村(今泽州县东沟镇半坡村)重修三教佛堂,社首陈一芳、陈自燦、陈自文、陈国仪、陈自珍、陈喜芳六人,捐资者也大多为陈姓,并有"本里郭峪同宗陈奋志、男良品金妆二尊"③。由此可知,该村居民主要为陈氏宗族,并与郭峪村陈氏同宗。再如,清道光年间凤台县东石瓮村三教庙重修殿宇、装塑圣像的捐施者六十余人皆为赵姓。④

通过分析发现,相关碑刻资料中开列的"社首"、"维首"姓名,大多不见于史籍、方志文献记载。可见,他们大多没有官职和科举功名。据此来看,明清时期泽州乡村的"社首"、"维首"群体主要由平民构成。这种现象可能在华北地区都是较为普遍的。黄宗智先生在研究华北乡村社会组织时也指出:"清末民初华北农村的首事人(即村庄首领)几乎全是庶民。"⑤

社民,是"社"组织的一般成员,即村社普通民众。明清时期泽州地区三教庙的修建工程通常由村社雇请本村或邻近村社的职业建庙群体进行⑥,村社民众则以出资(摊派钱谷或自愿施舍)、出力(佣工、帮工或为工人派饭)等方式参与修建活动。例如,清道光十六年(1836)凤台县东石瓮村三教堂

---

① 明天启三年(1623)《新修三教堂记》,碑存陵川县潞城镇西要汕村三教堂。
② 明崇祯二年(1629)《佛殿碑记》,清顺治十三年(1656)《重修三教堂碑序》,清顺治十八年(1661)《重修拜殿碑序》,清康熙四十四年(1705)《戏楼碑记》,碑存泽州县柳树口镇北石瓮村三教堂。
③ 清康熙五年(1666)重修碑记,碑存泽州县东沟镇半坡村三教庙。
④ 清道光十六年(1836)重修碑记,碑存泽州县柳树口镇东石瓮村三教堂。
⑤ 参见黄宗智:《华北的小农经济与社会变迁》,北京:中华书局,2000年,第242页。
⑥ 如前文所述,这些职业建庙群体通常由木匠、石匠、泥瓦匠、漆画匠等分工明确的工匠组成,主要在本村及邻近村社从事庙宇、民居等建筑的修造活动。

重修碑具体记载了村社"施钱"、"饭工"之数。①再如，清代凤台县陟椒村三教庙的历次重修工程基本上都要组织社民出钱、出力（男丁壮劳力），道光十二年（1832）重修各殿，"照地亩共收钱六千三百二十千零二百五十九文……照地亩派工共一万四千七百五十一工"；光绪二十九年（1903）重修拜殿、舞楼，"按亩摊钱，照社派丁"。②从相关碑刻资料来看，每次修建工程中出资、出力的社民人数不固定，一般在数十名至百余名，有时甚至多达二百名以上。

值得注意的是，清中期以后，泽州地区乡村庙宇修建活动普遍采用在社内按每户地亩数量摊派费用（或出工）的方式。③具体做法是统计每户社民拥有的地亩数，计为若干"社分"，再按每"分"与钱额（或出工）对应比例进行摊派。例如，清乾隆二十年（1755）凤台县樊家国坨村创修三教堂的工程花费，即按"社分"摊派，"共社五十分零二厘，每一分社摊银一两六钱"。④又如，清光绪年间凤台县坡东村三教堂重修工程的筹资也主要采用"照社起钱"的方式，"彼时共社三十六分，每一分起钱一十六千文"⑤。再如，清嘉庆年间陵川县岭北底村三教堂重修工程"计费一千余金，计工二千有奇"，亦"按地亩以均之"。⑥

由于明清泽州乡村普遍以农耕为主要经济生产方式，社民有时也直接

---

① 清道光十六年（1836）重修碑记，碑存泽州县柳树口镇东石瓮村三教堂。
② 道光十二年（1832）《重修三教堂碑记》，民国元年（1912）《重修拜殿舞楼碑记》，碑存泽州县李寨乡陟椒村三教堂。
③ 这种方式可能与乾隆年间清廷在全国普遍推行"摊丁入亩"（将人头税并入田赋征收）的赋税制度紧密相关。地方村社在庙宇建设过程中可能参照这一赋税制度而实行"按亩摊费"的捐输方法。杜正贞通过研究清代泽州村社的社事活动捐输模式，也指出"按地亩摊派费用"的方式在这一时期具有普遍性。参见杜正贞：《村社传统与明清士绅》，上海：上海辞书出版社，2007年，第229页。
④ 清乾隆二十年（1755）《山西泽州府凤台县樊家国坨村新修三教堂碑记》，碑存泽州县李寨乡国坨沟村三教堂。
⑤ 清光绪二十九年（1903）《重修三教堂碑记》，碑存泽州县犁川镇坡东村三教堂。
⑥ 清嘉庆二十五年（1820）《重修三教堂序》，碑存陵川县杨村镇岭北底村三教堂。

以谷物捐施。例如,明万历三年至八年(1575—1580)沁水县孔壁村重修三教庙的工程中,捐施者一百余人几乎都采用捐谷、麦的形式。①清乾隆十九年(1754)陵川县万章村重修三教堂、创建看楼舞楼,"村人同力合作,或捐谷,或募钱"。②清乾隆五十三年(1788),陵川县南川村社众韩进忠、韩根贵、原鍧等各向本村三教堂施舍钱、谷若干。③

此外,邻近村社间互助修庙的现象也十分常见。例如,清道光二十三年(1843)陵川县万章村重修三圣庙,不仅有本社民众捐施,还得到了东王庄、西王镇、现岭村、井沟村、峰西村、冯家山、三槐庄、川里村、后山村、三泉村、西河底等村社出资支持。④清同治、光绪年间陵川县井沟村三教堂的重修工程得到了马山村大社、秦山村大社、万章村大社、东王庄大社、西河底大社、现岭村大社等村社相助。⑤值得注意的是,这些捐资的邻近村社有不少在本村也建有三教庙。例如,清嘉庆二十三年(1818)陵川县万章村三圣庙(大庙)重修舞楼,立碑开列的捐资名单中就有"井沟村捐钱五千文"。⑥道光二十三年(1843)万章村三圣庙重修殿宇,捐资相助的村社中仍有"井沟村捐钱五千文,化布施钱六百文"。至同治、光绪年间,井沟村重修三教堂,亦得到了万章村大社"捐布施钱四千文"相助。⑦围绕三教庙展开的村际互助,客观上加强了这些相邻村社之间的联系与交流,有助于形成友好、融洽的村际关系。

总的来看,"社"组织构成了明清时期泽州地区三教庙修建活动持续展开的重要基础。其中,"社首"是组织本社庙宇修建的关键群体,他们大多是没有官职或科举功名的平民。占村社人口大多数的普通社民,通过捐资、捐

---

① 明万历八年(1580)《重修三教庙记》,碑存沁水县郑庄镇孔壁村三教庙。
② 清乾隆十九年(1754)《重修三教堂创建看楼舞楼碑记》,碑存陵川县西河底镇万章村三圣庙(大庙)。
③ 清乾隆五十三年(1788)碑记,碑存陵川县崇文镇南川村三圣庙。
④ 清道光二十三年(1843)《重修三圣庙碑记》,碑存陵川县西河底镇万章村三圣庙(大庙)。
⑤⑦ 清光绪三十年(1904)《井沟村重修碑记》,碑存陵川县西河底镇井沟村三教堂。
⑥ 清嘉庆二十三年(1818)《重修舞楼碑记》,碑存陵川县西河底镇万章村三圣庙(大庙)。

物、出工等方式参与庙宇修建。可以说,明清泽州地区三教庙是在"社"组织和村社经济的基础上得以建立和长期维持的。另一方面,明清时期泽州地区三教庙的修建活动,也使"社"组织在乡村民众中的凝聚力得以强化,为乡村基层社区共同体和权力体系的长期稳定提供了重要框架。借用杜赞奇(Prasenjit Duara)提出的"权力的文化网络"(culture nexus of power)概念①,可以说三教庙的修建及祭祀实践功能的发挥实际上以信仰文化的形式影响着乡村公共权力的施展,在这种"权力的文化网络"关系中,组织相关活动的"社首"权威得到加强,村社共同体的稳定秩序也得以长期维系。②

第二节 士 绅

目前学界关于"士绅"概念有多种界定,内涵不尽相同,本书采用张仲礼先生关于"士绅"的基本定义,即主要指具有生员以上功名或有一定职衔的知识阶层。③在地方社会,士绅的具体身份繁多,包括儒学生员、乡地(乡约、地保)、乡饮宾介、耆老、致仕还乡的官员等。一种传统观点认为,士绅阶层是连接国家政治权力与地方社会生活的重要中介,地方官只有与士绅合作才能使国家政令在乡村地区顺利实施。"官不能离开绅而有所作为。"④同时,地方民众通常会推举士绅作为乡里公共事务的经理者。在这个意义上,

---

① [美]杜赞奇:《文化、权力与国家:1900—1942 年的华北农村》,王福明译,南京:江苏人民出版社,2018 年,第 5 页。

② 泽州地区由"社"组织庙宇修建的模式一直持续到上世纪三十年代末。民国初年,随着庙产兴学运动在泽州地区普遍开展,大量乡村庙宇被改建为学校;加之"社首"制度本身之积弊,使其在村社中的地位开始衰落。抗日战争爆发以后,由于战争环境与社会动荡,泽州地区的"社"组织受到毁灭性打击而退出了历史舞台。

③ 张仲礼:《中国绅士——关于其在十九世纪中国社会中作用的研究》,上海:上海社会科学院出版社,1991 年。

④ [美]费正清、刘广京编:《剑桥中国晚清史》上卷,郭沂纹译,北京:中国社会科学出版社,2007 年,第 25 页。

地方士绅的角色类似于杜赞奇(Prasenjit Duara)所说的清代乡村统治的"经纪模型"范畴。[①]

从相关史料来看,明清时期泽州地区的士绅群体参与三教庙的修建,主要体现在以下三个方面:

(1) 不少庙宇碑记是以合社、乡地(乡约、地保)名义共同建立的。"乡地",是"乡约"、"地保"的合称。清代一乡之中,"乡董"或"乡长"以下设"乡约"、"地保",分管乡里杂务,为无俸役职。其中,"乡约"负责传达政令、调解乡里纠纷、宣讲圣谕等,一般由县官从乡绅中任命。[②]"地保"亦与此类似,但地位次于"乡约"。大量三教庙碑记的落款都有"合社、乡地仝立"、"合社乡约、社首、维首仝立"等内容,表明这些三教庙的修建得到了村社与当地士绅的共同支持。例如,清咸丰四年(1854)陵川县桑树河村三教堂戏楼重修告竣,以"乡地和安荣、赵履顺、张义,社首段继福、李金山、苏全美、和秀、和守财、李朱拴、段继统"的名义立碑。[③]

(2) 一些士绅牵头组织或捐资支持修建三教庙。例如,明万历六年(1578)泽州武城里陈家河村三教堂的兴建,即由乡耆陈应韶等人牵头组织。[④]

还有一些士绅为三教庙的修建施地、捐资。清顺治十五年(1658)泽州

① 杜赞奇(Prasenjit Duara)认为,清代官方借以统治乡村社会的"经纪人"或"中介人"分为两类,一类为"保护型经纪",他们代表社区的利益并保护自己的社区免遭国家政权的侵犯。该类经纪同村社的关系比较密切;另一类是"营利型经纪"或称为"掠夺型经纪",他们视乡民为榨取利润的对象,具有贪婪性的一面。[美]杜赞奇:《文化、权力与国家:1900—1942年的华北农村》,王福明译,南京:江苏人民出版社,2018年,第2页。
② 清代统治者面向全国推行圣谕宣讲制度以教化民众,为使这些教化思想深入乡村,规定"每遇朔望两期,(州县)务须率同教官佐贰杂职各员亲至公所,齐集兵民,谨将《圣谕广训》,逐条讲解……至于四外之村,不能分身兼到者,则遵照定例,在于大乡大村,设立讲约所。选举诚实堪信、素无过犯之绅士,充为约正,值月分讲。"参见许乃普:《宦海指南五种》,《颁州县事宜》,清咸丰九年刻本,第8页。
③ 清咸丰四年(1854)《重修三教堂戏楼碑记》,碑存陵川县杨村镇桑树河村三教堂。
④ 明万历六年(1578)《创建三教堂记》,碑存泽州县南岭乡陈河村三教堂。

东岭头村三教堂的重修工程得到了本乡士绅捐银大力支持。[①]清康熙年间泽州董家沟村移建三教堂，即由本村乡绅董公"施地基一亩，捐金抒粟，纠合乡众，共成大殿五楹，中列三教圣人，左供高禖，右牛马王"。[②]清道光二十二年(1842)至同治九年(1870)陵川县下东河村重建三教堂庙，有庠生路廷魁施地一亩、捐钱十二千元。[③]

(3) 还有一些士绅为三教庙的修建撰写碑记。他们撰写的碑记，作为对庙宇修建活动的记录与总结，具有特别重要的意义。综合相关碑刻资料，可以发现有相当一部分碑记是由当地士绅撰写的(如表3.2所示)：

表 3.2　士绅为三教庙撰写碑记信息表

撰写者	身　份	碑记信息	所在庙宇
刘 韬	高平县庠生廪膳生员	明嘉靖十七年《重修三教堂碑记》	高平县仙井村三教堂
史 官	泽州儒学生员	明万历六年《创建三教堂记》	泽州陈家河村三教堂
陈德明	邑庠生	明万历七年《重修三教堂碑记》	高平县冯家庄三教堂
林一桂	奉政大夫、凤阳府同知	明万历十七年《重修三教庙碑记》	泽州水北村三教堂
秦恒吉	邑庠生	明万历四十一年《创建三教堂序》	陵川县小庄上村三教堂
吉自启	沁水庠生	明万历四十一年《三教堂鼎铸佛像落成碑记》	高平县东石村三教堂
茹大用	本邑庠生	明崇祯十二年《创修碑记》	阳城县荆底村成汤庙(时为三教庙)
赵凌云	廪生	清顺治十三年《重修三教堂碑序》	泽州北石瓮村三教堂
马世俊	赐进士状元及第内秘书院修撰	清顺治十五年《重修三教堂碑记》	泽州东岭头村三教堂
蔡霑雨	泽州庠生	清康熙二十二年《重修三教堂碑记》	阳城县郭峪村三教堂

---

① 清顺治十五年(1658)《重修三教堂碑记》，碑存泽州县大东沟镇东岭头村三教堂。
② 清康熙三十四年(1695)《三教堂碑记》，碑存泽州县大箕镇董家沟村三教堂。
③ 清同治九年(1870)"万善同归"碑，碑存陵川县附城镇下东河村三教堂(福兴院)。

续　表

撰写者	身　份	碑记信息	所在庙宇
段龙冕	邑庠生	清康熙二十九年《创修佛堂碑记》	陵川县佛堂掌村三教堂
王谦吉	思纶岁进士	清康熙三十四年《三教堂碑记》	泽州董家沟村三教堂
张家驯	郡庠生	清康熙五十二年《鼎建殿堂绘塑神像碣记》	陵川县西柏崖村三教堂
杨培源	西社里庠生	清康熙五十八年《西王镇增修三教堂碑记》	陵川县西河底村三教堂
司道生	康熙十四年进士	清雍正三年《重新三教堂记》	泽州下町村三教堂
张大有	贡生、原考授鸿胪寺序班	清乾隆二年《重修三教圣庙碑记》	凤台县孟匠村三教庙
刘更新	邑庠生	清乾隆十五年《祁家街创修三教堂志》	凤台县祁家街三教堂
陈豫朋	赐进士出身、监察御史、前翰林院庶吉士	清乾隆十六年《重修三教堂碑记》	凤台县下胡村三教堂
杨慧生	陵川县庠生、乾隆年恩贡	清乾隆十九年《重修三教堂创建看楼舞楼碑记》	陵川县万章村三圣庙（大庙）
	恩贡、吏部候选儒学教授	清乾隆五十一年《重修三圣庙序》	凤台县樊家庄三圣庙
安光荣	本郡乡约所乡耆、拣选讲谕所宣劝直讲	清乾隆二十九年《重修三教堂碑记》	凤台县山西邸村三教堂
王尔寿	郡廪生、乾隆年间贡生	清乾隆二十九年《司家掌三教庙正殿创建暖宫并金装碾玉记》	凤台县司家掌村三教庙
庞必昭	邑庠生	清乾隆二十九年《重建三教堂序》	陵川县杨家河村三教堂
张重善	庠生	清乾隆三十年《乐输记》	陵川县马家庄村三教堂
张凤翼	邑庠增广生员	清咸丰八年《重修三教堂碑记》	
武敦	邑癸酉科举人、拣选知县	清乾隆三十年《重修三教堂碑记》	陵川县南川村三圣庙

续　表

撰写者	身　份	碑记信息	所在庙宇
刘柏龄	奉直大夫、刑部员外郎	清乾隆三十一年《重修三教庙记》	凤台县孟匠村三教庙
常乃瑞	邑庠生	清乾隆四十八年《□修南耳殿东廊房记》	凤台县大南庄村三教堂
常维恩	郡庠生		
卫凌云	邑庠生	清乾隆五十五年《扩建三教堂、高禖祠碑记》	阳城县横岭村三教堂
焦鸿林	邑庠生	清嘉庆二年《刘家河合社建修三教堂东西碑记》	凤台县刘家河村三教堂
申永梓	邑庠生	清嘉庆四年《三教堂栽松碑》	陵川县岭北底村三教堂
赵翰	郡廪生	清嘉庆二十五年《重修三教堂序》	
王兴先	庠生	《徐社村重修三教堂碑记》	陵川县上徐社村三教堂
王其慎	乡先生	清嘉庆二十三年《重修三教堂舞楼碑记》	陵川县万章村三圣庙（大庙）
杜如云	武陟县儒学生员	清道光元年《凤邑东南隅后了坡井洼村重修三圣庙碑文》	凤台县井洼村三圣庙
车玉良	邑庠生	清道光四年《重修三教神殿碑记》	高平县西山村三教庙
史深研	析城儒生	清道光六年碑记	凤台县苗庄村三教堂
杨奎元	邑庠生员	清道光七年《补修三教堂三官殿碑记》	高平县西诗村三教堂
郭俊基	辛巳举人、吏部拣铨知县	清道光十二年《重修三教堂碑记》	凤台县陟椒村三教堂
程有惇	吏部候选儒学训导	清道光十三年《补修三教堂碑记》	高平县王村三教堂
周元瀛	邑儒学廪膳生员	清道光二十三年《重修三圣庙碑记》	陵川县万章村三圣庙（大庙）
杨懋林	邑儒生	清道光二十六年《重修三教堂碑文记》	陵川县东丈河村三教堂
樊希孔	陵邑后学、居士	清道光六年《重修三教堂碑记》	凤台县吴庄村三教堂

续 表

撰写者	身　份	碑记信息	所在庙宇
王汝舟	邑庠生	清道光二十七年碑记	陵川县河东土戈村三教堂
都赋三	邑儒学增生	清道光二十九年碑记	陵川县北庄村三教堂
宁松斗	郡廪生	清咸丰四年《重修三圣庙碑记》	陵川县南川村三圣庙
王之翰	邑庠生	清咸丰七年《重修三圣庙碑记》	陵川县南川村三圣庙
赵秉荣	凤台县儒学生员	清咸丰七年《新修拜殿碑记》	凤台县东沟村三教堂
耿执中	邑庠生	清同治二年《创修三教圣庙碑记》	凤台县贾汕村三教庙
郭玉珩	邑儒学廪膳生员	清同治二年《中华山创修碑记》	阳城县护驾村三教堂
王兰春	县儒学生员	清同治二年《三山会功德碑》	凤台县西街头村三教堂
石文登	邑儒学附学生员	清同治九年"万善同归"碑	陵川县下河东村三教堂（福兴院）
孟伯谦	增广生员	清光绪九年《重修三教堂并创修关帝高禖祠东西角殿东西禅房大门碑记》	高平县李家庄村三教堂
张受书	庠生	清光绪十四年《劝善会补修大庙碑记》	高平县刘庄村三教堂
王廷序	邑庠生	清光绪十六年《重修三教神殿碑记》	凤台县孔家窑村三教堂
连启宇	邑庠生	清光绪二十四年《创修三教堂神殿三间又修山庙岭山神庙碑记》	凤台县连庄村三教堂
杨映旭	邑文童生	清光绪三十二年《创修舞楼碑记》	凤台县东陕村三教堂
杨陷文	本社学生	清宣统二年《重修古庙三教堂碑文记》	陵川县望洛村三教堂
王建邦	凤邑监生	清宣统三年《重修三教神庙碑记》	凤台县土岭村三教堂

据上表信息可知,为三教庙撰写碑记的士绅大多是府、县一级的儒学生员。明清时期,地方上的读书人主要通过童生考试进入府、州、县学,成为儒学生员,具体又分为廪生(廪膳生员)、增生(增广生员)、附生(附学生员)等

不同类别。①有学者研究认为,儒学生员实际上是一类介于"官"与"民"之间的"科名阶级",他们不能算是正式的官员,但又与平民群体有很大的分别。②这些基层社会的读书人,为三教庙撰写碑文,一方面因为他们是在识字率较低的传统社会中操持文字的主要人群,村社经常请他们为各种庙宇、学校等修建活动及其他公共事务撰写文字记录;另一方面,这也与他们对三教庙的温和态度相关。从这些基层儒生为三教庙所撰碑记的具体内容来看,他们大多秉持"三教一致"、"三教圆融"等思想,认为三教庙体现了"三教同归"或"神道设教"的观念,对地方社会教化、道德秩序维系颇有裨益,因而愿意为这类庙宇撰写碑记。

一些儒家士大夫官员在致仕还乡后也为三教庙撰写碑记。例如,清乾隆三十一年(1766)诰授奉直大夫、刑部员外郎刘柏龄为凤台县孟匠村三教庙撰写了重修碑记。他在碑记中说:

> 行其庭,其神如在。瞻榱题而发东山、泗水之慕,抚阶除而兴天竺、兜率之思。凡穰穰简简之福,皆不外斯而得之矣。③

刘柏龄,字静山,凤台县河东村人,乾隆年间任刑部员外郎,致仕后归居乡里,被推举为乡饮大宾。④从他撰写的碑记来看,三教庙是敬神祈福的场所,"穰穰简简之福,皆不外斯而得之矣"。由此可见,期待获得福佑也可能是一些地方士绅为三教庙撰写碑文的一个重要原因。儒家知识精英对于至圣先师孔子固然怀有尊崇之心,而部分儒家士人本身也信奉佛教,以"弟

① 杨银权:《中国古代士绅之养成·出处·职责》,北京:社会科学出版社,2017年,第23页。
② 齐如山先生认为:"中国自行科举制度以来,一千余年的工夫,造成了一项科名的阶级,由秀才到状元,共有十几种名词……不能算是官员,但与平民则有很大的分别。"参见齐如山:《中国的科名》,沈阳:辽宁教育出版社,2006年,第1页。
③ 清乾隆三十一年(1766)《重修三教庙记》,碑存泽州县金村镇孟匠村三教庙。
④ (清)张贻琯修、郭维垣等纂:《凤台县续志》卷三,清光绪八年刻本。

子"、"居士"自称,希望通过为三教庙撰写碑记来"积功德"、"求福报"。例如,清乾隆二十九年(1764)《司家掌三教庙正殿创建暖宫并金装碾玉记》的作者为"郡庠廪膳生、弟子王尔寿"①。

总体而论,明清时期泽州士绅通过多种方式参与到三教庙的修建过程中,尤其是大量地方基层儒生为这类庙宇的修建撰写碑记,对其修建情况的记录及诠释,具有非常重要的意义。②

第三节　僧　道

通过考察相关碑刻、题记资料,可以发现明清时期泽州地区三教庙一般由村社安排专人负责日常的管理,比较常见的情况是由村社延请(雇佣)僧人或道士充任住持。其中,又以僧人充任住持者居多,大量碑记中提到三教庙内建有"禅房"、"僧房"、"禅室",即供僧人居住之所。例如,明万历二十二年(1594)泽州李道汕村三教堂重修殿宇,"立起拜殿并山门、耳殿、僧房"。③清康熙二十六年(1687)陵川县盖城村三教堂"重修正殿三楹,创建禅房二座"。④清乾隆三十四年(1769)重修的高平县牛村三教堂内亦建有禅房。⑤清光绪二十八年(1902)陵川县井沟村三教堂"重修震方高禖祠三间、兑方禅房三间",即重修东厢的高禖祠和西厢的禅房。清光绪三十二年(1906)凤台县东陕村三教堂"角殿左高禖、右虚位,东、西乃禅室"⑥,即以庙宇内的东、西

---

① 清乾隆二十九年(1764)《司家掌三教庙正殿创建暖宫并金装碾玉记》,碑存泽州县金村镇司家掌村三教庙。
② 关于基层儒生等地方知识精英对三教庙的具体理解和诠释,本书第五章还将进一步展开详细讨论。
③ 明万历二十五年(1597)《重修三教堂碑记》,碑存泽州县大箕镇李道汕村三教堂。
④ 清康熙二十六年(1687)《重修三教堂碑记》,碑存陵川县附城镇盖城村三教堂。
⑤ 清乾隆三十四年(1769)《重修东禅房碑志》,碑存高平市河西镇牛村三教堂。
⑥ 清光绪三十二年(1906)《创修舞楼碑记》,碑存泽州县金村镇东陕村三教堂。

厢房作为僧人居住、修行之所。

一些民众还为三教庙施舍若干田地，供住持僧人耕种或出佃收租，以为僧人焚修之资。明万历四十一年(1613)陵川县小庄上村创建三教堂，所立碑记开列的捐施花名中就有"魏世勳施□□地一亩，许住持僧人耕种"的记载。①再如，清康熙三十三年(1694)泽州董家沟村三教堂不仅修建有"配房六楹，以为客舍、僧房"，还有居民董公等人按照"僧人焚修口给供养，旧例出于合乡"的传统，"施己分之田一十四亩二分，立券入社，以为僧人焚修之资"。②清乾隆三十九年(1774)凤台县司匠村堆金会将连年所积之钱，买到坡基地八亩二分，施入本村三教堂，"上可供神圣晨昏之功，下可给住持飧饔殖之费"。③

明清时期泽州地区佛教信仰十分兴盛，佛教寺庙、庵堂广泛修建，大量僧人活动于乡间里巷。并且，不少民间祠庙的修建、维持和管理，也有僧人参与。据相关资料记载，一些僧人以助缘(捐资、捐物)的方式参与三教庙的修建活动。例如，明万历四十一年(1613)泽州小庄村创建三教堂，由僧人觉澄撰写的碑记开列施财名单中有"觉路钱一百文"。④清乾隆三十九年(1774)陵川县郝家村增修三教堂，香人弟子寂庆捐银二十五两。⑤清乾隆四十二年(1777)凤台县王庄村三教堂重修，住持福钰、徒心掌施银五钱。⑥清乾隆五十一年(1786)凤台县樊家庄重修三圣庙，住持僧玄宣施银一两、古贤寺僧人施钱九百文。⑦清嘉庆十八年(1813)，僧广玙、广兴为陵川县西坡村三教堂的补修工程捐资。⑧清道光二十三年(1843)陵川县万章村重修三圣

① 明万历四十一年(1613)《创建三教堂序》，碑存陵川县礼义镇沙河村小庄上村三教堂。
② 清康熙三十四年(1695)《三教堂碑记》，碑存泽州县大箕镇董家沟村三教堂。
③ 清乾隆三十九年(1774)《堆金会施地碑记》，碑存泽州县南村镇司匠村玉皇庙。
④ 明万历四十一年(1613)《创建三教堂记》，碑存泽州县金村镇小庄村三教堂。
⑤ 清乾隆三十九年(1774)《三教堂增修碑记》，碑存陵川县礼义镇东沟村郝家村。碑文参见王立新主编：《三晋石刻大全·晋城市陵川县卷》，太原：三晋出版社，2013年，第150页。
⑥ 清乾隆四十二年(1777)《重修三圣佛堂碑记》，碑存泽州县山河镇王庄村三教堂。
⑦ 清乾隆五十一年(1786)《重修三圣庙序》，碑存泽州县柳树口镇樊家村。
⑧ 清嘉庆十八年(1813)《补修三教堂序》，现存陵川县西河底镇西坡村三教堂。据光绪《陵川县志》记载，广兴曾担任陵川县僧会司的僧官。参见(清)徐妹修、梁寅纂：《(光绪)陵川县志》卷九，清光绪八年刻本。

庙的工程中,崇福寺捐钱五百文,本村僧本性捐钱一千文,尼通贵捐钱五百文,僧觉兰、本通各捐钱三百文。①

因此,明清时期泽州地区有大量的僧人为三教庙充任住持,或以助缘(捐资、捐物)的方式参与庙宇的修建活动中。根据现存碑刻、题记资料,可以将相关僧人信息列表如下:

表 3.3　明清泽州地区三教庙相关僧人信息一览表

庙宇	地理位置	修建情况	相关僧人	资料来源
三教堂	泽州退猪盆村	明万历三十四年创建	住持僧了冲	万历三十四年《濩泽碛石青莲山福岩院古刹净影寺山庄退猪盆创修三教堂碑》
三教堂	高平县东石村	明万历四十一年铸造佛像五尊	住持僧悟澄、徒常学	万历四十一年《三教堂鼎铸佛像落成碑记》
三教堂	泽州西柳脚村	明崇祯十五年	住持僧悟春	康熙三十八年《三教碑记》
三教堂	泽州移风乡建福都	清顺治十八年重修	助缘僧智晓、慧习	顺治十八年《重修三教堂、观音殿碑记》
三教堂	阳城县郭峪村	清康熙二十二年重修	住持普宝,常住僧普金、徒通瑞	康熙二十二年《重修三教堂碑记》
三教堂	泽州山西邸村五门山	清康熙二十三年至二十五年重修	住持僧惠清	康熙二十五年《重修三教堂、关帝庙碑记》
三教堂	泽州七岭店村	清康熙二十八年重修	住持僧海洪	康熙二十八年《三教堂金妆五瘟神像记》
三教堂	泽州还秀大社	清康熙五十一年至五十七年重修	住持僧源诚	清康熙五十七年《佛祖三教堂重修各宫神祠记》
三教堂	陵川县西柏崖村	清康熙五十二年重修	住持僧海珮	康熙五十二年《鼎建殿堂绘塑神像碣记》
三教庙	凤台县和村	清雍正六年重修	助缘僧觉正、觉禅	雍正六年碑记

---

① 清道光二十三年(1843)《重修三圣庙碑记》,碑存陵川县西河底镇万章村三圣庙(大庙)。

庙宇	地理位置	修建情况	相关僧人	资料来源
三教堂	凤台县半坡村	清雍正八年重修	住持寂盛	雍正八年《三教殿煖宫记》
		清乾隆十九年至二十八年重修	住持僧照法,徒普贵、普旺	乾隆二十九年《重修三教堂碑志》
三教堂	陵川县峰西村	清乾隆五年创修戏楼	住持僧普应	乾隆五年《创修舞楼碑记》
三教堂	凤台县下胡村	清乾隆十六年重修	住持僧照瑞	乾隆十六年《重修三教堂碑记》
三教堂	凤台县吕管谷村	清乾隆十七年重修	住持僧寂安	乾隆十九年《重修三教堂碑记》
三教堂	凤台县东岭头村	清乾隆十八年至四十一年重建	住持僧惠葡、惠落	乾隆四十一年《东岭头村重建大庙碑记》
三教庙	凤台县司家掌村	清乾隆二十九年重修	住持僧明珠	乾隆二十九年《司家掌三教庙正殿创建暖宫并金装碾玉记》
三教堂	陵川县马家庄	清乾隆三十年重修	住持僧如凡	乾隆三十年《乐输记》
三教庙	凤台县泊南村	清乾隆三十六年至乾隆四十三年重修	前住持僧明珍,现住持僧通宝、徒心旺	嘉庆四年《重修三教庙碑记》
三教堂	高平县三槐庄村	清乾隆三十八年重修	住持僧通柱	乾隆三十八年《重修大庙佛殿记》
三教堂	凤台县司匠村	清乾隆三十九年重修	住持僧性铜	乾隆三十九年《堆金会施地碑记》
三教堂	陵川县郝家村	清乾隆三十九年增修	助缘僧寂庆	乾隆三十九年《三教堂增修碑记》
三教堂	凤台县王庄村	清乾隆四十二年重修	住持福钰、徒心掌	乾隆四十二年《重修三圣佛堂碑记》
三圣堂	凤台县秋泉村	清乾隆四十三年重修	住持僧性梅,助缘僧通悦、性双	乾隆四十三年《重修三圣堂碑志》
三教庙	凤台县孟匠村	清乾隆四十八年重修	住持僧性铭	乾隆四十八年《三教尊神庙重修碑记》

续　表

庙宇	地理位置	修建情况	相关僧人	资料来源
三圣庙	凤台县樊家庄	清乾隆五十一年重修	住持僧玄宣,助缘古贤寺僧人	清乾隆五十一年《重修三圣庙序》
三教堂	陵川县岭北底村	清乾隆、嘉庆年间重修	住持僧广智	嘉庆二十五年《重修三教堂序》
三教堂	陵川县西坡村	清嘉庆十八年补修	助缘僧广玙、广兴	嘉庆十八年《补修三教堂序》
三教堂	陵川县安乐庄村	清同治十二年重修正殿	住持僧寂佩	同治十二年正殿脊枋题记
三圣庙（大庙）	陵川县万章村	清乾隆年间重修正殿、创建看楼舞楼	住持僧通考	乾隆十九年《重修三教堂创建看楼舞楼记》
		清道光年间重修庙宇三圣庙	助缘僧觉兰、本通、本村僧本性、尼通贵	道光二十三年《重修三圣庙碑记》
三教殿	凤台县东山底村	清道光元年重修	住持僧本昱	道光元年《重修三教殿碑记》
三教庙	高平县西山村	清道光四年重修	住持僧通兴、助缘僧心德	道光四年《重修三教神殿碑记》
三教堂	陵川县东头村	清道光五年移修正殿	住持僧源禄	道光五年《移修三教堂碑记》
三教堂	凤台县苗庄村	清道光六年勒碑补记创建事	住持妙云	清道光六年碑记
三教堂	高平县仙井村	清道光年间改修	住持僧广舜、徒绪阔、徒孙本清	道光十三年《仙井大社改修舞楼碑记》
三教庙	凤台县刘家河村	清道光二十四年至咸丰元年增修	住持绪缘	咸丰元年《增修社庙榜庭照壁两院碑记》
三教堂	凤台县东沟村	清咸丰七年重修	住持僧广英	咸丰七年《新修拜殿碑记》

通过对上表信息进行分析可以发现,明代泽州地区三教庙相关僧人法号可能与曹洞宗僧谱字辈"了悟真常"有关,而清代以后相关僧人法号可能主要与临济宗僧谱字辈"智慧清静,道德圆明,真如性海,寂照普通,心源广

续(绪)"等关联。另外,从清《(乾隆)高平县志》记载的高平县僧会司僧会通安、心睿、源治①和《(光绪)陵川县志》记载的陵川县僧会司僧官心文、心洗、广周、广兴、照亮、普习、普利、通修等②僧人法号与临济宗字辈基本相符,从而印证了清代临济宗僧团在泽州地区的广泛分布。

此外,一些具备文字能力的僧人还为三教庙撰写碑记。例如,明嘉靖九年(1530)夏城郡明月寺僧人性安为泽州(直隶州,今泽州县,下同)移风乡建福都下川里秋树坨村三教堂撰写了重修碑记,指出儒释道三教圣人"善世教人,岂有异乎"、"鼎分三足,缺一不可":

> 上古三教圣人出世,以为心者必去其恶也,善世教人,岂有异乎?孔子曰:"朝闻道而夕死可矣。"释氏曰:"佛以万行为本,方便为门,利生利物,为□行愿如山,超生数若微尘。"老子曰:"混沌未判,阴阳未辟,立□玄牝之机。由是天地根也。"鼎分三足,缺一不可。③

再如,明万历二十五年(1597)灵岩寺僧人行敢为泽州李道屳村三教堂撰写重修碑记,并表达了"三教者,乃是一天之源也"的观点:

> 盖闻三教者,乃是一天之源也。佛为三界之师、四生慈父,生于周

---

① (清)傅德宜修、戴纯纂:《(乾隆)高平县志》卷十一,清乾隆三十九年刻本。
② (清)徐烑修、梁寅纂:《(光绪)陵川县志》卷九,清光绪八年刻本。这类关于临济宗法脉在泽州地区广泛传布的例证还包括:清康熙四十五年泽州南社村观音殿住持僧照空、徒普闻、孙通泰,以及乾隆二十年该庙住持僧通泰、徒心乾、心慧、徒孙源□,符合"寂照普通,心源广续"字辈次序。据泽州县北义城镇西黄石村现存清乾隆四十九年《增修普觉寺碑记》,该庙住持僧元(源)慧、徒广兴、徒孙绪德;据道光十五年《重修普觉寺碑记》,住持僧本亮、徒觉和、觉福、徒孙昌锐、昌梦,符合"本、觉、昌"的次序。清乾隆五十九年(1794)至嘉庆三年(1798),陵川县后山村崇福寺重修殿字,据清嘉庆三年《崇福寺重修水陆殿绘画山门木楼碑记》中开列的募化、监工、寺主名单,可以发现僧普宁、通柱、通覆、通行、广川、广兴,符合"普、通"的次序,并且其中的通柱在乾隆三十八年前后曾充任高平县三槐庄村三教堂(大庙)住持。
③ 明嘉靖九年(1530)《重修三教堂记》,碑存泽州县柳树口镇秋坨村三教堂。

初昭王甲寅二十四年,迦毗罗卫国净梵王摩耶生,人从姥胁诞生,周行七步而指天地而称世尊,得金刚宝座而为正觉也。老君者,乃是迦舍之源也,生于定王,降籍烂阳之乡,精复夫人怀妊八十余载,李枝树贸从姥胁生,指树为老子之源也。圣仁者,乃是尽明之源也,生于灵王之中、东鲁之籍也。于梁为子,姥降而生,指石孔为孔子之源也。正扬宗风,原非一天之气,人间之正路也。一气而化,各分门傍之籍也。①

又如,明万历四十一年(1613)"文方衲觉澄"为泽州小庄村三教堂的创建撰写碑记。②明万历四十二年(1614)陵川县桑树河村重修三教堂,由住持僧人真光撰写碑记。在碑记中,真光认为"老君、夫子皆是佛,三教根元总一致"③。明崇祯五年(1632)陵川县崇安寺沙门真敬为本县嵩山村(今松山村)创建三教殿撰写碑记,以佛为西方圣人。清康熙二十六年(1687),卧云林住持海云为陵川县盖城村三教堂的重修撰写碑记,在碑记中表达了"夫三圣者,门户虽殊,而理归一致,故立庙设像,大约不离'神道设教'者"的观点。④清乾隆二十六年(1761)凤台县郭家庄民众重修三教堂正殿、南殿、东西客堂,宝山寺比丘怡峰惠恂为此事撰写碑记并书丹。⑤从这些僧人撰写的碑记内容来看,他们大多秉持"三教同源"、"三教一致"等观念,对三教庙的信仰实践形式给予了认可。

明清时期泽州地区也有部分三教庙由道士担任住持,但相比僧人数量较少。一些三教庙中修建有"道房",供住持道士居住。例如,清乾隆三十九年(1774)凤台县东杨村合社公议创修三教堂道房八间。⑥

---

① 明万历二十五年(1597)《重修三教堂碑记》,碑存泽州县大箕镇李道汕村三教堂。
② 明万历四十一年(1613)《创建三教堂记》,碑存泽州县金村镇小庄村三教堂。
③ 明万历四十二年(1614)《重修三教堂碑文之记》,碑存陵川县杨村镇桑树河村三教堂。
④ 清康熙二十六年(1687)《重修三教堂碑记》,碑存陵川县附城镇盖城村三教堂。
⑤ 清乾隆二十六年(1761)《重修三教堂碑记》,碑存泽州县川底乡郭庄村三教堂。
⑥ 清乾隆三十九年(1774)碑记,碑存泽州县南村镇东阳村三教堂。

　　从相关碑刻资料的记载来看，在清代泽州地区乡村三教庙担任住持的道士可能属全真道龙门派。例如，自清乾隆二十年（1755）至咸丰三年（1853）间，凤台县樊家国坨三教堂先后由道人武本立及其徒尚合全、道人樊教法及其徒孔永庆、永安担任住持，又有同住持家长翟永昌、杨教通徒永宁等参与庙务管理。①从这些道人名字中带有"本"、"合"、"教"、"永"等字及其师徒关系来看，基本上能与全真龙门派的"一阳来复本，合教永圆明"字辈顺序对应起来。再如，陵川县礼义镇沙河村小庄上村三教堂正殿现存脊枋题记显示："大清乾隆四十一年岁次丙申三月吉日吉时天开黄道上梁重修三教堂三间，合村人等、住持郭福寿、徒本洪。"②此处的住持道士郭福寿，即郭复寿，本洪为其徒，"复、本"亦属全真龙门派字辈。据《陵川县志》记载，该县境内的道教是由山东登州传入的全真教龙门派，宗序共有"道德通玄静，真常守太清，一阳来复（福）本，合教永圆（元）明，至理宗诚信（顺）"等百余字。③此外，明清时期泽州地区各县的道会司成员也符合这一特征。乾隆《高平县志》记载："道会司：郭守印、朱守祥、李太立。"④又据光绪《陵川县志》可知，清代陵川县道会司有杨守朴、苏太华、李阳耀、张来晓、罗来宾、路本性、徐清莅、李来时、李合赞、焦复会等人，大多与全真龙门派字辈对应。⑤因此，明清时期泽州地区传布的道教主要属于全真龙门派，在一些三教庙担任住持的道士也基本上是全真龙门派道士。

　　总体来看，明清时期泽州地区的三教庙通常由僧人、道士担任住持，这

① 清乾隆六十年（1795）《施业碑记》、咸丰三年（1853）《重修舞楼及殿宇碑记》，参见樊秋宝主编：《泽州碑刻大全》第一册，北京：中华书局，2013年，第395—396页。

② 清乾隆四十一年（1776）脊枋题记，现存陵川县礼义镇沙河村小庄上村三教堂正殿。

③ 参见《陵川县志》第二十一编，北京：人民日报出版社，1999年，第547页。另据王云鹏先生考证，在陵川传播的全真龙门派，"复"字辈亦写作"福"，"圆"亦作"元"，"信"亦作"顺"。参见王云鹏：《我记忆中的陵川》，《陵川文史资料特辑》（内部资料），政协陵川县委员会，2005年，第202页。

④ （清）傅德宜修、戴纯纂：《（乾隆）高平县志》卷十一，清乾隆三十九年刻本。

⑤ （清）徐炑修、梁寅纂：《（光绪）陵川县志》卷九，清光绪八年刻本。

些僧人、道士大多是有明确宗派传承的正规僧道。不少僧人还以助缘(捐资、捐物)的方式参与三教庙的修建活动。然而,大量资料反映出,这些僧道实际上并没有乡村庙宇的所有权,只是村社延请(雇佣)来看守庙宇的人员,庙产的控制权属于村社尤其是"社首"群体。此外,如果这些僧人、道士与村社发生纠纷,村社有权另换住持。例如,清嘉庆年间凤台县樊国坨村三教庙的住持道人孔永庆,因为"纠缠庙产"而被村社驱逐,换道人永安看守庙宇。[1]有学者研究指出,到了清代嘉庆、道光年间以后,泽州地区乡村庙宇甚至出现了显著的"去僧侣化"趋势。[2]由此可见,明清时期泽州地区三教庙的主导权在于村社(尤其是"社首"群体),担任住持的僧道实际上处于从属地位。

第四节 "会"

从相关资料来看,泽州地区三教庙的修建活动也有一些"会"的参与。"会"通常是以某种方式聚集起特定成员并进行特定活动的组织。[3]"社"、"会"经常连称,可见二者有着密切的关联。明清时期泽州地区的"会"大多是在村社之内的民间组织,通常与庙宇修建、祭祀或经济活动紧密相关,规模一般比"社"小。不同于"社"这种强制加入的地缘组织,"会"一般具有自愿参加的特征。

"会"有多种不同类型,有的是信奉同样的神灵而结合成会,有的是亲戚之间的结盟,也有师徒或同一行业,性情相投结成会。[4]"会"组织的首领或

---

[1] 清嘉庆二十二年(1817)碑记,碑存泽州县李寨乡国坨沟村三教堂。
[2] 参见姚春敏:《清代华北乡村庙宇与社会组织》,北京:人民出版社,2013年,第100页。
[3] 朱文广:《庙宇·仪式·群体:上党民间信仰研究》,北京:中国社会科学出版社,2015年,第44页。
[4] 姚春敏:《清代华北乡村庙宇与社会组织》,北京:人民出版社,2013年,第307页。

负责人通常称为"会首"，有时也称为"维首"、"执事"、"总理会事"等。综合现有碑刻、题记等资料来看，参与三教庙修建的"会"可以分为香会和摇会两大类。

香会主要是由民众自发结成、向某一神明进香朝拜的组织，包括以佛教信仰和崇奉传统为主的香会以及并不局限于某种信仰传统的香会。路遥认为："香会并不一定就是佛教组织，它实际上是由众善男信女奔赴寺观祠庙焚香而起，是民间信仰的典型组织。"①明清时期泽州地区的香会名目繁多，仅三教庙相关碑刻资料所见的就有三山会、佛祖会、佛会、斋公会、金顶会、东顶会、五台会、玄帝会、中岳会、老君会、炉神会、文昌会、关帝会（关爷会、将军会）、壬子会、大成会、劝善会等数十种之多。这些香会主要采用自愿捐资的方式筹集朝山进香、庙宇修建、献戏等活动经费。香会的成员一般称为"会友"，人数不固定，首领通常称为"会首"。例如，清乾隆四十二年（1777）凤台县东村三山会共有会友二十五人，其中会首六人。②再如，清乾隆五十四年（1789）至嘉庆四年（1799）凤台县刘村三山会共有会友三十一人，其中会首六人。③

一个典型的例子是泽州乡村地区的"三山会"。"三山会"是一种由民间自发组织的朝山进香团体。④据现有资料来看，清代泽州很多乡村都组织了"三山会"。众多的"三山会"虽然名称相同，但各会具体朝拜之"三山"不尽一致。例如，泽州县巴公镇兴王庄村现存的清乾隆四十年（1775）《三山会助

① 路遥：《中国民间信仰研究述评》，上海：上海人民出版社，2010年，第18页。
② 清乾隆四十二年（1777）《三山会碑志》，碑存泽州县南村镇辘轳井村。
③ 清嘉庆四年（1799）碑记，碑存泽州县下村镇刘村。值得注意的是，该会三十一人中，包括举人常佖、庠生常兴世、贡生常绍远以及僧昌和。可见，一些士绅、僧人同时也是香会的会友，具有多重身份。
④ 在中国传统社会，朝山进香是民间百姓礼俗生活的重要内容，同时也是民间社交的常见形式。在明清两代，"香会"、"香社"这类进香团体相当普遍，除了在本地烧香，还有越境朝山进香活动，成为一种风俗。参见陈宝良：《中国的社与会》，北京：中国人民大学出版社，2011年，第382页。

修社庙碑文》记载:"今王家庄三山会者,诸信士积金以朝天坛、华岳、武当之资也。"①泽州县南村镇辘轳井村现存的清乾隆四十二年(1777)《三山会碑志》则记载:"我东村三山会者,其朝武当、拜华山、礼西顶、沐浴虔诚,不可谓非善。"②从泽州地区碑刻资料所见的整体情况而论,这些"三山会"的朝山去处主要是武当山、华山等具有全国性意义的名山。③此外,"三山会"名称中的"三山"可能只是概称众多山川,表明香会之活动宗旨在于到各地朝山进香。

泽州地区的许多"三山会"积极参与乡村庙宇的修建。例如,清乾隆三十七年(1772)凤台县南社村玄帝庙金妆圣像,有本社三山会信士田得遄、秦琏、田得、田相宝等十人捐资。④清道光二十三年(1843)凤台县北尹寨村社庙移建舞楼,有本村三山会会首祁生枝、祁世富、祁世魁、祁世辅等十四人组织集资捐助。⑤值得注意的是,玄帝庙、祖师庙等崇奉真武祖师(玄帝)的庙宇在众多"三山会"捐资修建的庙宇中占有较大的比例,据此推知,真武(玄帝)可能是泽州地区"三山会"的一个重要崇奉对象。

从相关碑刻资料来看,清代泽州地区的"三山会"主要通过捐施钱物的方式参与了部分三教庙的修建。以下列表说明:

表3.4　清代泽州地区"三山会"参与三教庙修建情况一览表

"会"组织	参与修建情况	资料出处
三山会	康熙五十二年为泽州王庄村重修三教堂佛殿积资	康熙五十二年重修碑记

---

① 清乾隆四十年(1775)《三山会助修社庙碑文》,碑存泽州县巴公镇兴王庄村。

② 清乾隆四十二年(1777)《三山会碑志》,碑存泽州县南村镇辘轳井村。

③ 据陈宝良的研究,明清时期"带有全国性意义并最为流行的烧香去处,莫过于泰山、华山、武当、普陀与杭州天竺这几处"。参见陈宝良:《中国的社与会》,北京:中国人民大学出版社,2011年,第383页。

④ 清乾隆三十七年(1772)《金妆玄帝圣像碑记》,碑存泽州县高都镇南社村玄帝庙。

⑤ 清道光二十三年(1843)《增修庙宇并移建舞楼碑记》,碑存泽州县北义城镇北尹寨村。

续 表

"会"组织	参与修建情况	资料出处
三山、五台、东顶会	乾隆年间为凤台县刘家河村创建三教堂正门捐钱六千九百零八文	乾隆四十九年创建碑记
三山会、五台会	入每年敬神余剩钱、三山会钱、五台会钱……三十九千一百三十文	嘉庆二年《刘家河合社建修三教堂东西碑》
三山会	道光七年为凤台县南峪村重修三教祠捐钱五千文	道光七年《重修碑记》
三山会善士刘志、卫有庆等十九人	同治二年购置田地十亩施入凤台县西街头村社中,积利以备成汤圣帝铺坛之费,余资以顾三教神殿补修之需	同治二年《三山会功德碑》
三山会	光绪年间为凤台县东陕村三教堂创修舞楼施钱二十千	光绪三十二年《创修舞楼碑记》
万章村三山会	光绪二十六年至民国四年为西河底村重修三教堂、诸神观捐银二两	民国四年《重修三教堂、诸神观碑记》
三山会善士杨赐山等	为陵川县徐社村重修三教堂捐资	《重修三教堂碑记》

由此来看,为三教庙捐资的"三山会"大多为本村民众组织,亦有少数是外村的"三山会"。这些"三山会"为三教庙的修建捐资、捐物的具体原因,现有的资料中并未记载。但从"三山会"会众通常被称为"善士"、"信士"的情况来看,"行善事"、"积功德"等信仰观念可能是他们捐资修庙的一个重要动因。

除"三山会"之外,一些以佛教信仰为主的香会组织如"佛祖会"、"佛会"、"斋公会"也出现在三教庙修建碑记的捐施花名中。例如,清康熙五十七年(1718)泽州还秀都还秀里□□生庄西平头居社的佛祖会为还秀大社重修三教堂庙宇捐银七十八两八钱七分一厘。[①]清乾隆五十三年(1788)凤台县黄围村重修三教堂,碑记记载斋公会施主孔继忠捐银六钱、斋公会施主王

---

① 清康熙五十七年(1718)《佛祖三教堂重修各宫神祠记》,碑存泽州县南村镇环秀村三教堂。

全其捐银二钱。①清道光二十七年(1847)陵川县赤叶河村重修三教堂,佛会施钱两千文。②清道光二十三年(1843)陵川县万章村重修三圣庙,大会男善士捐钱一千文,东会女善士捐钱两千文,西会女善士捐钱七百文。③清光绪二十八年(1902)至三十二年(1906)陵川县望洛村重修三教堂,斋公会捐银六两。④泽州地区的各种"佛祖会"、"佛会"、"斋公会"主要是清初以来由吃斋奉佛的居士结成的民间香会组织。据相关资料记载:"斋公会,又称佛会,是一种松散的群众团体,在民间进行佛事活动,主要存在农村地区。会众通常是自愿加入的,入会时要缴纳会费,一般是缴四斤白面,自带香、黄表纸,跪在佛前发愿终生吃斋食素,守三皈五戒。平时在家修行,逢朔望秉香烛至斋堂念经聚会……其内部通常又分为'男会'、'女会'。"⑤

此外,"劝善会"、"老君会"等香会亦为泽州地区一些三教庙的修建捐资。例如,清光绪十四年(1888)劝善会捐资补修高平县刘庄村大庙三教堂。⑥再如,清光绪十六年(1890)凤台县孔家窑村重修三教神殿,有老君会施钱十千文、司匠村炉神会施钱二千文。⑦这些香会为三教庙的修建捐资,显然与三教庙包含的"三教同归于善"意涵相关。自唐宋以来,"三教殊途同归"观念的一个核心内涵即是"同归于善",因而,三教庙所昭示的道德义涵与"劝善会"等香会组织的核心宗旨是相符的。"老君会"、"炉神会"等香会为三教庙修建捐资的原因,还可能与三教庙供奉道教祖师老君密切相关。明清时期泽州民间认为道教祖师太上老君以八卦炉炼仙丹,是世间工匠冶炼行业之保护神,当地民众亦称之为"炉神李老君"、"老君爷"。清道光七年

① 清乾隆五十三年(1788)《重修观音堂、金塑圣像记》,碑存泽州县柳树口镇黄围村三教堂。
② 清道光二十七年(1847)《重修庙碑记》,碑存陵川县六泉乡赤叶河村三教堂。
③ 清道光二十三年(1843)《重修三圣庙碑记》,碑存陵川县西河底镇万章村三圣庙(大庙)。
④ 清宣统二年(1910)《重修古庙三教堂碑文记》,碑存陵川县夺火乡望洛村三教堂。
⑤ 申莉萍整理:《陵川斋公文化》,陵川县文化局(内部档案),2012年,第2页。
⑥ 清光绪十四年(1888)《劝善会补修大庙碑记》,碑存高平市永禄乡刘庄村三教堂。
⑦ 清光绪十六年(1890)《重修神殿捐□□□后》,碑存泽州县大箕镇孔窑村三教堂(三教神殿)。

(1827)高平县西诗村三教堂补修碑记中即言："道教创工匠炼修之制,殊为治世所不能缺。"①

　　参与泽州地区三教庙修建的另一类"会"是摇会。摇会,亦称合会、拔会等,一般是临时邀集会友、发起筹资并将这些钱款作为本金放贷获取利息的民间组织。从泽州地区的碑刻资料记载来看,大多摇会并无具体名称,有些摇会的具体名称则与要修建的庙宇相关。例如,清嘉庆年间凤台县贾泏村善士常继宗等为在村北兴建三教圣庙,邀集众人起一摇会筹集资金放贷生息,名曰"三教劝输会"。②与香会类似,摇会的首领也称为"会首"、"总会首"③等,参加摇会的人一般称为"会友",会友人数不固定,从十几人至几十人不等,三四十人是较为常见的情况。④

　　泽州地区的摇会大多是在庙宇亟待维修但资金不足的情况下结成的,其主要功能就是为庙宇修建筹集经费。摇会发起一次称为"一局",一般来说,摇会中每个人出资数额应该是一样的,但也有摇会每个人出资比例并不平均。摇会的筹资周期往往长达数年甚至十余年,直至积攒足以完成庙宇修建工程的资金,待修建工程告竣,该摇会随即终止。清代凤台县苗庄村三教堂之创建就曾采用这种形式进行筹资,据道光六年碑记记载,该村民众郭呈祥等"欲为三圣人建祭祀之堂,因联数十家为一会"。⑤再如,清道光年间,高平县仙井村三教堂改建舞楼(戏台),因"工程浩大,村力难支",故而"联请摇会三局共收钱八百余串,方买庙南地基一段,先向南退路,继移修舞楼基址"。⑥由此可见,采用摇会筹资可以作为村社内部"按亩摊派"方式的重要补充。类似的,清嘉庆年间,凤台县贾泏村计划修建三教圣庙,但由于"土瘠

---

① 清道光七年(1827)《补修三教堂三官殿碑记》,碑存高平市石末乡西诗村三教堂。
②③ 清同治二年(1863)《创修三教圣庙碑记》,碑存泽州县大箕镇贾泏村三教堂。
④ 郝平、杨波著:《超越信仰:明清高平关帝庙现象与晋东南乡村社会》,北京:商务印书馆,2019年,第267页。
⑤ 清道光六年(1826)碑记,碑存泽州县周村镇苗庄村三教堂。
⑥ 清道光十一年(1831)《仙井大社改修舞楼碑记》,碑存高平市河西镇仙井村三教堂。

人贫,功难创建",因而发起摇会"以积资财",经过十余年的积累,村社民众捐输、摇会会友布施的共同努力,三教圣庙的修建工程才最终告竣。[①]又如清光绪年间凤台县坡东村三教堂南殿观世音神像未塑,但资财不足,维首金顶会积有钱粮若干,出放余利,至光绪十六年(1890),共攒钱七百有零,以资重修殿宇、塑造神像之用。[②]又据泽州县两谷坨村现存清宣统三年(1911)碑记记载,该村民众为重修本村三教堂,"议立摇会一局,捐众资财。历年以来秋夏收积谷麦,联落数年,积聚钱粮四百余千文"。[③]

需要指出的是,一些"会"组织可能兼有香会和摇会的双重属性。例如,清康熙五十一年至五十七年(1712—1718)间为泽州还秀大社三教堂庙宇重修工程捐资的佛祖会,是具有佛教信仰传统的香会,同时也采用"积本累利贷放"、"本利共作起算"的筹资方式,具有摇会的性质。[④]再如,民国初年的泽州樊家庄村"有数家同心向善,立一香会,以崇神明。始而共出会本金,以此加息,而便民计会资,日积月累而成多,奉神事行资、坐资而充实。誓愿进香三山,以表寸心,会之名称遂号'三山'焉"[⑤]。由此可见,樊家庄村的"三山会",既是"同心向善"、"以崇神明"、"誓愿进香三山"的香会,又是采用"共出本金"、"以此加息"方式筹集会资的摇会。

综上所述,泽州地区的一些香会、摇会也为三教庙的修建积极捐资,作为村社组织"照社捐输"、"按亩摊派"筹资方式的重要补充,具有十分重要的意义。从相关碑刻资料来看,明清时期泽州地区不少村社通过兼用"社"、"会"组织等多种筹资方式,为三教庙的修建活动提供了比较充分的资金保障。

---

① 清同治二年(1863)《创修三教圣庙碑记》,碑存泽州县大箕镇贾山村三教堂。
② 清光绪二十九年(1903)《重修三教堂碑记》,碑存泽州县犁川镇坡东村三教堂。
③ 清宣统三年(1911)碑记,碑存泽州县大箕镇两谷坨村三教堂。
④ 清康熙五十七年(1718)《佛祖三教堂重修各宫神祠记》,碑存泽州县南村镇环秀村三教堂。
⑤ 民国十八年(1929)《重修外庙院碑记》,碑存泽州县柳树口镇樊家村。

第五节　商号、窑炉行

　　明清时期泽州地区的许多商号、窑炉行也是参与三教庙修建活动的重要群体。①从现存三教庙重修碑记的捐施花名中可以发现不少商号、窑炉行，有些商号、窑炉行的捐资数额在捐施总额中占有较大比例。

　　泽州与潞州（今长治市）商人作为晋商的先驱，在明清时期的区域贸易活动中扮演了重要角色。明沈思孝《晋录》云："平阳、泽、潞，豪商大贾甲天下，非数十万不称富。"②明清时期的泽、潞商人主要经营粮食、盐、铁、丝绸、布料、木材等，也涉及运输和金融行业。③其中，泽州地区的商号涉及行业包括粮行、布行、盐行、票号、典行、油坊、酒坊以及大量与采矿冶炼相关的铁货铺、炒号等。

　　在泽州地区三教庙修建碑记开列的捐资花名中常有商号之名。例如，清乾隆二十六年（1761）凤台县郭家庄民众重修三教堂部分殿宇，捐资者不仅有本村"施财善士"，亦有邻近村社及"东沟天锡号、德盛号"等商号。④清道光二十二年（1842）至同治九年（1870）陵川县下东河村重建三教堂庙，得到了陡沟镇长盛合记、合心布记、集盛布记、公盛兴记、金道盛记、祯祥兴记、和盛恒记、方正和记、梁仁义记、隆贤兴记、悦来店、岁丰油店等四十余家商户捐钱支持。⑤

　　并且，不少商号出手阔绰，捐资数额占到总额的较大比例：

① 鉴于明清时期泽州地区许多商号经营内容与煤铁行业密切相关，钉店、炒号等还直接与窑炉行的生产流程结合，本节遂将商号与窑炉行一并进行讨论。
② （明）沈思孝：《晋录》，清道光《学海类编》本。
③ ［日］寺田隆信：《山西商人の研究——明代における商人および商业资本》，《东洋史研究丛刊》之二十五，京都：东洋史研究会，1972年，第265—267页。
④ 清乾隆二十六年（1761）《重修三教堂记》，碑存泽州县川底乡郭庄村三教堂。
⑤ 清同治九年（1870）"万善同归"碑，碑存陵川县附城镇下东河村三教堂（福兴院）。

　　清道光四年(1824)高平县西山村三教庙重修告竣,立碑纪事,在开列的捐资花名中,本村民众、异乡善士和商号捐资共计 53 千 7 百文,其中,三聚号、羑合公、三顺号、兴顺号、三义号、合兴号、东义兴、义待号、益兴荣、立成号、和兴号、玉兴号、复兴号、广顺号、昌聚兴等 15 家商号共捐钱 27 千 7 百文,占捐资总额的 51.6%。①

　　清道光二十七年(1847)陵川县赤叶河村三教堂《重修碣记》开列的捐资花名中,有顺成店、艺源店、全盛店、德□店、得裕昌、雨兴隆、同顺恒、正□仪、魁盛号、玉盛公、玉盛昌、义兴号等 12 家商号共捐钱 27 千 5 百文,占本次重修庙宇捐资总额的 67%。②

　　清咸丰七年(1857)陵川县南川村《重修三圣庙碑记》开列的捐资花名中,包括常盛典、恒庆典、瑞升典、昌盛典、广源行、泰来行、万镒号、万顺号、德盛义、天聚坊、魁合坊、维昌号、祥泰号、魁盛儒、协成号、丰隆坊、边台坊、隆升典、悦顺声、德兴典、万兴典、新义顺、洪盛元、增盛义、东盛典、德和全等 30 余家商号、票号(钱庄)、典行,每家捐银 5 钱至 2 两不等,共捐银 87 两,约占本次捐资总额的 80%。③

　　一些村社三教庙的修建还得到了邻县商号甚至在外省经营的泽州商号的捐资,这种情况亦见于碑刻资料记载。例如:清嘉庆年间陵川县和家脚村三教堂古庙创修戏楼,有"凤邑祥泰号施银七两,阳邑升泰号施银六两"④。清康熙五十五年(1716)高平县何家庄重修三圣堂,捐资者包括在江南亳州经商的平顺店、全义店、复兴店、永泰店、万泰店、增盛店等七家商号。⑤清道光二年(1821)陵川县杨家河村三教堂重修碑记开列的捐资者几乎全部为本

---

① 清道光四年(1824)《重修三教神殿碑记》,碑存高平市北诗镇西山村三教庙。
② 清道光二十七年(1847)《重修碣记》,碑存陵川县六泉乡赤叶河村三教堂。
③ 清咸丰七年(1857)《重修三圣庙碑记》,碑存陵川县崇文镇南川村三圣庙。
④ 清嘉庆七年(1802)《创修戏楼碑记》,碑存陵川县秦家庄乡和家脚村三教堂。
⑤ 清雍正五年(1727)《何家庄重修三圣堂并接引佛阁碑记》,碑存高平市建宁乡何家庄村三教堂。

乡在山东济宁、聊城、河南安阳等地经营粮盐、布匹的商号。①一般而言,村社只有在本村资金不足的情况下才会考虑到外乡甚至外省募化,完全依赖外地商号捐资修庙的情况较少。

此外,也有商人以家族名义为三教庙捐资。一个典型的例子是清顺治三年(1646)至康熙四年(1665)阳城县郭峪村巨商王重新家族捐资支持本村三教堂、观音堂等庙宇的修建。②王重新,字焕宇,号碧山主人,以经营铁器生意起家,历经多年,积累了丰厚的资财,为乡里公共事业乐施不倦。③

从现存资料来看,泽州地区还有一些商业会馆为三教庙的修建捐资。例如,清道光二十三年(1843)陵川县万章村重修三圣庙,附城会馆捐钱一千文。④

众多商号或商人捐资支持三教庙的修建,祈求神灵保佑平安顺利、生意兴隆无疑是一个重要目的。所以,商人为本乡庙宇修建捐资出力的现象在明清时期非常普遍。俗话说:"商人不离乡土。"事业成功的商人,大多愿意在故乡修建宅邸、祠庙,一方面显示财力,一方面光宗耀祖。⑤此外,一些商人为本村庙宇捐资,还可能是为了祈求神灵保佑他们在故乡的亲属。

泽州地区许多三教庙的修建还得到了窑炉行捐资支持。例如,清嘉庆二十五年(1820)陵川县岭北底村重修三教堂,有"西岳窑捐钱陆千文"、"西岳炉捐钱陆千文"⑥。清咸丰三年(1853)凤台县樊家国坨重修三教堂舞楼,得到了兴太炉、义兴炉、永昌炉、和盛炉等窑炉行捐资支持。⑦再如,在清咸

---

① 清道光二年(1822)《重修碑记》,碑存陵川县秦家庄乡杨家河村三教堂。
② 清康熙四年(1665)《重修东庵三教堂、观音堂、泰山祠记》,现存阳城县北留镇郭峪村白云观。
③ 参见张正明、王勇红:《明清山西碑刻资料选》,太原:山西经济出版社,2009 年。
④ 清道光二十三年(1843)《重修三圣庙碑记》,碑存陵川县西河底镇万章村三圣庙(大庙)。附城会馆位于陵川县附城镇东街村,由牛泰顺、秦顺来、恒泰信、合兴号、永新号等 66 家商号捐资创建于清道光四年(1824)。参见山西省政协文史和学习委员会编:《明清山西商人会馆史料》,北京:中国文史出版社,2016 年,第 414—415 页。
⑤ 薛林平等:《西黄石古村》,北京:中国建筑工业出版社,2010 年,第 110 页。
⑥ 清嘉庆二十五年(1820)《重修三教堂序》,碑存陵川县杨村镇岭北底村三教堂。
⑦ 清咸丰三年(1853)《重修舞楼及殿宇碑记》,碑存泽州县李寨乡国坨沟村三教堂。

丰七年(1857)陵川县南川村《重修三圣庙碑记》开列的捐资名单显示,庆隆炉、元昌窑各捐银一两,元隆炉捐银五钱。①

泽州地区煤、铁资源丰富,采煤、冶铁业发达。境内的阳城县铁矿开采及方炉冶铁业始自汉代,历史悠久。据《中国矿产志》记载:"本省(山西)铁矿以平定州盂县至泽州阳城县者最著,其开采始于二千五百年前,迄唐弥盛。"②至明清时期,泽州境内分布着众多开采煤、铁矿的"窑"、冶炼生铁的"方炉"、冶炼熟铁的"炒炉"、铸造铁制品的"货炉"和"梨炉"等,统称为"窑炉"。清乾隆年间,在沁水县石井村一带采矿冶铁的公顺号、永盛窑、三合号、协盛号等窑炉号颇具规模,据清乾隆八年(1743)《创建石井沟庙碑记》记载:"自余公顺号、永盛、三合、协盛四家业铸冶于斯,匠工广众,以光照天,鸟兽之客以消而业财之事以起。"③据地方资料统计,清道光年间,凤台县有生铁炉1 000多座,熟铁炉100多座,铸锅炉400多座。④直至民国时期,阳城县有铺窑户950户、工匠3 000余名。⑤今天的泽州地区仍有许多村名中带有"炉"、"冶"、"窑"等字,如北冶、冶则、冶子、冶头、冶南、冶底、炉家坪、冯家炉、南炉上、北炉河、南炉河、炉山、嘉炉铺等,即与当地曾兴盛一时的采矿、冶炼行业有关。

众多窑炉行捐资支持三教庙的修建活动,一个重要原因很可能在于该行业对老君的信仰。明清时期泽州地区的煤矿(窑)行业普遍信仰老君(当地又称"李老君"、"老君爷"),许多矿井附近都建有老君庙或三教庙。以冶铁业较为发达的阳城县为例,"村民为求炉旺风顺、冶铁顺利,会在庙宇中供奉神祇。据碑文记载,北庵庙中曾供奉太上老君,其为铁匠的祖师爷,掌管

---

① 清咸丰七年(1857)《重修三圣庙碑记》,碑存陵川县崇文镇南川村三圣庙。
② 顾琅、周树人:《中国矿产志》,上海:中华书局,1912年。
③ 清乾隆八年(1743)《创建石井沟庙碑记》,参见田同旭、张道德整理:《沁水县志逸稿》,太原:山西人民出版社,2010年,第458页。
④ 《泽州文史资料》第二辑,政协泽州县委员会文史资料委员会,2001年,第350页。
⑤ (民国)杨念先撰:《阳城县乡土志》附录,民国二十三年刻本,第23页。

冶铁业。"①再如，清乾隆年间在沁水县石井村采矿冶铁的公顺号、永盛窑、三合号、协盛号，"于山中建庙三间，以太上老君尊神居于其上，关帝、玄坛神居于正中，山神、土地二神则一左一右"。②陵川县附城镇附城村窑底（砂锅窑）井旁建有老君庙。③附近的佳祥村"枕马鞍山，地瘠而产煤铁，民赖以生"④，原名"窑头"，即因村庄坐落在煤窑上而得名，⑤村东有一座建于明嘉靖二十七年（1548）的三教庙。⑥

窑炉行民众对"老君爷"的信仰，与该行业存在的危险性有关；尤其是煤矿开采过程中可能发生水淹、冒顶、塌方、瓦斯爆炸等严重事故。因此，长期以来，泽州地区的煤矿窑行每月初一、十五都要祭祀老君。当地民间还有"初五、十四、二十三，太上老君不出庵"之说，意为每月这三天没有老君出庵护佑，因此开窑不能选这三天。并且，每年农历二月十五老君圣诞，要举行大规模的祭祀活动，腊月十八（有的地方为腊月二十三）、大年初一也是如此。⑦泽州地区很多矿窑都在每年腊月二十三歇工，用整只的猪、羊祭祀老君，祭祀之后将猪、羊肉分给矿工带回家过年。⑧

泽州地区的铁炉工匠亦信奉老君。民间认为，冶炼行业是"火里求财"，太上老君点炉炼丹，是众神中唯一使用炉火的神，所以被这一行业奉为炉神、祖师爷。⑨不少工匠都认为，冶铁品质的好坏、产量的高低，主要不在于匠人的技术水平，而在于老君爷的护佑、恩赐。因此，在过去，泽州地区的铁

① 薛林平等：《上庄古村》，中国建筑工业出版社，2009年，第8—9页。
② 清乾隆八年（1743）《创建石井沟庙碑记》，参见田同旭、张道德整理：《沁水县志逸稿》，太原：山西人民出版社，2010年，第458页。
③ 附城村志编纂委员会编：《附城村志》卷一，太原：三晋出版社，2012年，第75页。
④ 清乾隆十八年（1753）《佳祥村修建崇文馆及凌云阁小记》，碑存陵川县附城镇佳祥村西庙。
⑤ 秦海轩主编：《晋城市乡镇志》，太原：山西人民出版社，2013年，第651页。
⑥ 附城村志编纂委员会编：《附城村志》卷一，太原：三晋出版社，2012年，第79页。
⑦ 王家胜主编：《阳城县志（1978—2008）》，太原：山西人民出版社，2015年，第1386页。
⑧ 秦海轩主编：《晋城市志》，北京：中华书局，1999年，第1993—1994页。王家胜主编：《阳城县志（1978—2008）》，太原：山西人民出版社，2015年，第1386页。
⑨ 秦海轩主编：《晋城市志》，北京：中华书局，1999年，第1993—1994页。

炉行通常在场房中设有老君像或神位,每月初一、十五举行祭祀。具体的祭祀方式为:割三五斤猪肉或羊肉,称为"刀头",给老君上供;并烧"欢香"(即大把的散香),行作揖叩首礼,在老君圣像前跪拜。祭祀之后,众人共餐一顿。①旧时的窑、炉组织以行会形式存在,工匠师傅、学徒大多为下层民众,他们的祭祀行为与民间信仰传统密切相关。

综上而论,泽州地区众多的窑炉行也是参与三教庙修建的重要群体,他们捐资支持三教庙的修建,一个重要原因可能在于该行业对"老君爷"的信仰。

本章小结

本章通过对明清时期泽州地区三教庙修建活动的主要参与群体进行考察和分析,发现"社"组织是三教庙修建活动开展的重要基础。"社首"作为"社"的头领,是统筹庙宇修建事务的关键群体,其身份多为平民。占村社人口大多数的普通社民,以捐资、捐物、出工等方式参与三教庙的修建,构成了三教庙修建人群的主体。

一些地方士绅也以捐资、撰写碑记等方式参与三教庙的修建。其中,大量基层儒生为三教庙的修建撰写碑记,真实记录了这类庙宇的修建情况,并对其信仰实践形式进行诠释和讨论,具有非常重要的意义。大量僧人、道士在三教庙充任住持,一些僧道也通过捐资、撰写碑记等方式参与三教庙的修建。然而,这些住持僧道并没有庙宇的实际所有权,在庙宇修建和管理活动中处于从属地位。"会"组织也是明清泽州地区三教庙修建活动的重要参与者。香会、摇会组织筹资捐助三教庙的修建,成为"社"组织"按亩摊派"的重

---

① 阎爱英主编:《晋商史料全览·晋城卷》,太原:山西人民出版社,2006年,第162页。

要补充。此外,泽州地区不少商号、窑炉行也捐资支持三教庙的修建,是这类庙宇修建活动的重要参与群体。

总的来看,明清时期泽州地区三教庙的修建,通常是以"社"组织为基础、士农工商各类人群广泛参与,兼用多种筹资方式而实现的。这种修建模式在明清时期泽州乡村庙宇的修建活动中具有一定的普遍性。

第四章
相关祭祀活动

祭祀活动不仅是信仰的外化形式和实践过程,还蕴含着信仰主体的思想观念、思维方式与信仰逻辑。因此,祭祀活动在各种信仰传统中都具有非常重要的意义。三教庙的信仰实践活动,也主要通过祭祀的形式展开。明清时期泽州乡村民众在三教庙中举行各种形式的祭祀活动,敬奉儒释道三教祖师及其他神祇,虔诚祈愿、酬神。乡村民众的信仰观念、社会习俗、文化传统往往这些祭祀活动中留下深刻的印迹。

由于明清时期的官方文献对民间祠庙的具体祭祀活动载录较少,而散见于庙宇碑刻资料中的相关记述又基本上是概略性的片段,通常过于简单。因此,本章依据十分有限的历史文献和实地调查资料对明清时期泽州地区三教庙的相关祭祀活动进行分析和讨论,难免具有一定程度的"碎片化"特征。

第一节　烧香敬拜

烧香敬拜是明清时期泽州地区各种乡村庙宇中较为常见的信仰实践形式。烧香敬拜的仪式与佛教传统紧密相关。僧人在庙宇中烧香、诵经、修行,称为"焚修"。入庙焚香叩拜,称为"进香"、"行香"、"拈香",俗语谓之"烧香"。据李大纲先生的考证,宋明以后汉族地区佛、道、儒以及民间信仰设香堂、焚炷香的制度,是由佛教传入的。①由于明清时期泽州地区的三教庙通常以僧人或道士充任住持,负责日常管理,因而这些僧人、道士平时就在三教庙中"焚修"。据清道光六年(1826)《重修三教堂碑记》记载,凤台县吴庄村旧有三教堂,本庙住持达亮"晨昏焚修"。②由于缺乏相关史料记载,我们难以确知三教庙中的僧人、道士焚香敬拜三教圣人的具体情形,但从他们的信仰传统来看,其焚香奉祀可能以佛教或道教礼仪进行。

除了住持僧道的焚修活动,明清时期泽州乡村民众也经常在三教庙内进行烧香敬拜活动。正如泽州县南村镇佛头村三教堂现存的清同治十二年(1873)《佛头村大社碑记》所言:"凡市山林所有居民,无不建立神祠、塑诸神像,每遇塑(朔)望之期,焚香祝祷"。③明清时期泽州乡村一部分三教庙正殿门前建有"香亭"(亦称"香台"、"拜殿"、"献殿"、"献亭"等),即为供民众烧香敬拜、献供之场所。结合相关碑刻资料可知,在明代中后期,泽州地区一些三教庙中已建有"香亭"、"香台"、"香庭"之类的建筑。例如,明嘉靖七年(1528)泽州移风乡建福都下川里秋树坨村三教堂"立造香台"。④陵川县潞城镇东掌村三教堂内现存的明嘉靖二十四年(1545)《重修香亭碑记》,记载了"本庄重立香亭"之事。⑤清宣统三年(1911)凤台县两谷坨村三教堂重修殿宇,亦"彩画香庭、舞楼"。⑥

此外,还有一些三教庙内设置了"供桌",作为民众进香、献祭时安放香炉及其他供品的桌案,通常为石、木材质。例如,泽州县陟椒村三教堂现存明万历三十九年(1611)石供桌,并附有题记:

① 李天纲:《金泽:江南民间祭祀探源》,北京:三联书店,2017 年,第 476 页。
② 清道光六年(1826)《重修三教堂碑记》,碑存泽州县金村镇吴庄村三教堂。
③ 清同治十二年(1873)《佛头村大社碑记》,碑存泽州县南村镇佛头村三教堂。
④ 明嘉靖七年(1528)碑记,碑存泽州县柳树口镇秋树坨村三教堂。
⑤ 明嘉靖二十四年(1545)《重修香亭碑记》,碑存陵川县潞城镇东掌村三教堂。
⑥ 清宣统三年(1911)碑记,碑存泽州县大箕镇两谷坨村三教堂。

万历三十九年十二月二十五日,本村信士施舍石供桌一张,施银二钱。刘□好,男刘当正。

类似地,陵川县夺火乡报双村三教堂内也保留了三张明万历四十四年(1616)制造的石供桌,反映了当时村社民众在该庙烧香敬拜、供奉祭品的相关情形。其中,中间的一张石供桌桌身正面刻有铭文:

大明国山西泽州□伏都□□里□在陵川县礼义都□□南里□□□
住维那头 原应先 原应秋 原国□ 原□□□□□合社人等喜舍三
教堂石供桌三张,祈保平(安)。万历四十四年八月十五日立 石匠
王一川 王一宁。①

图 4.1 陵川县报双村三教堂明万历四十四年石供桌铭文及"进香图"

最西侧的石供桌桌身正面则镌刻一幅"进香图",图中描绘了一位官员(或士绅)及其侍从在供桌(香案)前作揖礼状,桌案之上设一香炉(鼎),炉面

_____

① 明万历四十四年(1616)石供桌铭文,现存陵川县夺火乡报双村三教堂。

有"香"字为标识（如图所示）。由此可知，在明代万历年间，当地民众在庙宇内烧香敬拜可能采用石供桌、鼎式香炉等陈设。

　　一些清代碑刻中也保留了民众在三教庙烧香的相关记载。例如，据清嘉庆六年（1801）《舞楼碑记》记载，凤台县杜家河村三教堂改建舞楼，即因"地势窄狭，每遇焚香，往来人繁不胜拥挤"。[1]可见，进庙焚香是清代杜家河村民众祭祀三教圣人的重要方式。

　　在泽州乡村，进庙烧香的日期也有讲究。从现有资料来看，明清时期泽州乡村有一部分三教庙在平日里是上锁的，只在某些特定的日期才打开庙门让人们进庙烧香。例如，清光绪二十四年（1898）凤台县连庄村三教庙创修碑记载，该村公议社规中有"庙门收锁，无事不许闲开"一项。[2]明清泽州乡村民众进庙烧香通常遵循"朔望之期"。

图 4.2 "庙门收锁，无事不许闲开"

---

① 清嘉庆六年（1801）《舞楼碑记》，碑存泽州县犁川镇杜家河村三教堂。
② 清光绪二十四年（1898）《创修三教堂神殿三间又修山庙岭山神庙立碑记》，碑存泽州县柳树口镇连庄村三教堂。参见樊秋宝主编：《泽州碑刻大全》第三册，北京：中华书局，2013年，第50—51页。

据泽州县金村镇珏山南顶现存的明嘉靖二十二年(1543)《创立三教龙王堂庙碑序》记载:"每月朔望,焚修香火。"①"朔望",是"朔日"和"望日"之合称,分别指农历每月初一和十五。笔者在泽州地区实地调查过程中也多次听当地村民提到"初一、十五进庙烧香"之习俗。由此可知,泽州民众到三教庙烧香,长期以来都遵循着"朔望之期"的传统。

除了"每月朔望焚修香火"外,明清时期泽州民众在三教庙中举行的一些集体祭祀活动通常也包括烧香敬拜的程式。这些集体祭祀活动主要在每年的"春祈秋报"、三教祖师诞辰(即每年农历四月初八佛祖圣诞、二月十五老君圣诞、八月二十七孔子圣诞)以及正月初一、正月十五、腊月初八等的岁时节庆举行。另外,在三教庙部分殿宇、戏台修建(重修)工程告竣之日,村社也会组织民众进庙烧香、祭祀。

然而,由于资料相对有限,我们难以还原明清时期泽州民众在三教庙中烧香敬拜的具体程式和详细情形。不过,烧香敬拜长期作为乡村民众在三教庙中较为常见的祭祀行为,当是毋庸置疑的事实。

第二节　供奉祭品

供奉祭品也是泽州民众在三教庙中进行祭祀活动的重要形式。供奉祭品,当地俗称"上供"、"摆供"、"献供"、"供盏"等,即通过摆设各种祭品的方式祀神祈愿或报答神恩。

如前文所述,明清时期泽州地区的三教庙大多为"社庙",具有"春祈秋报"的社祭功能。从相关资料来看,明清时期泽州乡村地区的"春祈秋报"与明初以来推行的里社祭祀制度之间可能存在关联。明初,朱元璋下诏在全

---

① 明嘉靖二十二年(1543)《创立三教龙王堂庙碑序》,碑存泽州县金村镇珏山南顶。

国推行里社制度,实行每里百户建坛祀土谷之神:

> 凡各处乡村人民,每里一百户内立坛一所,祀五土、五谷之神,专为祈祷雨旸时若、五谷丰登。每岁一户轮当会首,常川洁净坛场,遇春、秋二社,预期率办祭物,至日约聚祭祀。其祭用一羊、一豕,酒、果、香烛随用。祭毕,就行会饮。①

明初,地方里社立坛祀土、谷之神,每年春、秋举行两次祭祀活动,主要为祈求本境风调雨顺、五谷丰登,供奉的祭品既有羊、猪等血食牺牲,又包含酒、果、香、烛等物。虽然里社祭祀制度后来经过反复,但这一时期推行的"春、秋二社"祭祀传统对基层民众信仰生活的影响是不容忽视的。直到明万历年间,"祀五土、五谷之神"的里社制度仍持续影响着山西乡村社会。据明万历二十一年(1593)山西平阳府太平县南高史里《创建土谷神碑记》来看,碑阳刻"五土之神位"、"五谷之神位"字样、两行赞语及"春社祭文式、秋社祭文式"等内容,反映出此时一些村社仍保留着"春、秋二社,祀五土、五谷之神"的传统。②

清乾隆年间,泽州县东岭头村三教庙在重建后,时逢秋熟,就在庙中举行秋祭,据现存的清乾隆四十一年(1776)《东岭头村重建大庙碑记》可知:

> 乾隆癸酉仲秋间,时和岁稔,当社祭宴享、朋酒羔羊之际,一倡众和之间……③

---

① (明)李东阳等撰、(明)申时行等重修:《大明会典》卷九十四《礼部》五十二,扬州:广陵书社,2007年,第1476页。另参见(清)张廷玉等:《明史》卷四十九,北京:中华书局,1974年,第1269页。
② 明万历二十一年(1593)《创建土谷神碑记》,碑存襄汾县汾城镇文庙。
③ 清乾隆四十一年(1776)《东岭头村重建大庙碑记》,碑存泽州县大东沟镇东岭头村三教堂。

　　东岭头村民众在仲秋(八月)丰收之后举行"社祭宴享、朋酒羔羊"的活动。此处的"社祭宴享"即是每年八九月间的"秋报","朋酒羔羊"典出《诗经·豳风·七月》:"九月肃霜,十月涤场;朋酒斯飨,曰杀羔羊"①。由此可见,该村这次秋社祭祀活动中供奉的祭品主要包括酒、羊等,可能与明初以来"春、秋二社"祭物用羊、豕、酒、果、香烛的传统存在关联。

　　在一些碑刻资料关于清代泽州民众在三教庙上供祭祀的记载中还提到了"油席"、"油食"、"鼓吹"、"大戏"②。"油席"通常是指"油食献席",即供奉"油食"作为祭品。"油食"是泽州民间各种油炸面食点心的统称,包括油果子(馃子)、油糕、油饼、油圪麻、油馍、油徽子等具体种类,一般以猪油或芝麻油、菜籽油等素油煎煮。在过去,泽州地区一些乡村举行"春祈秋报"祭祀活动供奉的"油席",不仅包含"油食",还有猪、羊肉等血食以及各种供菜,十分丰盛。③例如,清嘉庆十一年(1806)"七月初旬,天忽亢旱,百禾将槁",陵川县坡里村民众在三教堂"顾请于神前,至诚相祷",祈求雨泽,至秋八月普降甘霖,村社民众"感戴之情无不踊跃,乐输处备油席、鼓吹、大戏,以报神恩于万一"④。此处,坡里村民众以"备油席、鼓吹、大戏"来祭祀三教圣人、报答神恩的形式,与清乾隆《陵川县志》中描述各村举行"秋报"的情形基本一致:

　　　　秋分,万宝告成,收获后,各村设油食、鼓吹祀农神,谓之"秋报"。⑤

　　此外,我们在清乾隆四十三年(1778)凤台县上掌社制定的"祭祀规矩条目"中发现,猪、羊等血食牺牲常与"油食"、"供菜"搭配上供:

---

① 《诗经译注》卷三,周振甫译注,北京:中华书局,2010年,第690页。
② "大戏"即献戏酬神的祭祀活动,下一节将详细讨论。
③ 口述人:王大叔,65岁,高平市神农镇居民,访谈者:笔者、李兴刚,访谈日期:2018年11月20日。
④ 清嘉庆十一年(1806)《重修三教堂碑记》,碑存陵川县附城镇坡里村三教堂。
⑤ (清)程德炯纂修:《(乾隆)陵川县志》卷十五《风俗》,清乾隆四十四年刻本。

　　　　吾村春祈秋报以及各期献事,自有一定成规……

　　　　十二月初八日,恭祀释迦佛祖,油食、供菜一桌为献。

　　　　三月十九、二十日,恭祀春祈大祭高禖尊神,戏三台,猪二口,油食
　　　为献;

　　　　……六月二十三日,恭祀马王尊神,戏三台、羊一只、油食、供菜
　　　为献。

　　　　七月之间古礼秋报大典,戏三台、猪一口,油食献席、瓜果等物共馔
　　　为献。①

　　由此来看,一些村社在社庙中举行"春祈秋报"及其他祭祀活动,供奉的
祭品包括"猪"、"羊"、"果"等明初以来的社祭传统供品,以及"油食"、"供菜"
等清代泽州乡村祀神常用的上供祭品。

　　其中,猪、羊是泽州乡村庙宇举行祭祀活动普遍使用的供品。例如,祭
祀"老君爷"。每年农历二月十五、腊月十六(或二十三)民众要在老君圣像
前烧香叩头、供奉猪羊,通常是将宰杀后去毛洗净的整猪上供,或用"刀首"
(又称"刀头"、"一刀肉")即第一刀切下的大块猪肉,在热水中过一次后,供
于老君神像或牌位前。

　　供奉血食牺牲,在明清时期泽州地区乡村庙宇各种祭祀活动中具有一
定的普遍性。例如,明万历年间泽州冶底村东岳神祠内,"居民每岁春恪致
虔敬、修礼节乐,以祈顺成;秋谷阜登,刑牲结彩,又以报之。所谓'春祈秋
报'之意也"。②再如,清乾隆、嘉庆年间沁水县贾寨村每年定期举行"春祈
秋报"等集体祭祀活动,"即送所有神猪,春祈生献,秋报熟陈,两次分肉,
现钱不易。又及四月贺雨,六月祀三峻神猪,七月祀左例神羊,一并裁去,
敬神之时止修刀首三勋。七月二十七祀风王神羊,遵照古规,秋赛去储殿

---

① 清乾隆四十三年(1778)《上掌社祭祀规矩条目碑志》,碑存泽州县周村镇上掌村玉皇庙。
② 明万历二十六年(1598)《重修东岳神祠记》,碑存泽州县南村镇冶底村岱庙。

献油席"。①

"供菜"是泽州民间用于上供祭祀的各种菜肴的统称,通常包括蔬菜、汤羹、肉菜等。泽州地区各县"供菜"的具体内容不尽相同。例如,泽州县(凤台)民众旧时敬神用"十大碗供",包括木耳圪背(用干粉、木耳制成)、烧大葱、天鹅蛋(即江米面丸子)、甜饭(用江米、红枣、红糖、黄梨等制成)、过油肉、小酥肉、糖醋丸、羊肉毛头丸、里脊肉片(或红烧肉)、酸菜红汤(或链子、豆腐、鸡蛋汤)。这十大碗中,有荤有素,皆为当地人所喜爱的饮食。②过去高平县的"十大碗"主要包括水白肉、核桃肉、水氽丸子、红烧肉、扁豆汤、软米饭、天和蛋、肉丸汤、芥末粉皮汤、豆腐汤(或紫菜汤)。③陵川县礼义镇东沟村的民众长期延续着每年正月十五、十六到三教堂摆"五碗供"的习俗。"五碗供"一般包括素菜、白面馍(做成小鸡形状)、红烧肉、油煎豆腐、米饭等。④

以前,泽州地区的农家百姓大多过着"糠菜半年粮"的生活,丰收之年也仅足糊口。"过去人们很少吃肉,食品以米、面为主,饭食简单,平时待客是用拉面、油圪麻、油馍、擀面等。人们只有在农忙或重体力劳动时才敢吃小米干饭(俗称焖饭或捞饭)。办婚丧大事或起庙会,大都吃饸饹、软米饭。大米干饭只作敬神之用。"⑤当地民众平时饮食比较简单,主要是小米,大多端着碗吃,只有遇到大事或贵客临门才烹调设席、上桌吃饭。因此,在过去肉食相对匮乏的条件下,"油食"、"供菜"等被农家百姓视为上等食品,主要用于"给老爷上供"和招待贵客。明清时期泽州民众在三教庙中以"油食"、"供菜"一桌献祭,已属相当丰盛。在上供祭祀结束之后,众人通常会举行聚餐,将供奉的祭品分食,这种做法与明初里社春秋二社"祭毕,就行会饮"的传统

① 清嘉庆元年(1796)《贾寨村禁土补煞重整社费碑记》,碑存沁水县胡底乡贾寨村大庙。
② 泽州县志编纂委员会编:《泽州县志》,北京:中华书局,2015年,第1257—1258页。
③ 王长青主编:《印记:走进"非遗"》(晋城卷),太原:三晋出版社,2018年,第152—153页。
④ 口述人:李不堆,78岁,陵川县礼义镇东沟村居民,访谈者:申莉萍、笔者,访谈日期:2018年11月22日。
⑤ 泽州县志编纂委员会编:《泽州县志》,北京:中华书局,2015年,第1257页。

类似。欧大年(Daniel L. Overmyer)先生在对华北地区民间信仰与各种祭祀活动进行考察时也发现:"人们向神明献供,仪式结束后,供品可带回家食用,与神明一起分享。"①

将现实生活中的食品作为祭品献给神灵,反映了中国民众关于祭祀对象神圣性的理解。正如史华慈研究指出,古代中国的超越观念的形成、远强于"绝对的神圣性"观念,人和神灵实际上分享了同一种超越性,因此中国古代文化中的超越观念显然不会出现神圣与世俗的绝对分离。②泽州民众供奉神灵的祭品,同时也是他们现实生活中的食品,这些祭品一开始就是按照"人神共享"的原则来准备的。

乡村民众在三教庙祭祀的过程中,通常还设有"鼓吹"、"社鼓"之乐。例如,清康熙二十年(1681)凤台县樊家国垞村民众创建"正殿祀佛、老君、孔子"的神庙,所立碑记中即提到了"社鼓之乐"的祭祀形式。③再如,清乾隆年间阳城县万安村"古有三教堂暨关帝、牛王祠,久为乡人春祈秋报所",祭祀活动中亦设"鼓吹"。④明清史料中所谓的"鼓吹"、"社鼓",实际上是一类民间吹打演奏形式,遍及泽州地区广大农村,又称为"八音会",每逢祭祀、节庆或操办红白喜事,多有此类吹打演奏参与其中。由于中国古代乐器的制作材料主要包括金、石、土、木、匏、革、丝、竹八类,例如钟、铃属于金类,磬属于石类,鼓属于革类,琴、瑟属于丝类,管属于竹类,等等,人们遂将各种乐器统称为"八音"。民间乐师将这些吹打乐器集合在一起演奏,即称为"八音会","会"在这里指集群演奏的形式。泽州地区的"八音会"主要使用鼓、锣、钹、笙、箫等乐器进行演奏,故又以"鼓吹"代指"八音会"。"八音会"演奏的曲牌内容丰富,例如《二番》《戏牡丹》《一马三箭》等,风格大多热烈奔

---

① ［美］欧大年:《中国民间宗教的秩序和内在理性》,赵昕毅译,香港中文大学崇基学院宗教与中国社会研究中心主办:《通讯》1998年第3期。
② 史华慈:《古代中国的思想世界》,程钢译,南京:江苏人民出版社,2008年,第43页。
③ 清康熙二十年(1681)《樊家国垞创修神庙碑记》,碑存泽州县李寨乡国垞沟村三教堂。
④ 清乾隆十九年(1754)碑记,碑存阳城县蟒河镇万安村三教堂。

放、激越高昂。①从现存碑刻资料来看,"鼓吹"也见于泽州地区其他乡村庙宇的祭祀活动。例如,清道光、同治年间,凤台县府城村三义庙(关帝庙)公输子殿崇奉鲁班,"岁时祭祀","每逢六月二十四日,油席、鼓吹,恭祝圣诞"。②泽州民众在庙宇中供奉祭品的过程中设"鼓吹"之乐,主要是为了增添气氛。

如今,供奉祭品依然是泽州民众在三教庙进行祭祀活动的重要形式。据晋城市民俗学者冯先生介绍:"祭祀三教祖师的供品基本一样。因为有佛,所以一般情况下不在殿里供肉。但也有例外,特殊日子会在老君前供肉。祭祀孔子一般还要奉酒,双手捧杯,高举,然后双手倾杯,将酒缓缓倒出,奠在地上。"③陵川县平城镇南坡村三教庙近些年来在三教圣人诞辰庆典上都要供奉丰盛的祭品,主要包括油食、供菜、酒、水果等,仍延续着"春祈秋报"以"油食"、"供菜"献祭的传统。

总的来看,明清时期泽州地区三教庙中举行"春祈秋报"及其他祭祀活动时通常采用供奉祭品的方式,可能与明初推行的里社制度和"春、秋二社"祭祀传统相关。其供奉祭品种类主要包括猪、羊等血食牺牲,油席、供菜、酒、果等,有时还设有"鼓吹"、"社鼓"之乐。结合儒、释、道三教各自的礼仪传统进行分析,可知泽州乡村祭祀上供的形式与儒家祭礼之间存在着比较紧密的联系。儒家祭祀主要以"血食"即牛、羊、猪等牲祭为主,以五谷、果蔬作为辅祭品。与儒家的"血祭"传统不同,佛教、道教(全真道)主张"素祭"、忌用荤腥,多以香、花、果、菜蔬等供奉神佛。儒家的"血祭"、"祭如在"等传统为国家正统祭祀制度与民间祭祀生活所共有,两者实际上与中国古代社会自夏商周以来形成并不断强化的"宗法—宗教"传统具有很深的渊源。④

_____

① 《泽州文史资料》第二辑,政协泽州县委员会文史资料委员会,2001 年,第 319—325 页。彭守忠、成根同主编:《南岭乡志》,太原:山西人民出版社,2005 年,第 213—214 页。
② 清同治八年(1869)《公输子圣会碑记》,碑存泽州县金村镇府城村关帝庙。
③ 口述人:冯先生,65 岁,晋城市民俗学者,访谈者:笔者,访谈日期:2018 年 8 月 2 日。
④ 李天纲先生在研究江南民间祭祀时也指出,民间祭祀方式尤其是供奉祭品的传统,可能与儒家的"血祭"存在着十分密切的关联。参见李天纲:《金泽:江南民间祭祀探源》,北京:三联书店,2017 年,第 469—470 页。

这种为官方、民间共有的"宗法—宗教"传统，类似于牟钟鉴先生提出的"宗法性传统宗教"概念，"以天神崇拜和祖先崇拜为核心"，"敬天法祖、慎终追远是观念和感情上的基本要求"。①劳格文（John Lagerwey）先生也指出："儒家礼仪传统主导下，国家政权的宗教实践持续保留着对天与（国家祀典承认的）地方神灵的血祭传统。"②明清时期民间社会普遍存在的"春祈秋报"社祭活动，以贴近民生的供奉祭品为重要实践形式，亦深刻地反映出这种"宗法性传统宗教"逻辑的基本内核。

第三节　献戏酬神

献戏酬神也是明清时期泽州民众在三教庙中举行的重要祭祀活动。一般而言，泽州乡村民众在庙宇内献戏，或为春祈秋报、求雨谢雨，或为殿宇竣工、神像开光，或为庆祝神诞。冯俊杰先生在研究山西地区的戏曲碑刻时指出："神庙祭祀活动中，仪式的重要一项就是献戏。献戏一般是在春祈、秋报、神诞、开光、雩祭迎神、谢雨及新庙落成或大修竣工之时举行。其中，春祈秋报是上古遗留下来的祭祀传统。"③实际上，这种在庙宇修建告竣、神像开光之日进行"献戏"的现象，并非山西地区独有，在整个华北地区也十分普遍。④

另外，从大量碑刻资料中发现，清代泽州地区不少村社对于赌博、越界樵采放牧、乱堆杂物等违反社规禁约的行为会作出"罚戏"的处理办法，也就

---

① 牟钟鉴：《中国宗教与文化》，成都：巴蜀书社，1989 年，"前言"第 6—7 页。
② John Lagerwey, *China：A Religious State*, Hong Kong：University of Hong Kong Press, 2010, p.174.
③ 参见冯俊杰编著：《山西戏曲碑刻辑考》，北京：中华书局，2002 年，第 14 页。
④ 例如，清代河南新安县北郊骆庄村（今新安县石井镇骆庄村）三教堂，南有舞楼（戏台）。据清道光十四年（1834）《神人两便碑》记载，三教堂扩建工程告竣，"即当报赛演戏，男女瞻拜者亦得以宽然有余。因念神人两相洽者、阴阳两相和"。

是罚相关违禁人员出资请戏班来村里（或庙里）唱戏。例如，清咸丰八年（1858）陵川县和家脚村"合社全议禁止赌博，如违者罚戏三天"。①这类"罚"出来的演戏活动，是一种被动献戏，具有向公众谢罪、向神明谢罪的意义，实质上体现了戏曲在乡村社会"除了教化、审美、娱乐、敬神等基本功能外，还可以维护社会秩序，成为一种执法手段"。②

如前文所述，明清时期泽州乡村的三教庙中普遍建有戏台（戏楼、舞楼）、看楼。在庙宇修建竣工、神像开光、"春祈秋报"、神诞等祭祀活动中，村社通常要花钱请戏班来庙里献戏，向神灵祈福、报恩。不少明清时期的碑刻资料中记载了村社在三教庙殿宇修建竣工、神像开光之日举行"献戏酬神"活动的情形。例如：

明万历四十八年（1620），陵川县西要汕村三教堂"重修殿宇告竣，献戏以为酬报"。③

清道光二十年（1840），凤台县河底村三教堂重修南舞楼，"建庙宇、修舞楼，为致禋祀、答神明而设也"、"演戏而设"。④

清咸丰三年（1853），凤台县玲珑山大社三教庙重修工程告竣，"酬神演戏"⑤。

清光绪二十九年（1903），凤台县坡东村三教堂重修殿宇、妆塑神像"工程告竣，开光唱戏"⑥。

清光绪三十年（1904）正月二十八日，陵川县井沟村三教堂重修竣工，村社民众"演戏诵经，谢土酬神"。⑦

从相关资料来看，村社献戏大多要从外村或县城（甚至外县）请来职业

① 清咸丰八年（1858）《禁赌禁牧碑》，碑存陵川县秦家庄乡和家脚村三教堂。
② 参见车文明：《民间法规与罚戏》，《戏曲艺术》2009年第11期。
③ 明天启三年（1623）《新修三教堂记》，碑存陵川县潞城镇西要汕村三教堂。
④ 清道光二十年（1840）《重修舞楼补修大庙碑记》，碑存泽州县大阳镇河底村成汤庙。
⑤ 清咸丰三年（1853）《重修三教庙本社加捐碑》，碑存泽州县柳树口镇庙南庄村三教庙。
⑥ 清光绪二十九年（1903）《重修三教堂碑记》，碑存泽州县犁川镇坡东村三教堂。
⑦ 清光绪三十年（1904）《井沟村重修碑记》，碑存陵川县西河底镇井沟村三教堂。

戏班，一些村社则有自己的戏班，或在农事闲暇时组织"自乐班"进行献戏活动。例如，泽州县南岭乡陈河、李河、葛万、武城、漏道底等村在清道光、咸丰年间自发组织起了自打自唱的戏班子，冬季农闲请师傅排演上党梆子戏，春节在本村或邻村上演。①

村社请戏班献戏的费用，又称"戏金"，通常是一笔不小的开支，主要来自本村的"社费"，在"社费"不够用的情况下也会临时筹募。例如，清咸丰三年(1853)凤台县玲珑山大社三教庙重修工程告竣，"酬神演戏，耗费一千余金，所入不敷所出"，遂有耆老张大方等村社民众自愿加捐，以补戏金之不足。②

在泽州乡村每年举行的"春祈秋报"祭祀活动中，"献戏酬神"更是必不可少的内容。许多三教庙修建戏台(舞楼)，也主要是为"春祈秋报"之时进行献戏。例如，清康熙年间，泽州北石瓮村三教堂中修建了"春祈秋报之戏楼"③。清乾隆五年(1740)，陵川县峰西村民众在三教堂创修戏楼，作为村社"报答之所"。④清乾隆十九年(1754)，凤台县陟椒村社庙三教堂补修下院、舞楼十四间、东西看楼十二间，以便"祭祀献戏"。⑤

从相关碑刻资料的记载来看，明清时期泽州乡村"春祈秋报"之祭祀，"秋报"活动之"献戏"尤其隆重。许多村社在每年秋分之后，会专门献一台"秋报戏"，以酬谢神恩和庆祝丰收。⑥如果当年祈雨灵验，村社也要组织一次"献戏"，称为"谢雨戏"。例如，清嘉庆十一年(1806)秋八月，陵川县坡里村民众因在三教堂祈雨灵验，遂"备油席、鼓吹、大戏以报神恩于万一"。⑦这里的"大戏"表明献演的戏剧主要为梆子戏，即我们通常说的"上党梆子"。

清代中后期以来，上党梆子传统剧目有近三百个，其中包含六十多个连

① 彭守忠、成根同主编：《南岭乡志》，太原：山西人民出版社，2005年，第211页。
② 清咸丰三年(1853)《重修三教庙本社加捐碑》，碑存泽州县柳树口镇庙南庄村三教庙。
③ 清康熙四十四年(1705)《戏楼碑记》，碑存泽州县柳树口镇北石瓮村三教堂。
④ 清乾隆五年(1740)《创修舞楼碑记》，碑存陵川县附城镇峰西村西大庙。
⑤ 清乾隆四十年(1775)《重修三教堂碑记序》，碑存泽州县李寨乡陟椒村三教堂。
⑥ 陵川县志编纂委员会编：《陵川县志》，北京：人民日报出版社，1999年，第544页。
⑦ 清嘉庆十一年(1806)《重修三教堂碑记》，碑存陵川县附城镇坡里村三教堂。

台本戏,内容题材包括朝代戏(征战戏)、公案戏、神仙戏、生活戏、爱情戏等。①过去的戏班在庙宇献戏,往往会将所演剧目题写于戏台墙壁之上,称为"题壁",在泽州地区又俗称"献戏牌"、"戏榜"、"露布"等。以下为行文方便,统称为"题壁"。这些题壁文字是我们了解当时献戏的具体日期、演出班社、剧目内容等信息的珍贵资料,具有十分重要的研究价值。②

笔者在泽州地区进行实地调查时发现,几乎所有的献戏题壁都位于戏台正壁,直接面向庙宇正殿;并且,文字书写普遍较小,观众若从戏台下的庭院或两侧看楼上注视这些文字,实际上是难以辨识的。因此,除便于戏班的演员排戏登台和作为献戏活动的记录留存之外,这些题壁文字可能作为向正殿内的神明呈报剧目之用。

从泽州地区许多三教庙戏台墙壁上留存的清代题壁内容,可以了解当时戏班在庙里献演的剧目信息,进而分析出这类"献戏酬神"活动在剧种、题材、演出规模等方面的特点。现将部分三教庙戏台的题壁内容胪列如下:

泽州县大箕镇两谷坨村三教堂戏台现存清嘉庆二年(1797)及清咸丰五年(1855)献戏题壁:

> 裕盛班　嘉庆二年
>
> 白□洞　　翠平□　　归□□　　□乐园　　清□河③
>
> 合兴班　咸丰五年三月□□

---

① 山西省地方志编纂委员会编:《山西通志》第 40 卷《文化艺术志》,北京:中华书局,1996 年,第 101 页。又据上世纪 60 年代统计,上党梆子有剧目 600 多个,占现存戏台题壁剧目的大多数。参见苟有富:《上党地区舞台题壁辨析》上册,太原:山西人民出版社,2016 年,第 5 页。

② 例如,从清代中后期题壁反映的剧目数量、先后组合等信息可知,山西许多乡村演戏的传统惯例是:上午场多演昆曲戏,下午场多演梆子戏,晚场先唱整本梆子戏,再唱三个折子戏(谓之"送人戏")。参见中国戏曲志编辑委员会编:《中国戏曲志·山西卷》,北京:中国 ISBN 中心出版社,2000 年,第 97 页。

③ 《白□洞》,疑即《白鼠洞》,上党皮黄戏,讲述西游故事。《翠平□》,或为上党梆子戏《翠屏山》,讲述水浒故事。《归□□》《□乐园》内容待考。《清□河》,或为《清河桥》,上党皮黄戏,讲述周代楚庄王故事,朝代戏。

　　　公定□　　意合配　　□气平　　义龙滩　　五福堂①

　　由此可知，两谷坨村三教堂在清嘉庆二年(1797)及清咸丰五年(1855)
的献戏活动规模较小，每次献演的剧目只有五出戏。从题壁中可以确定的
剧目题材来看，献演的剧目涵盖了朝代戏、神仙戏、吉庆戏等题材。

　　陵川县崇文镇花落村三教堂戏台现存清咸丰三年(1853)献戏题壁：

　　　万镒班　　咸丰三年三月

　　　醉金杯　　　珊瑚坠　　　烧苍熬

　　　海乐计　　　双弯炮　　　打茶馆

　　　打金枝　　　□　□　　　收　女

　　　杀　差　　　跑　马　　　进　宫

　　　壶邑韩庄戏在□□□喜庆笔②

　　由此可知，咸丰三年(1853)三月，花落村民众请来壶关县的韩庄戏班在
三教堂献戏，共计有十一出戏。从题壁内容可以确定的剧目题材来看，包括
朝代戏、忠奸戏、爱情戏等。

　　陵川县崇文镇花落村三教堂戏台还留存有清咸丰七年(1857)献戏题壁：

　　　同盛班　　咸丰七年二月廿四献长平驿神山镇余东家段十八笔

---

① 《公定□》《意合配》《□气平》内容待考，《义龙滩》，疑为《议龙滩》，上党梆子剧目，叙唐武则天废
　　中宗为庐陵王事。《五福堂》为上党梆子、上党落子兼有剧目，吉庆戏。
② 《醉金杯》，似为《金杯计》，爱情戏。《珊瑚坠》，爱情戏。《烧苍熬》，似为《烧仓劫监》，系上党梆
　　子连五本戏《月光镜》之第三本《海渡缘》之折戏，忠奸戏。《双弯炮》疑为《双弯炮》，即《双凤
　　炮》，又名《大团圆》，系上党梆子连五本戏《月光镜》之第五本，忠奸戏。《打茶馆》，疑即《杀茶
　　馆》，又名《烧桃园》《黑石山》，上党梆子剧目，有爱情故事的忠奸戏。《打金枝》，爱情戏。《收
　　女》，忠奸戏，为《斩花堂》之一折。《杀差》，当为《送印杀差》，上党梆子剧目，忠奸戏，侠义戏。

　　铁壁关　　　错中错　　　金水关

　　□雪山　　　五花关　　　鱼中绫

　　武中魁　　　□□　　　　洞　房　　　□□

　　□□　　　　□□　　　　别　府　　　□□

　　藏　州　　　□□□　　　□□□①

　　据此可知，咸丰七年(1857)二月二十四日的这次献戏，请的戏班是来自高平县长平驿神山镇的同盛班，献戏规模较大，共计有十八出戏，从能确定题材的剧目来看，涵盖了朝代戏、忠奸戏、爱情戏、生活戏等。

　　陵川县崇文镇花落村三教堂戏台现存清光绪二十九年(1903)献戏题壁：

　　赵记魁元班　　光绪廿九年五月十九日沁高平邑宋东□在此敬奉□□□

　　义成山　　　五魁元　　　男女魁　　　左忠传

　　阴阳案　　　寒江关　　　棋子阵　　　金山寺　　　全家福

　　黑风帕　　　取长沙　　　走　雪　　　金水桥　　　太平桥②

---

① 《铁壁关》，朝代戏。《错中错》，爱情戏。《金水关》，或即《金水桥》，又名《乾坤带》，隋唐戏，讲秦英打死詹太师故事。《□雪山》，似为《走雪山》，忠奸戏。《五花关》，不可解。《鱼中绫》，疑为《鱼中缘》。

② 《义成山》，应为《义城山》，上党梆子剧目，讲述一伙强盗在一座庙宇内画一无头鸟，待有人添上即拥其为头领的故事。《五魁元》，先秦戏，又名《五子夺魁》《忠节传》，上党梆子剧目，讲述春秋时齐桓公五子争位故事。《男女魁》，爱情戏。《左忠传》，忠奸戏。《阴阳案》，公案戏。《寒江关》，薛家戏，为上党梆子连二本戏《寒江关》《棋子阵》之第一本，朝代戏(有战争、爱情)。《棋子阵》，薛家戏，为上党梆子连二本戏《寒江关》《棋子阵》之第二本。《金山寺》，神仙戏，为上党梆子《白蛇传》之一折。《全家福》，叙隋代韩擒虎征南有功，位极人臣，其子孙皆受荫居官，女儿为贵妃，一日韩夫妇寿辰，天子特御书"全家福禄"四字，悬挂中堂以示尊荣。此剧系传统的"吉庆戏"，常为戏班于庙会或为地方士绅祝寿时演出。《黑风帕》，又名《牧虎关》，杨家戏。《取长沙》，三国戏，讲关羽攻取长沙故事。《走雪》，即《走雪山》，忠奸戏，为《南天门》之一折。《金水桥》，又名《乾坤带》，隋唐戏，讲秦英打死詹太师故事。《太平桥》，上党皮黄剧目，五代戏，讲史敬思保护晋王李克用逃出关故事。

此次献戏，请的是赵记魁元班，共计有十四出戏，从其中能确定题材的剧目来看，涵盖了朝代戏、神仙戏、吉庆戏、忠奸戏、公案戏、爱情戏等题材。

高平市建宁乡张家村三教堂戏台现存清光绪三十□年献戏题壁：

> 光绪三十□年……北诗午公议会在此一乐四天也
>
> 献戏……西行会　　白云□　　龙凤合　　三上桥　　奇案□
>
> ……游春……①

由此可知，此次献戏持续四天，请的戏班是北诗午村的"公议会"，献演戏剧题材包括忠奸戏、公案戏等。

泽州县南村镇西河村三教堂戏台现存清咸丰二年(1852)献戏题壁：

> 阳邑泰和班　咸丰二年七月十四日在此
>
> 月中图　　错屈案　　缢莲蓬②

由此可知，该村此次七月十四日献戏，请的戏班是阳城县的"泰和班"，献戏规模较小，共计三出戏。

泽州县李寨乡陟椒村三教堂戏台现存清道光十一年(1831)至清同治十年(1871)间七次献戏题壁：

> 泰成班　大清道光十一年十月

---

① 《龙凤合》，疑为《龙凤剑》，讲述比干剖心之故事，忠奸戏。《奇案□》，或为《奇冤案》，系上党梆子连五本戏《玉龙尺》《奇冤案》《水月台》《桃花山》《全家福》之第二本，明万历时期公案戏。

② 《月中图》或为《月宫图》之误，上党队戏有《梦游月宫》，又名《唐元宗梦进月宫》，见于清抄本《唐乐星图》。据荀有富先生考证，该剧讲述唐玄宗梦游月宫闻仙曲佳调，梦中记之，醒来谱成《霓裳羽衣曲》。《错屈案》《缢莲蓬》内容待考。参见荀有富：《上党地区舞台题壁辨析》上册，太原：山西人民出版社，2016年，第390页。

　　玉泉□　　浣沙记①

　　泰和班　大清道光十四年
　　金龙杖　　增像图②

　　凤邑李寨村长庆班在此　大清道光十七年
　　前生镜　　赤风剑　　落凤山　　巧玉配　　赐　福
　　打　番　义□　　加　官　八　仙　功　安
　　佳　期　打　韦　采　莲　花　判　□　山
　　相　梁　刺　梁　打棒锤　足　风　打　□
　　吃　芦　夸　富　转　鼓③

　　□□复庆班　道光二十二年
　　□仙图　　万松岭　　义忠□　　玉美图　　黄河阵

---

① 《玉泉□》，或为上党梆子剧目《玉泉山》，有此剧名者有二：一为姜子牙帅军伐纣故事；一讲述三国关公玉泉山显圣故事。《浣沙记》，即《浣纱记》，上党昆曲剧目，讲述春秋时越国大夫范蠡与西施故事。

② 《金龙杖》，即上党梆子《寓宸楼》连台本戏之第二本，讲述东汉马骏得仙术、行侠义之故事。《增像图》，待考。

③ 《前生镜》，剧情待考。《赤风剑》，为上党梆子连台本戏，叙述唐高宗时状元段玉魁故事，忠奸戏。《落凤山》，上党梆子连台本戏，讲述明代忠奸戏。《巧玉配》不可考。《赐福》，又名《大赐福》《天官赐福》，为上党昆曲剧目，叙述赐福天官奉玉帝旨意降福人间，福、禄、寿、喜、财诸神仙同往，八仙、牛郎、织女、金母相继添瑞，事毕返回天宫，属神仙戏、吉庆戏。《加官》，或为《加官封相》，上党昆曲剧目，剧情为战国时苏秦加受六国相印及封赠故事，朝代戏。《八仙》，亦名《大八仙》，上党昆曲剧目，讲述八仙故事，为神仙戏、吉庆戏。《功安》，或为上党昆曲剧目《功宴》之误，为《宵光剑》连本戏之一折，讲述西汉卫青立功还朝，赐宴庆功之故事。《佳期》，上党昆曲剧目，《南西厢》之一折，讲述张生、崔莺莺爱情故事。《打韦》，疑即《打围》，或为上党昆曲《浣纱记》之一折，朝代戏。《采莲》，为上党昆曲《浣纱记》之一折，朝代戏。《花判》，疑为《火判》，即上党昆曲《九莲灯》之一折，神魔故事。《相梁》《刺梁》为上党昆曲《渔家乐》之折戏，讲述梁冀被刺杀的故事，忠奸戏。《打棒锤》，即《打棒槌》又名《小姑不贤》，泽州秧歌剧目，生活戏。《夸富》，待考。《转鼓》，疑即《滚鼓》，又名《滚鼓山》，上党梆子戏，三国故事。

哭长城　　赐福　　堆仙　　制院　　功□

卷席　　回营　　打围　　打皂　　杀虎

闯庄　　报友　　劝农　　放秦　　三□①

永魁班　　高朋满座郭安旺　咸丰五年五月

巧团圆　　阴阳锦　　混林□　　满床笏　　一捧雪

兴新会　　忠义图②

乐义班　　凤邑王匠村　同治十年三月

三山关　　九仙阵　　三开膛　　金盛宫　　三亭关③

---

① 《□仙图》，疑即《八仙图》，又名《八仙寿图》《迎仙桥》，上党梆子剧目，爱情戏。《万松岭》，疑即
《枯松岭》，为上党梆子《满园春》连台本戏之第三本，讲隋唐故事，朝代戏。《义忠□》，待考。
《玉美图》，上党梆子剧目，讲述明代爱情故事。《黄河阵》，上党梆子剧目，讲述封神演义故事。
《哭长城》，上党梆子剧目，又名《孟姜女》《送寒衣》，讲述孟姜女哭长城故事。《赐福》，又名《大
赐福》《天官赐福》，为上党昆曲剧目，叙述赐福天官奉玉帝旨意降临人间，福、禄、寿、喜、财诸神
仙同往，八仙、牛郎、织女、金母相继添瑞，事毕返回天宫。属神仙戏、吉庆戏。《堆仙》，或为《堆
八仙》，即《大八仙》之俗称，上党昆曲剧目，吉庆戏。《制院》《功□》，待考。《卷席》，或为《卷席
筒》，又名《药茶汁》，上党梆子剧目，传奇故事，生活戏。《回营》为《浣纱记》之一折。《打围》，为
《浣纱记》之一折。《打皂》，疑即《打灶》之误，上党梆子剧目，生活戏。《杀虎》，疑即《打虎》或
《刺虎》之误。《打虎》为上党昆曲剧目《义侠记》之一折，讲述武松打虎故事。《刺虎》为上党昆
曲剧目《铁冠图》之一折，讲述宫女刺杀李自成部将"一只虎"李过故事。朝代戏。《闯庄》，疑即
《闹庄》之误，为上党昆曲剧目《宵光剑》之一折，讲述西汉卫青故事，忠奸戏。《报友》，待考。
《劝农》，为上党昆曲剧目《牡丹亭》之一折，爱情戏。《放秦》《三□》，当为《放秦》《三挡》，系上党
昆曲剧目《麒麟阁》之折戏，隋唐戏。参见苟有富：《上党地区舞台题壁辨析》上册，太原：山西人
民出版社，2016 年，第 331—335 页。
② 《巧团圆》，为上党梆子连三本戏《混冤案》《无影剑》《巧团圆》之第三本，爱情戏、公案戏。《阴阳
锦》或为《阴阳镜》之误，上党梆子剧目，公案戏。《混林□》，不可考。《满床笏》，又名《十醋记》，
上党昆曲剧目，朝代戏。《一捧雪》为上党梆子、皮黄或昆曲剧目，忠奸戏。《兴新会》疑为《兴隆
会》之误，上党梆子剧目，讲述朱元璋故事，朝代戏。《忠义图》，上党梆子剧目有二，或为春秋时
期庆忌刺杀故事，朝代戏；或为岳家戏，又名《朱仙镇》，朝代戏。
③ 《三山关》，又名《收九公》，上党梆子剧目，封神演义故事，神仙戏、朝代戏。《三开膛》，上党梆子
剧目，明末公案戏。《九仙阵》，内容待考。《金盛宫》，内容待考。《三亭关》，疑即《金亭关》，讲
隋末瓦岗寨故事，朝代戏。

乐义班　大清同治□□年
九仙阵　　三山记　　长沙滩　　打　店①

据此可知，陟椒村三教堂历年来的献戏剧目题材广泛，以朝代戏为主，兼有公案戏、忠奸戏、神仙戏、吉庆戏、爱情戏、生活戏等。

泽州县金村镇大石背村三教圣宫戏台现存清宣统二年（1910）二月初六日献戏题壁：

凤邑干司村太平会在此　大清宣统二年二月初六日
峨嵋山　　雄黄阵　　断桥亭　　雷峰塔　　红罗山
双娥传　　烈女传　　白云洞　　大拜寿　　巧缘会
合家乐　　七仙会　　小姑贤　　豆仙庄　　休妻送女
探病　　堂断　　上坟　　坐房　　王表辞官

据此可知，该村此次献戏，请的戏班是凤台县干司村（今泽州县大箕镇干司村）的"太平会"，此次献演剧目共计有二十出戏，包括上党梆子、泽州秧歌，从其中能确定题材的剧目来看，题材涵盖朝代戏、公案戏、神仙戏、爱情戏、生活戏等。②

从以上胪列的题壁内容来看，每次献戏的时间从一天至数天不等，一般

---

① 《九仙阵》，待考。《三山记》，疑为《三元记》之误，泽州弋阳腔剧目，讲述明代商三元故事。《长沙滩》，待考。《打店》，又名《武松打店》《十字坡》，上党梆子剧目，讲述水浒武松故事，侠义戏。
② 其中，《峨嵋山》《雄黄阵》《断桥亭》《雷峰塔》为《白蛇传》连本戏。《红罗山》《双娥传》为"梁祝故事"连本戏，上党梆子、泽州秧歌皆有此剧。《烈女传》为上党梆子《麒麟烛》连五本戏中的第二本，讲述唐代爱情、公案故事。《白云洞》，又名《紫金山》，上党梆子，讲述唐僧取经故事，为西游记神佛故事题材。《大拜寿》为泽州秧歌剧目，讲述海南国起兵犯宋，朝代戏，有爱情故事。《巧缘会》《合家乐》《七仙会》《豆仙庄》《休妻送女》《探病》《上坟》《坐房》《王表辞官》等剧目的具体情节不详，待考。《休妻》，或为泽州秧歌《误休妻》，爱情戏。《小姑贤》，为上党梆子、泽州秧歌皆有的剧目，讲述婆媳生活故事。《堂断》或为上党梆子《两姨缘》中之一折，可单独演出，亦称《洞房堂断》，俗称《堂断》。

要持续三至四天,即题壁中常称的"献戏三(四)朝"、"献戏三(四)天"、"演戏三(四)朝"、"在此一乐三(四)天"、"在此三(四)乐"、"奉神三(四)天"等。据陵川县上党梆子剧团乐师李大叔介绍,过去戏班到村里献戏,一般都要唱上四天七场戏,即从第一天晚上开始,共四个晚上、三个下午的戏,俗称为一个"台口",晚上的戏又叫做"夜场",午后的戏又叫做"日场"。①由于每场戏包括一个整本戏或数个折子戏凑一场,所以每次献戏(即一个"台口")的剧目数量可多可少,可以根据具体情况灵活安排。

献演戏剧的种类主要为上党梆子戏(大戏),亦包括少数泽州秧歌、上党昆曲、上党皮黄戏等其他剧种。献演的剧目题材广泛,包括朝代戏、忠奸戏、公案戏、神仙戏、吉庆戏、爱情戏、生活戏等。②其中,朝代戏是献演剧目中最常见的题材,特别是表现杨家将的"杨家戏"、歌颂岳家军的"岳家戏",以及"隋唐戏"、"薛家戏"等等,唱腔激越豪迈、气势慷慨悲壮,尤为泽州民众所喜爱。按照当地传统习俗,并非所有的梆子戏都能用来酬神。"献给神的戏主要是荡气回肠的朝代大戏,尤其是头场戏(通常是第一天夜场)必须要是大戏,不能包含男女情爱、插科打诨等内容,因为献给神的第一出戏至关重要,很忌讳低俗内容,后面几天的剧目可以随意一些……朝代戏,排场大,气势壮阔。"③

献演的各种"朝代大戏",充分彰显出忠孝仁义的精神与高尚宏大的气度格调,既契合了三教庙蕴含的儒释道传统文化精神内涵,也具有对观众进行道德教化的作用。在过去,许多乡村地区文化教育尚未普及,长期以来听书、看戏是乡村普通民众获得基本历史知识、接受道德教化进而形成"为善去恶"伦理观念的重要途径。因此,三教庙中的演戏活动在"酬谢神恩"的同

---

① 口述人:李大叔,60岁,陵川县上党梆子剧团乐师。访谈者:笔者,访谈日期:2018年11月2日。
② 通过对比泽州乡村其他神庙中留存的题壁内容,可以发现与三教庙献戏剧目内容类似。因此,泽州乡村民众在各种祠庙中献戏的类型、题材是大致相近的。
③ 口述人:李大叔,60岁,陵川县上党梆子剧团乐师。访谈者:笔者,访谈日期:2018年11月2日。

时,实际上也起到了"教化风俗"的作用,有利于乡村社会道德秩序的维系。另一方面,从题壁内容所反映的情况来看,献戏剧目中往往还包含一些爱情戏、生活戏。这些剧目不仅传达着"忠孝仁义"、"为善去恶"的伦理观念,而且比较贴近乡村民众的日常生活,风格诙谐有趣、轻松愉悦。因而,三教庙中进行的"献戏"活动,实际上是信仰礼俗与社会生活相互交织、紧密结合的过程,兼有"酬神"与"娱人"的双重特征,达到了"神人胥悦"的目的。

本章小结

总的来看,明清时期泽州地区三教庙的相关祭祀活动主要包括烧香敬拜、供奉祭品、献戏酬神等方式。这些祭祀活动的具体形式和内容体现了中国民间信仰传统的基本特征和地方文化习俗的丰富内涵。

烧香敬拜是泽州乡村民众在三教庙中常见的祭祀方式。明清时期泽州地区一部分三教庙正殿门前建有香亭(拜殿、献殿),供人烧香拜神。长期以来,泽州民众进庙烧香遵循着"朔望之期"即每月初一、十五进庙烧香的传统。此外,三教祖师圣诞、全社"春祈秋报"等也是民众进庙烧香之时。

供奉祭品也是明清时期泽州地区三教庙中进行祭祀活动的重要形式。泽州民众在三教庙进行"春祈秋报"的祭祀活动中通常要供奉祭品。供奉祭品的种类与明初以来推行的里社制度即"春、秋二社"的社祭传统存在密切关联。结合儒释道三教各自的礼仪传统来分析,可以发现"春祈秋报"祭祀活动中供奉祭品的方式与儒家祭礼比较接近,深刻地蕴含着"宗法性传统宗教"逻辑的基本内核。

献戏酬神也是明清时期泽州民众在三教庙中进行的重要祭祀活动。每逢"春祈秋报"、三教圣人诞辰及庙修建竣工等庆典,村社要请戏班到三教庙中"献戏"。上党梆子是献戏的主要剧种,剧目题材包括朝代戏、忠奸戏、公案戏、神仙戏、吉庆戏、爱情戏、生活戏等。随着戏剧在庙宇空间献演，信仰礼俗与社会生活交织、结合在一起。因此，在三教庙中献演戏剧，既进行了酬神祭祀，又为民众提供了接受历史知识、道德教化和娱乐生活的契机，具有"神人胥悦"的功能。

　　总的来看，泽州民众在三教庙中进行烧香敬拜、供奉祭品、献演戏剧等祭祀活动，并非单纯的信仰现象，还与伦理教化、社会生活、文化娱乐等紧密相联。同时，通过组织这些祭祀活动，泽州地区村社共同体的内在凝聚力得到增强，有利于地方基层社会秩序的维系。

第五章
关于三教庙的多元理解

　　依据相关历史文献和碑刻资料可知,不同人群对于围绕三教庙展开的信仰实践形式所持具体态度可能并不一致,呈现了不同社会群体关于三教庙的多元理解。在明清时期的泽州地区,乡村普通民众大多认可三教庙,并积极参与其修建和祭祀活动;而地方知识精英阶层对于三教庙的态度则比较复杂,认可者有之,反对者有之,不置可否者亦有之。

　　关于三教庙理解差异的根源主要在于信仰观念层面的分歧,尤其是普通民众基于朴素信仰观念、直接面向日常生活世界的"祀"与儒家知识精英强调儒家圣贤至尊地位、儒家礼仪正统性的"教"之间的分歧。而这种分歧聚焦于三教庙的圣像位次,即自宋代以来形成、长期沿袭的"以佛居中,老君居左,孔子居右"的位次模式。这种位次模式以佛为尊,却将儒家圣人孔子置于末座,实际上包含着"佛尊于儒"、"儒居于末"的意味。因而,从元代开始就有儒家士人对三教庙以佛居中而置孔子于末座的圣像位次表达了强烈不满,认为这种庙宇形式是对儒家的侮辱。

　　另一方面,由于三教庙的信仰实践形式与中国基层民众的信仰需求高度契合,能够与广大民众的信仰生活相适应,因而自唐宋以后便深深扎根于中国民间社会文化土壤。即使"祀"与"教"之间存在着难以弥合的分歧并可能会引发现实的冲突,但这些因素的存在都不会从根本上影响三教庙的修建及祭祀活动在民间社会广泛而持续地展开。

第一节　普通民众的理解

如前文所述,明清时期泽州地区的乡村普通民众是三教庙修建和祭祀活动的主要参与者。通过分析相关历史文献和碑刻资料,可以寻绎这些普通民众对于三教庙的认知和理解。需要注意的是,由于在很长的一个历史时期内中国乡村普通民众大多不具备文字能力,他们参与庙宇修建及祭祀活动的基本情况主要是由地方知识精英(基层儒生、乡先生等)记录并留存于相关的碑刻、题记等资料之中。这些历史资料的内容及叙述模式实际上是地方知识精英与普通民众交往、结合、互动的产物。我们在利用碑刻、题记等历史资料进行研究时,应当透过具体的文字记录分辨、审视和尽力还原普通民众关于三教庙修建和祭祀活动认知、理解的实际状况。

一、朴素认知

三教庙广泛修建于民间社会的一个重要基础,即基层民众对于儒释道三教及孔子、佛祖、老君三圣的朴素认知。明清时期,儒释道三教在泽州乡村社会已有普遍而深远的影响,三教典籍如《论语》《孝经》《道德经》《金刚经》《法华经》等,在泽州民间已相当普及,儒释道三教的基本思想和主张也为一般民众所了解和认可。然而,儒释道三教较为系统、深刻的义理学说主要流行于知识阶层,对一般民众的影响相对有限。因此,明清时期泽州基层社会尤其是乡村普通民众对于三教祖师孔子、佛祖、老君的认知仍是比较朴素的。

在泽州乡村民众看来,孔子是儒家圣人,是天下读书人的祖师,掌握着文运、仕途。在中国传统社会,读书与做官直接相关,科举是读书人进入仕途的主要路径,文运昌盛即意味着仕途通达。①并且,中国古代传统观念认为,士农工商为正业,"凡不属四民之业者,皆非正业"②。"四民"之中,以士为首,农次之,耕读文化构成了传统价值观念之核心。也就是说,在中国传统乡村社会,农耕与读书是两种基本的"正业"。在明清时期的泽州地区,传统文化氛围浓厚,儒学教化影响深远,"虽穷乡曲巷,时闻弦诵声"③。在过去,泽州农村也有很多读书人,他们过着贫寒的生活,用功苦读,希望通过科考做官,出人头地。因此,泽州乡村民众普遍崇尚儒家文化,重视耕读传家、诗礼传家,对文运、功名有着强烈的愿望,即使是终年躬耕稼穑的普通农户也希望子孙能够读书入仕、出人头地、光宗耀祖。正所谓"万般皆下品,惟有读书高"。笔者近年来在泽州地区实地调查过程中发现大量乡村古民居门前题写有"耕读传家"、"敦厚崇礼"的匾额,反映了当地浓郁的人文传统和尚礼风气。④这种观念还体现在一些碑刻资料中,例如:"居民虽系乡愚,亦皆知读书为天下第一件好事。"⑤因此,泽州乡村民众对祭祀孔子极为重视,以祈求保佑自家文运昌盛、人才辈出。这种观念无疑是泽州乡村民众积极参与三教庙修建和祭祀活动的一个重要动因。

在泽州乡村民众的理解中,佛祖释迦牟尼法力无边、慈悲为怀、能够解除人世间一切苦难,具有极高的地位。宋代以降,佛教信仰经过长期的"世俗化"、"民俗化"发展,强调因果报应、福善祸淫,提倡行善积德、修行解脱的观念更为凸显,在基层民众中形成了"积功德,求福报"的信仰观念。佛祖、

---

① 对科考功名和仕途的期望普遍存在于明清时期的中国民间社会。正如 19 世纪后期荷兰汉学家高延(J. J. M. de Groot)在中国考察时发现:"几乎每个中国人都有一种最崇高的理想抱负——通过考试(这种考试是面向普天之下的所有民众的)进入官僚阶层……考生祈求神灵保佑顺利通过考试。"Refer to J. J. M. de Groot, *Religion in China*. New York and London: The Knickerbocker Press, 1912, pp.24—25.

② 清道光二十三年(1843)《禁赌碑》,碑存泽州县山河镇蓄粮掌村。

③ (清)朱樟修,田嘉榖纂:《(雍正)泽州府志》卷十三,清雍正十三年刻本,第 5 页。

④ 例如,笔者在实地考察中发现,泽州县川底乡和村、陵川县西河西镇万章村、阳城县驾岭乡暖泒村等传统古村落皆留存着这类明清时期的石质门额、牌匾。

⑤ 清道光二十九年(1849)《捐立义学碑记》,碑存陵川县附城镇北庄村三教堂。

菩萨等则成为广大民众祈求福佑的主要对象。从相关碑刻资料的记载来看，泽州乡村民众在三教庙中对佛祖的虔诚供奉，不仅具有现世幸福的祈求，亦寄托了"超越性"的信仰目的。例如，清乾隆十九年（1754）凤台县吕管谷村重修三教佛堂告竣，所立碑记云："尝闻《大藏经》中，佛法僧三宝，无量种福田，若人恭敬者，佛果广无边。"①从一些三教庙的正殿匾额反映出，佛祖也被认为是"西域圣人"，与孔子是类似的神圣对象。

泽州乡村民众将道教祖师老子（太上老君）视为清静无为、长生不死的神仙，可以保佑健康、延年益寿、赐福消灾。同时，泽州地区自古为"煤铁之乡"，当地民众认为"道教创工匠炼修之制"②，将以八卦炉炼丹的老君奉为窑炉冶炼行业的祖师爷和保护神，又称之为"李老君"、"老君爷"、"炉神"等。至清代，这种观念已成为泽州地区从事采矿、窑炉冶炼行业民众的普遍认知。泽州地区还有一些将太上老君与煤矿资源的形成联系起来的民间传说故事流传至今。③实际上，在中国许多地区，老君不仅是道教信众崇奉的神仙，也被铁匠、铜匠、锡匠、金银匠、小炉匠、煤业、砖瓦匠等多个行业尊为祖师。④将道教的太上老君奉为窑炉行之祖师爷和保护神，反映了中国民间信仰自身的内在逻辑。欧大年（Daniel L. Overmyer）先生强调，要如实地研究中国民间信仰，必须致力于"内部的理解"、把握民众信仰生活的"秩序与内在理性"⑤。在过去，采矿、冶炼行业存在着较大的危险性，窑炉行民众极为重视对老君的祭祀，以祈求平安顺利。

泽州乡村民众将儒释道三教祖师孔子、佛祖、老君皆视为应当虔诚信奉、祭祀的神圣对象，并不过分强调他们在信仰传统和身份属性上的区别。

---

① 清乾隆十九年（1754）碑记，碑存泽州县川底乡吕管沟村三教堂。
② 清道光七年（1827）《补修三教堂三官殿碑记》，碑存高平市石末乡西诗村三教堂。
③ 例如，泽州县南岭乡民间传说，当地东厚西薄的煤层，是太上老君撒下的烟灰形成。参见彭守忠、成根同主编：《南岭乡志》，太原：山西人民出版社，2005 年，第 425—427 页。
④ 参见张作舟：《老子、老君信仰的研究》，四川省社会科学院硕士学位论文，2014 年。
⑤ ［美］欧大年：《中国民间宗教的秩序和内在理性》，赵昕毅译，香港中文大学崇基学院宗教与中国社会研究中心主办：《通讯》1998 年第 3 期。

这种朴素认知也反映在泽州民众对三教祖师的称谓上：从大量碑刻资料来看，明清时期泽州乡村民众通常将三教祖师一概尊称为"神"、"佛"、"圣人"、"老爷"等。例如，明嘉靖三年（1524）至七年（1528）泽州移风乡建福都下川里秋树坨村民众赵宗义等修建三教佛堂，"塑绘三教佛像"①。这里对于三教祖师圣像，一概称为"佛像"。

另一个典型的例子是清康熙年间泽州西柳脚村重修三教堂时所立《三教碑记》：

> 其□起有讳王应强、王应魁、王应忠者，相聚谋曰："兹宇吾先人之所创也，修□之□□有望于后人。颓圮若此，而竟所其鞠为茂草，咎将谁归？"于是，三人各出资财，重加修补，而东西耳室、僧舍□以俱举。至于肖像金妆，三人各认一尊……
>
> 佛祖老爷，王应忠认金妆施艮，同弟王应孝二人共艮一十二两三钱三分五厘，又施柳树一根。
>
> 老君老爷，王应魁认金妆施艮，并子王正财、王正宝父子三人共施艮七两三钱五分，又施梁一根。
>
> 夫子老爷，王应强认金妆施艮一十两三钱五分。②

此碑记不署撰者姓名，可能为村中具备一定文字能力的普通民众所作。在此碑记中，三教祖师分别被称为"佛祖老爷"、"老君老爷"、"夫子老爷"，这种称谓很能反映当地民众对佛祖、老君、孔子的实际认知和理解形态。笔者通过实地调查发现，在泽州乡村，无论对什么神灵，民众都称为"老爷"，对女性神祇则称为"奶奶"，将进庙烧香笼统地称为"拜老爷"，并不细究其所属的具体教派或信仰传统。

---

① 明嘉靖七年（1528）碑记，碑存泽州县柳树口镇秋坨村三教堂。
② 清康熙三十八年（1699）《三教碑记》，碑存泽州县柳树口镇西柳角村三教堂。

清雍正六年(1728)凤台县和村李、段等姓居民募资重修三教圣殿,碑记中称三教祖师为"三教尊神"。①清道光三年(1823)陵川县汤庄村三教堂《汤庄村施树碑记》记录该村居民焦昌妻王氏捐施柳树四株、椿树三株支持本社三教堂创修下院,具体碑文云:"道光元年十月十八日,焦昌妻王氏将所植树木柳树四株、椿树三株,慨然发愿布施于三教神前"。②从这些碑刻资料来看,对儒释道三教祖师一概皆尊称为"神",体现了当地民众的一般信仰观念。

图 5.1　陵川县汤庄村三教堂　　　图 5.2　陵川县娄头村三教堂清
　正殿匾额"皆古圣人"　　　　　　嘉庆三年脊枋题记

---

① 清雍正六年(1728)碑记,碑存泽州县川底乡和村三教庙。

② 清道光三年(1823)《汤庄村施树碑记》,碑存陵川县崇文镇汤庄村三教堂。

在今天的泽州地区,仍有许多民众将佛祖、老君、孔子一概称为"老爷"、"佛爷"。2018 年笔者在陵川县潞城镇大河西村考察时向一位大叔询问该村是否有三教庙,这位大叔的反应是:"哦,就是佛儒道三个老爷摆一起的那个么?"①再如,笔者在陵川县崇文镇冶子村三教堂考察时了解到,该庙自清代以来一直供奉儒释道三教祖师,但长期以来并无匾额题写正式的庙名,当地民众通常称之为"佛爷庙"。②

由此可见,在泽州乡村普通民众的理解中,任何神祇都可称为"老爷"、"佛爷",孔子、佛祖、老君各自代表的儒、释、道三教并不是截然区分、相互独立的三种宗教,而是本质上"差不多"的一类信仰范畴。因此,将儒、释、道三教祖师并列供奉于一庙,并不会在民众的信仰观念中产生冲突。中国民众的这类朴素观念能够容纳多种信仰元素,与西方宗教观"非此即彼"的排他性思维定势很不一样。在大多数中国民众看来,凡是劝人行善的信仰都可以、也应该虔诚尊奉。正如美国人类学家魏乐博(Robert P. Weller)在中国地方社会进行田野调查时所发现的那样,在中国老百姓看来,"所有的宗教都是一样的,都是教人做好事的"。③这种淳朴的认知观念,深刻地体现了中国信仰文化传统鲜明的多样性、包容性和人文性的特质。此外,从相关碑刻资料来看,泽州民众认为将三教祖师并列供奉,可以获得三者的共同保佑。清乾隆二十年(1755)凤台县樊家国坨村合社民众创修三教堂,"金妆佛神之像,工以完足,佛神相保"。④

---

① 2018 年 8 月 2 日笔者在陵川县潞城镇大河西村考察札记。
② 口述人:牛大叔,60 岁,陵川县崇文镇冶子村村主任,访谈者:笔者,访谈日期:2018 年 11 月 24 日。
③ 参见卢云峰:《宗教为中国提供了重要的社会资本——访美国波士顿大学人类学系主任魏乐博教授》,《中国民族报·宗教版》2008 年 9 月 19 日;龙飞俊:《主体、多样性与仪式:我的中国人类学研究——魏乐博教授访谈》,上海社会科学院宗教研究所主办:《当代宗教研究》2013 年第 4 期。
④ 清乾隆二十年(1755)《山西泽州府凤台县樊家国坨村新修三教堂碑记》,碑存泽州县李寨乡国坨沟村三教堂。

至于三教庙普遍采用"佛居中，老子居左，孔子居右"的圣像位次，一则归因于早期三教庙圣像位次模式的长期延续，另外也与乡村民众对这种模式的普遍认可和接受密切相关。换言之，这种圣像位次模式符合乡村民众的朴素认知：佛祖的法力最大，理应居于三教圣像组合的中心位置。

二、崇德报功

从相关碑刻资料来看，明清时期泽州地区大量三教庙的修建和祭祀活动还反映了乡村民众"崇德报功"的观念。"崇德报功"，即崇敬神灵、圣贤人物之德，感念并报答其功劳、恩惠。梁启超先生曾对中国民众祭祀行为中普遍蕴含的"崇德报功"观念作过具体的讨论：

> 我们常常看到许多庙里，孔子、关羽、观音、太上老君，同在一个神龛上，这是很平常的现象。若不了解中国人崇德报功的思想，一定觉得奇怪。其实崇德报功，只一用意，无论他的履历怎样，何妨同在一庙里？譬如后稷和猫都有益于农耕，农人也常常同等供祀，又有何不可呢？[①]

可见，"崇德报功"的观念贯穿于中国民众的很多祭祀行为中。从泽州地区现存的碑刻资料来看，三教庙的修建和长期存续也与这种观念紧密相关；乡村民众出于对三教圣人之"功"、"德"的崇敬和报答而建庙祀之。例如，沁水县孔壁村民众修建三教庙并长期祭祀的一个重要原因即是对三教圣人"有功于当时、后世"、"有德于当时、后世"的报答。据该庙现存的明万历八年(1580)《重修三教庙记》云：

> 考之祀典，有功于当时、后世者祀之；有德于当时、后世者祀之。兹沁

---

① 梁启超：《中国历史研究法补编》，北京：中华书局，2010年，第171—173页。

邑东六十里许,曰孔壁村,古有三教庙一所,创建年远,未敢擅辨始于何代,□椽倾圮□则重修于弘治,再后修于嘉靖间。岁遇亢旱有祈则甘霖大降;时遭瘟疫有祈则阖村获吉。初问有功德宜祀者,亦有之心可者。①

儒释道三教圣人"有功于当时、后世"、"有德于当时、后世",应该为民众祭祀,即祀典所谓的"有功德宜祀者"。据此碑记载,孔壁村民众在明弘治年间(1487—1505)、嘉靖年间(1522—1566)均有重修三教庙的活动,而每遇干旱、瘟疫灾害则到庙中祈求三教圣人保佑,亦获风调雨顺、阖境安宁,村民遂更加感念三教圣人之功德,以修庙、祭祀为报。

类似地,清雍正六年(1728)凤台县和村李、段等姓居民募资重修三教圣殿、妆塑三教圣像,并建立碑记云:

> 闻诸《祭法》之言曰:"能御大灾则祀之,能捍大患则祀之。"自古三教尊神之法门,天锡加惠元元,不待智者而知也。历后世福国富民,凡水旱疾疫,有祷必应。所谓有功德于民者,三圣居其最乎!②

该碑记作者认为,建祠立祀应当符合国家立祀标准,即《国语·鲁语上》记载的"圣王制祀"标准:

> 夫圣王之制祀也,法施于民则祀之,以死勤事则祀之,以劳定国则祀之,能御大灾则祀之,能捍大患则祀之;非是族也,不在祀典。③

尤其是"能御大灾,能捍大患"即在护佑民众免遭"水旱疾疫"之灾患方

---

① 明万历八年(1580)《重修三教庙记》,碑存沁水县郑庄镇孔壁村三教庙。
② 清雍正六年(1728)碑记,碑存泽州县川底乡和村三教庙。
③ 徐元诰集解、王树民、沈长云点校:《国语集解》,北京:中华书局,2002 年,第 154—155 页。

面,三教尊神"有祷必应",保一方平安,堪称"有功德于民者",极为符合祀典原则,因而受到当地民众建庙祭祀。换言之,这种出于"崇德报功"的信仰实践形式,具有正统经典立祀原则上的合法性。

再如,创建于清乾隆年间的凤台县刘家河村三教堂,据乾隆四十九年(1784)《刘家河创建三教堂正门七楹勒碑铭记》云:

> 释迦出于西乾而经典昭垂,老子降于周中而道流传,素王生于东鲁,自此而诗书悉著。壮哉! 三圣之道尊德极,殊见其莫加于尚也。后之人欲报深恩无极,因而建修庙宇,绘塑金像,无非聊酬德耳。但吾处虽居弹丸之地,而深晓圣德之宜报也。[1]

清乾隆五十三年(1788),陵川县南川村居民韩进忠、韩根贵、原銷等捐施钱谷若干入社,以作三教堂之费,立碑记云:

> 三教堂之立也,由来尚矣,越数载而圣德之广远、神恩之布护,居斯地者莫不颂祷无穷焉。烟燎之用不废,而感戴之心难酬。今韩、原之施,虽不足以报神恩之大、圣德之深,毕生人虔诚之衷,而于斯庙之中固不为无助云尔。[2]

清道光元年(1821)凤台县井洼村重修三圣庙,所立碑记中表达了民众对三教祖师之功德的报恩:

> 从来有大功者必获厚报,开天辟地,二圣之功伟矣;至我孔子,德隆

---

[1] 清乾隆四十九年(1784)《刘家河创建三教堂正门七楹勒碑铭记》,碑存泽州县大东沟镇东刘河村三教堂。

[2] 清乾隆五十三年(1788)捐施碑记,碑存陵川县崇文镇南川村三圣庙。

千古,道冠百王,列门墙者或以为贤于尧舜,或以为生民未有孔子之为。固孔子宜与老君、佛祖共俎豆于千秋也。……至于三圣之功,余其能道其万一哉?①

可见,对于"三圣之功",民众建庙祭祀以报答之。再如,清道光四年(1824)高平县西山村民众集资重修三教殿,"因念先圣之功德同垂于世,理宜重新庙貌以答神庥"。②清光绪九年(1883)高平县李家庄村民众重修三教堂,盖因:

三教圣堂,教分三术,莫非导人于向善;道统一原,岂非反已于元良。村中建庙崇祀,由来久矣……凡此圣神,皆有功于世道,施惠于生民者也。属在闾阎,谁不宜竭诚致祭,以答报其宏恩乎!③

清光绪三十年(1904)泽州凤台县要脚社重修三教庙,所立碑记云:

盖三圣,古佛为之掌,灵应无爽,浩浩其天;如凭虚御风,飘飘遗世,而民无能明盟,沾其生成之恩,所以祀乎其先,以报其功德之隆也。惟三教圣神制之,亦惟三教圣神明之。以能明乎郊社,所以事敬三教之礼耶!④

由此可见,乡村民众"崇德报功"的观念是明清泽州地区大量三教庙得

---

① 清道光元年(1821)《凤邑东南隅后了坡井洼村重修三圣庙碑文》,碑存泽州县柳树口镇井洼村三圣庙。
② 清道光四年(1824)《重修三教神殿碑记》,碑存高平市北诗镇西山村三教庙。碑文参见常书铭主编:《三晋石刻大全·晋城市高平市卷》,太原:三晋出版社,2011年,第530页。
③ 清光绪九年(1883)《重修三教堂并创修关帝高禖祠东西角殿东西禅房大门碑记》,碑存高平市神农镇李家庄村三教堂。
④ 清光绪三十年(1904)《大清国山西泽州移奉乡建福都建福里要脚社重修碑序》,碑存泽州县柳树口镇要角村三教庙。

以修建和长期维持的一个重要原因。

　　笔者在实地调查中还发现,泽州地区很多三教庙旧有的匾额、楣题、楹联也反映了当地民众对三教圣人"德"、"功"的推崇、追念,同时彰显出劝人向善、教化风俗的积极意义。例如,陵川县夺火乡堆金掌村三圣宫山门旧匾题写"隆报享"(图5.3),就体现了"崇德报功"的观念。这类匾额、楣题、楹联在泽州乡村的三教庙中十分普遍。

图5.3 陵川县堆金掌村三圣宫山门匾额"隆报享"

表5.1 泽州地区部分三教庙旧有匾额、楣题、楹联内容

庙宇名称	山门匾额	正殿门匾或栱楣题字	楹联
泽州县秋泉村三圣堂			道集尼山时行物生总是开天大造 泽流泗水金声玉振无非救世婆心
泽州县西河村三教堂	圣教广被		
泽州县阎庄村三教堂	三教堂		道本一诚,既一故极参天两地之文而莫拟其妙;名列三教,有三则随四海九州之远而皆服其神
高平市中村村三圣庙	三圣庙	三圣殿	以忠恕以感应以慈悲根源三教为圣贤为神仙为菩萨庙貌千秋

续　表

庙宇名称	山门匾额	正殿门匾 或楗楣题字	楹联
陵川县堆金掌三圣宫	隆报享	万世师表,西天 圣人,道德五千	
陵川县河东土戈三教堂	三教堂	教化垂千古	
陵川县小庄上村三教堂	功参造化		
陵川县汤庄村三教堂	圣德宏深	皆古圣人	
陵川县小河西村三教庙	圣德垂恩	三教宗风	
陵川县赤叶河村三教堂	仁义同德	三教圣仁	儒释道一法分三派 天地人三才出一源

以上这些三教庙旧有的匾额、楣题、楹联内容反映出,在泽州民众的理解中,孔子、佛祖、老君以自身的高尚道德及其各自开创的儒释道三教思想文化传统造福当时、泽及后世,对社会历史的发展产生了重要而深远的影响。因此,民众崇敬其"德"、"功"、"恩"而建庙祭祀以报之。[①]

三、灵验关切

三教庙大量修建并长期存续于泽州乡村社会,还可能与中国民间信仰具有的灵验关切即"有求必应"观念紧密相关。过去学者将这种信仰原则概括为"惟灵是信"、"惟灵是从"。[②]在这种"灵验性"关切下,采用三教庙的并列供奉形式,多拜几个"老爷",如果这一个帮不上忙的话,那一个可能帮得上忙;而供奉的神灵越多,祈愿实现的概率也就越大,可谓"多多益善"。因

---

① 实际上,明清官方祀典对于孔子的祭祀,也建立在"崇德报功"的观念基础上。清光绪年间编纂的《钦定大清会典》就把各省府、州、县的孔庙之祀列为"崇德报功以祀"一类。由此可见,无论是儒家礼仪主导的祀典,还是民间社会建立的祠庙祭祀,"崇德报功"的信仰观念普遍贯穿于中国人的祭祀行为中。参见(清)昆冈等纂:《钦定大清会典》卷三十五,清光绪二十五年刻本,台北:新文丰出版股份有限公司,1976年,第370页。
② [美]韩森:《变迁之神——南宋时期的民间信仰》,包伟民译,杭州:浙江人民出版社,1999年,第1页。

此，民众在三教庙内并列祭祀儒释道祖师，认为能增大其祈愿实现的"灵验性"。卜正民（Timothy Brook）研究指出，民众同时崇奉三教圣人，一个重要目的即在于提高"人对于自然世界的胜算"：

> 对民众来说，信仰的关键不在于对还是错、儒家还是非儒家，而是在于有效还是无效；组合崇奉的用意在于增强效力，提高人对于自然世界的胜算。[1]

段建宏也认为："三教并祀的主要目的是为了得到更多神灵的福佑，这是民间信仰混合性的集中体现，符合中国传统民间信仰的特点。"[2]因此，提升祈愿实现的可能性，即对祈愿的"灵验性"关切，可能也是泽州民众修建三教庙的一个重要动因。一个典型的例子是沁水县孔壁村三教庙的修建和祭祀活动。据该庙现存的明万历八年（1580）《重修三教庙记》云：

> 兹沁邑东六十里许，曰孔壁村，古有三教庙一所，创建年远，未敢擅辨始于何代，□橡倾圮□则重修于弘治，再后修于嘉靖间。岁遇亢旱有祈则甘霖大降；时遭瘟疫有祈则阖村获吉。[3]

据此碑记载，孔壁村民众在明弘治年间（1487—1505）、嘉靖年间（1522—1566）重修三教庙，每遇干旱、瘟疫灾害则到庙中祈求三教祖师保佑，获风调雨顺、阖境安宁之福祉。由此来看，对祈愿"灵验性"的关切，是当地民众建庙祭祀三教祖师的一个重要动因。

---

① Timothy Brook，"Rethinking Syncretism：The Unity of the Three Teachings and Their Joint Worship in Late-Imperial China，"*Journal of Chinese Religions*，1993(21)，p.35.
② 段建宏：《明清晋东南基层社会组织与社会控制》，北京：中国社会科学出版社，2016 年，第129 页。
③ 明万历八年（1580）《重修三教庙记》，碑存沁水县郑庄镇孔壁村三教庙。

再如,陵川县潞城镇小河西村三教庙现存的清康熙二十四年(1685)重修碑记云:

> 大清国山西泽州陵川县西关河西村重修三教圣殿。神道设教,历代皆然,神之赐福,民之所依,无不□□□□□本村佛堂有创修而规模开大,……自此而民之所安,田亩增长,岁岁而丰收,□□□乡村宜该有此□□,非神之灵应有感,则亦未必如是也。①

清乾隆四十三年(1775)凤台县李寨乡秋泉村民众重修三圣堂,据《重修三圣堂碑志》云:

> 尝谓三圣者,乃正教开元之至尊也。夫圣者,宣布仁义礼智信,立万代帝王之纲纪也。佛也者,生乐死苦、西来东渡以传觉路也。道也者,运化五行,以赞天地之化育也。然三圣之福世也大矣哉,荡荡乎而民无能其名也。濩泽坤南四十里许,有村曰秋泉村,古有三圣神祠,附近居民往往祈祷,求无不验,祷无不应,而圣之为德,其至矣乎!②

从此处记载来看,附近居民到三圣神祠祈祷,"求无不验,祷无不应",可谓屡著灵验。这种对于祈愿的"灵验性"关切,是当地民众长期祭祀三教圣人的一个重要动因。

又如,清乾隆五十五年(1790)阳城县横岭村扩建三教堂高禖祠告竣,建立碑记云:

> 从来立庙安神,于古为然,创修于始者固艰,而整饬于后者更不易

---

① 清康熙二十四年(1685)重修碑记,碑存陵川县潞城镇小河西村三教庙。
② 清乾隆四十三年(1775)《重修三圣堂碑志》,碑存泽州县李寨乡秋泉村三教堂。

也。横岭村西旧有三教堂正殿三楹、高禖祠配殿两楹,有求必应,无感不通。①

三教堂长期得到当地民众的修葺、祭祀,一个重要原因即在于民众认为其"有求必应"、"无感不通"。

至于民众在三教庙中的具体祈愿内容,则是十分丰富的。从相关资料来看,明清时期泽州民众在三教庙中的祈愿内容可以分为村民个体和村社集体两个层面。无论是个体层面的信仰诉求还是村社集体层面的祈愿内容,都与乡村社会日常生活和民众的现实福祉息息相关。

村民个体层面的祈求内容主要包括健康平安、财运亨通、科举顺利等。例如,凤台县佛头庄村民卫洪芝在清乾隆二十一年(1756)之前因身患疾病,曾在本村三教堂神庙"发心好施,自出己资补葺庙宇"。②再如,清乾隆六十年(1795)凤台县樊家国坨村民段樊氏"病危急,大发善愿",向大社本庙(三教堂)施舍田地若干,以"补先人之旧功德,削己身之新灾殃"。③另外,笔者在实地调查中发现,创建于明万历三十九年(1611)的陵川县礼义镇东沟村三教堂,长期以来香火旺盛,"每年的大年初一,正月十五、十六,各家各户都要到三教堂古庙烧香叩拜,祈求平安。孩子满月、圆十五,也要到庙里烧香、许愿,祈求孩子平安长大。"④

村社整体层面的祈愿内容则主要包括合村人口平安、风调雨顺、五谷丰登、六畜兴旺等具体内容。如前文所述,明清时期泽州地区大量三教庙作为

① 清乾隆五十五年(1790)《扩建三教堂高禖祠碑记》,碑存阳城县北留镇横岭村。
② 清乾隆二十四年(1759)碑记,碑存泽州县南村镇佛头村三教堂。
③ 清乾隆六十年(1795)《施业碑记》,碑存泽州县李寨乡国坨沟村三教堂。
④ 口述人:李不堆,78岁,陵川县礼义镇东沟村居民,访谈者:申莉萍、笔者,访谈日期:2018年11月22日。"圆十五",是一种民间习俗,又称"圆锁",是一种成人礼。在小孩子刚出生时,父母将其生辰八字写在一块红布上,用一把锁将红布锁住,寄放在庙中,年年都来庙上香,祈求神灵保佑孩子健康成长,等到孩子过十五周岁时,父母带上祭品来庙里开启那把锁住红布的锁,表示孩子已经长大了,圆了锁,就开启了大脑的窍眼,增长智慧。

村社的"社庙",在"春祈秋报"的祭祀活动中,主要祈求三教圣人对村社集体的保佑、赐福。换言之,作为"社庙"主神的三教圣人,其"灵验性"基本涵盖了风调雨顺、岁时丰稔、阖境平安等村社整体祈愿。明清时期泽州地区三教庙的大量碑刻、脊枋题记资料中亦体现了这类整体性的祈愿内容:

明万历三十四年(1606)泽州移风乡建福都大泽里民众创立三教堂,"专祈一方善信年年十二月月月保平安、昼夜十二时时时增吉庆,更祈田蚕万陪,五谷丰盈,合社吉祥,增延常乐"。①

清康熙十一年(1672)泽州贺家凹村(今贺洼村)民众创建三教堂,祈愿"保合族人安物阜、家业兴发、田蚕茂盛、六畜兴旺、有感即应、获福无穷"。②

清雍正十二年(1734)高平县瓮庄村民众修建三教堂,"修造之后,祈保万事如意、风调雨顺、田蚕茂□"。③

清乾隆九年(1744)陵川县崇文镇冶子村民众重修三教堂,"以祈人财两旺、田产茂盛、千祥云集"④。

清乾隆六十年(1795)凤台县李道汕村民众重修三教堂拜殿,"祈保合社大小人口平安、五谷丰登、田蚕茂盛、六畜兴旺"。⑤

清嘉庆三年(1798)陵川县娄头村民众重修三教堂神庙,祈祷"自修之后,合村人口平安、风调雨顺、田蚕茂盛"⑥。

清咸丰五年(1855)陵川县河北村重修三教堂戏台,祈愿"自修之后,人口平安、五谷丰登、福寿康宁、田产兴隆"⑦。

---

① 明万历三十四年(1606)《濩泽碅石青莲山福岩院古刹净影寺山庄退猪盆创修三教堂碑记》,参见刘文锴主编《修武碑刻辑考》,北京:中国矿业大学出版社,2013年,第138—142页。
② 清康熙十一年(1672)《山西泽州移风乡青莲都贤子里贺家凹村创建三教堂碑记》,碑存泽州县金村镇贺洼村三教堂。
③ 清雍正十二年(1734)脊枋题记,现存高平市石末乡瓮庄村三教堂东看楼。
④ 清乾隆九年(1744)脊枋题记,现存陵川县崇文镇冶子村三教堂正殿。
⑤ 清乾隆六十年(1795)碑记,碑存泽州县大箕镇李道汕村三教堂。
⑥ 清嘉庆三年(1798)脊枋题记,现存陵川县潞城镇娄头村三教堂正殿。
⑦ 清咸丰五年(1855)脊枋题记,现存陵川县潞城镇河北村三教堂戏台。

清咸丰八年(1858)陵川县下东河村重修三教堂(福兴院)戏台,祈愿"自修之后,合村人口平安、风调雨顺、五谷丰登、田蚕茂盛、万事亨通"①。

清同治五年(1866)陵川县井沟村民众重修三教堂,祈愿"自修之后,田蚕茂盛、五谷丰登、大吉大利、永远平安"。②

清光绪二十九年(1903)凤台县坡东村合社重修三教堂殿宇、金妆圣像,"修塑之后,祈保风调雨顺、五谷丰登、人口平安、六畜兴旺"。③

由此可见,对祈愿的"灵验性"关切,构成了明清时期泽州民众修建三教庙、祭祀三教圣人的一个重要动因,尤其是在作为"社庙"的三教庙中进行的"春祈秋报"祭祀活动,集中表达了村社人口平安、风调雨顺、五谷丰登、田蚕茂盛、六畜兴旺等整体性的祈愿内容。

第二节　知识精英的诠释

不同于地方基层民众对三教庙的朴素认知和理解,知识精英对于这类庙宇形式有着更为复杂的理解和诠释。我们依据相关碑刻资料,可以发现明清时期泽州地方社会的知识精英对三教庙的具体态度:认同、支持者有之,不置可否者有之,批判、拒斥者亦有之。

在中国传统社会,儒家士人构成了地方知识精英的主体,他们尊奉孔子,以"圣人之徒"自居,严格区分"吾儒"与"佛老"(二氏),通常从维护"圣教"、"正学"即儒家思想的正统地位出发,在根本立场上视佛、道二教为"异教"、"异端"。然而,从相关历史文献和碑刻资料来看,不少儒家知识精英对于融合儒释道信仰元素的三教庙给予了认可、包容。明清时期泽州地区三

---

① 　清咸丰八年(1858)脊枋题记,现存陵川县附城镇下东河村三教堂(福兴院)戏台。
② 　清同治五年(1866)脊枋题记,现存陵川县西河底镇井沟村三教堂正殿。
③ 　清光绪二十九年(1903)《重修三教堂碑记》,碑存泽州县犁川镇坡东村三教堂。

教庙的重修碑记大多为地方儒生撰写,他们大多以"三教同归"、"神道设教"等观念来诠释三教庙在地方社会教化、伦常秩序维系等方面的积极意义。以下试举几例:

明嘉靖二十二年(1543),儒生张九德在为泽州珏山南顶三教龙王堂庙撰写的创修碑记中说:

> 然而三教圣人也,化生不同,而传道之心则归一也。盛德流行,治教化民,各行其道于中国。三教之中,缺一不可得而已矣。①

明万历六年(1578)泽州陈家河村创建三教堂告竣,庠生史官撰写《创建三教堂记》云:

> 夫三教者,佛氏也,老氏也,孔氏也。佛氏以慈悲为心,觉民为善者也。老氏以修养为心,导民为善者也。孔氏以尽伦尽制为心,化民于善者也。其为道虽不同,其设教之心则一而已矣。②

清乾隆二十九年(1764)陵川县儒学生员庞必昭在为杨家河村三教堂撰写的《重建三教堂序》中说:

> 教分为三,道本无二,精一垂万世之统,真空永奕禩之祥。吾村三教堂,不知创自何时,世远年湮,庙貌摧残。合村居民敦请风鉴,择吉重修正殿、两廊□□工程告竣,不惟栖神有所,而且克壮观瞻。重建之后,民安物阜、黍稷翼与,俾村中居民永蒙神恩于无既矣。③

---

① 明嘉靖二十二年(1543)《创立三教龙王堂庙碑序》,碑存泽州县金村镇珏山南顶。
② 明万历六年(1578)《创建三教堂记》,碑存泽州县南岭乡陈河村三教堂。
③ 清乾隆二十九年(1764)《重建三教堂序》,碑存陵川县秦家庄乡杨家河村三教堂。

　　清嘉庆二十五年(1820)泽州府廪生赵翰在为陵川县岭北底村三教堂撰写的重修碑记中说：

　　　　世云三教,殆亦不无异同,然而其旨则一,何也? 惩恶劝善,吾儒有然,释与道亦未始不然也。①

　　这些基层儒生以"三教同归"、"三教一致"的观念,大多强调儒释道三教在"劝善"的社会功能层面具有共通之处,三教庙有利于社会秩序稳定的维系。

　　还有一些地方知识精英以"神道设教"观念为三教庙的信仰实践形式进行合理性诠释。例如,明万历四十一年(1613)陵川县小庄上村创建三教堂,邑庠生秦恒吉为其撰写碑记云：

　　　　余试略言三教之义基……古之西竺氏者以世胄修苦行,以明性为宗旨,复倡为轮回果报,以化国人□□□者,神道设教。②

　　清康熙五十二年(1713)陵川县柏崖村三教堂修建殿堂、绘塑神像,郡庠生张家驯在碑记中说：

　　　　天不生圣神,无以成世教;人不尊圣神,无以寄生全。 故神道设教,圣王所不废,而遗都巨街□□以成民俗。率皆仰赖神光,建庙宇□□为祈报者也。③

　　清乾隆三十年(1765)陵川县举人武敦为南川村三教堂撰写的《重修三

① 　清嘉庆二十五年(1820)《重修三教堂序》,碑存陵川县杨村镇岭北底村三教堂。
② 　明万历四十一年(1613)《创建三教堂序》,碑存陵川县礼义镇沙河村小庄上村三教堂。
③ 　清康熙五十二年(1713)《鼎建殿堂绘塑神像碣记》,碑存陵川县附城镇西柏崖村三教堂。

教堂碑记》云：

> "三教同归"之理存乎教，废兴之故次于人，是以三教道法同宗，皆本于"神道设教"之理，归于"为善去恶"之旨。①

清嘉庆二年(1797)凤台县刘家河村修建三教堂，邑庠生焦鸿林撰写碑记云：

> 世俗相传有"三教归一"之论，予终不敢深信焉。总之，"神道设教"，自古为昭，乡人无非依神为主，以祈福保安者也。②

清道光七年(1827)高平县西诗村补修三教堂、三官殿，邑庠生员杨奎元撰写碑记指出：

> 昔圣王以神道设教、首重祭祀之典，凡声教所被、风化所讫，虽一乡一邑，莫不有神庙焉。考三教之设：儒教立中庸之极，则实为万世所宗，治天下者莫出其范围，诚所谓"道贯古今，功垂社稷"者也。道教创工匠炼修之制，殊为治世所不能缺。释教阐因果报应之说，亦为觉世所不可泯。③

这些地方知识精英认为，乡村民众修建三教庙进行祭祀，在根本上契合了"圣人以神道设教"之旨：统治者通过神明之道及其外化形式——祠庙祭祀，设立准则、推行教化，引导广大民众"为善去恶"、言行举止皆符合道德伦常规范。

"神道设教"，出自《周易·观卦·彖》，原文为："观天之神道，而四时不

---

① 清乾隆三十年(1765)《重修三教堂碑记》，碑存陵川县崇文镇南川村三圣庙。
② 清嘉庆二年(1797)《刘家河合社建修三教堂东西碑记》，碑存泽州县大东沟镇刘家河村三教堂。
③ 清道光七年(1827)《补修三教堂三官殿碑记》，碑存高平市北诗镇西诗村三教堂。

忒,圣人以神道设教,而天下服矣。"牟钟鉴、张践先生研究指出,"神道设教"实际上是对儒家宗教思想的概括,"神道"成了工具,"设教"才是目的。①吴飞认为"神道设教"是中国古代宗教最核心的概念,国家祀典中的天地、祖先、山川、圣贤等,甚至像佛教、道教,都是作为"神道设教"体系的一部分而存在并发挥教化民众、敦化风俗的现实作用。②因此,在不少儒家知识精英看来,民间祠庙和祭祀礼俗亦属于"神道"范畴,可以作为统治者推行人文教化的有力手段,而融合了儒释道元素的三教庙,则能够发挥儒释道三教祖师之圣德昭示仁善、教化风俗的积极意义,具有"神道设教"、"化民成俗"的现实价值。

还有一些儒家知识精英指出三教庙的祭祀形式虽然荒谬,但其在现实中所具有的积极意义是值得肯定的。例如,明万历三十二年(1604),高平县庠生赵国基为石堂会村居民姬仕琴等开凿三教洞窟撰写碑记说:

> 夫三教非混也。孔子犹问礼于老聃,而佛教则出自西域,自汉始流入中国,且与孔子不同时,不同时而同享,其谬益甚,正吾儒所当力正者也。既不能正,而又为之记,不几于崇异与? 抑是不然。教以淑世,谓之三教,于世均有所补。尝观世之骄奴悍卒,灭礼弃义,曰佛、曰老君,则肃然拜,谓非祸福有以惕其心耶? 是义礼以淑君子,祸福以惕颛蒙。苟使天下而尽惕于祸福,则导之礼义不难矣。盖变俗必先于从俗,孔子猎较意也。乡人乐其便而统于一。吾姑顺乡人之意而识其始。③

对于三教祖师并列供奉的形式,庠生赵国基认为"三教非混也"、"其谬益甚",但同时又从"义礼以淑君子,祸福以惕颛蒙"的角度,指出祸福因果暨

---

① 牟钟鉴、张践:《中国宗教通史》上卷,北京:中国社会科学出版社,2007 年,第 81 页。
② 吴飞:《从祀典到弥散性宗教》,李四龙主编:《人文宗教研究》第三辑(2012 年卷),北京:宗教文化出版社,2013 年,第 118—119 页。
③ 明万历三十二年(1604)《创凿三教洞记》,碑文参见常书铭主编:《三晋石刻大全·晋城市高平市卷》,太原:三晋出版社,2011 年,第 183—184 页。

祈愿"灵验"观念可以引导一般民众向善，作为社会治理的辅助，因而应以"从俗"、"顺乡人之意"的态度对待这类祭祀形式。这种观念或许正是众多为三教庙撰写碑记的地方知识精英的"苦心"所在。

此外，作为个体的信仰者，一些地方知识精英也希望获得三教圣人的福佑，祈求健康平安、文运昌盛、仕途顺利等。尤其是一些本身具有佛教信仰的知识精英，他们希望通过为三教庙撰写碑记的方式积累功德，获得佛祖的保佑。例如，清乾隆十五年（1750）为凤台县祁家街村三教堂撰写碑记的邑庠生刘更新、乾隆二十九年（1764）为凤台县司家掌村三教庙撰写碑记的泽州府学廪膳生员王尔寿、乾隆五十一年（1786）为凤台县樊家庄三圣庙撰写碑记的恩贡生吏部候选儒学教授杨慧生等，都在落款中自称"弟子"。①

还有一些儒家知识精英虽为三教庙撰写碑记，但对于这种庙宇形式的态度模棱两可，或仅作一般性描述而不置可否。例如，清顺治十五年（1658）为泽州东岭头村三教堂撰写重修碑记的进士马世俊认为：

> 三教可同乎？曰：可。释家之言慈悲，道家之言清静，虽儒家皆有之矣。慈悲清静可得教而用之，未尝不可以济世利物，而其流弊乃至于空幻杳灭，而不可究诘，则攻击者之过也。天下必判其教为三，如东西黑白之不相混；岂独所诵、所业之不同？而所居之地亦有相望而如异域者，曰宫，曰观，曰院，道家之所居，而释家无之；曰寺、曰庵、曰塔、曰刹、曰丛林，释家之所居，而道家又无之。至于吾儒之为庠于党塾以语二蒙，其茫然不知为何物，其所同者，惟堂殿、门墙之名而已。有好事者合三教而同之，且为筑堂、塑其像，吾不知三教之祖揖让坐次果如人世所臧否也，而凡为三教之徒莫不登堂成礼，遂巡盥焚而去。盖天下自其异

---

① 参见清乾隆十五年（1750）《祁家街创修三教堂志》，碑存泽州县山河镇祁街村；清乾隆二十九年（1764）《司家掌三教庙正殿创建暖宫并金装碾玉记》，碑存泽州县金村镇司家掌村三教庙；清乾隆五十一年（1786）《重修三圣庙序》，碑存泽州县柳树口镇樊家村。

者论之，虽二氏犹有互相刺讥之病，不待吾儒之攻击也；自其同者论之，万山皆云、百川皆月，凡天下之支分条析、迁贸转徙、不胜异指异意者，皆可合为一也，而又何三教定不可同堂乎？①

结合上述碑记分析可知，马世俊对于这种同堂供奉三教祖师的庙宇形式所持态度是模棱两可的。再如，清咸丰八年（1858）庠生张凤翼为马家庄三教堂撰写重修碑记，对于该庙"后殿佛、仙、圣像三尊鼎立"即并列祭祀三教圣像的情形仅作一般性描述，而不作任何评论。②

虽然不少儒家知识精英以"三教同归"、"神道设教"等观念对三教庙进行合理性诠释，但也有一些儒家知识精英对这类庙宇持否定、批判态度，而批判的焦点即在于这类庙宇"以佛居中而孔子末座"的圣像位次。在儒家正统观点看来，座位次序直接体现尊卑等级之别，因而意义重大。③三教庙中普遍以佛居中、老子居左、孔子居右（末座）的位次模式，在儒家正统士人眼中，无疑包含着"佛教最尊而儒为末"、"屈吾儒于二氏之下"的象征意味，是对孔子神圣性的亵渎和对儒家正统性的否定，甚至是对国家祀典的扰乱。④

我们在明清时期泽州地区一些碑刻资料中可以看到地方知识精英对三教庙的否定、批判态度。例如，明万历十七年（1589）奉政大夫、同知凤阳府事林一桂在为泽州水北村三教堂撰写的重修碑记中尖锐地批判道：

① 清顺治十五年（1658）《重修三教堂碑记》，碑存泽州县大东沟镇东岭头村三教堂。
② 清咸丰八年（1858）《重修三教堂碑记》，碑存陵川县礼义镇马新庄村三教堂。
③ 儒家礼制极为强调等级秩序。一个典型的例子是《（雍正）泽州府志》关于风云雷雨、山川、城隍之神合祀一坛位次的明确规定："凡府州县风云雷雨山川城隍之神共一坛，每岁春秋致祭，神位：风云雷雨居中，帛四，风云雷雨之神；山川居左，帛二，某府某州某县境内山川之神；城隍居右，帛一，某府某州某县城隍之神。"参见（清）朱樟修，田嘉毂纂：《（雍正）泽州府志》卷二十《坛庙》，清雍正十三年刻本。
④ 国家祀典与儒家礼仪制度具有紧密联系。儒家礼制的一个特质是倾向于将国家范围内的文化信念整合为纯粹、正统的体系。国家祀典就是这种倾向影响下建构起来的具有正统性、纯粹性的"祭祀—道德教化"系统。这种礼仪正统性、纯粹性决定了包括祭祀孔子在内的儒家礼仪制度绝不允许其他信仰传统的介入或混杂。

孔子教行，佛老之教必塞；佛老之道不息，则孔子之道不著。即使
并列一堂，亦非吾人崇正道、黜异端之盛心，矧位乎吾夫子上焉？虽吾
夫子量同天地，不区区与二氏争上下，然邪正不两立，二氏或不能一朝
自居其位者乎？①

作为儒家士大夫的林一桂明确指出，儒与佛、道在根本上是正邪不两
立、此消则彼长的关系，因此不能将儒家圣人孔子与佛祖、老君"并列一堂"
进行祭祀，更不必说在三教庙中普遍采用以佛、老位居孔子之上的位次模
式。因此，他对三教庙给予了否定和批判。

由此可见，明清时期泽州地区不少地方知识精英以"三教同归"、"神道
设教"等观念对三教庙的信仰实践形式进行合理化诠释，强调这类庙宇可以
作为"劝善"、"设教"、"化民"的有效手段。这些地方知识精英的合理性诠
释，与乡村民众的朴素信仰观念共同构成了三教庙在地方社会广泛修建的
重要基础。与此相反，也有一些儒家知识精英对三教庙持否定、批判态度，
而批判的焦点即在于这类庙宇"以佛居中而孔子末座"的圣像位次。实际
上，对于三教庙的否定、批判态度更多地存在于儒家地方官员尤其是"学臣"
群体中。正是这些以捍卫儒家礼法正统地位为己任的地方"学臣"，直接推
动了明清时期数次三教庙禁令的颁布。

第三节 "学臣奏毁三教堂"

在对三教庙持否定、批判态度的儒家知识精英中，一些地方"学臣"的拒
斥立场尤其坚决。这些地方"学臣"认为，三教庙"以佛居中，老子居左，孔子

---

① 明万历十七年(1589)《重修三教庙碑记》，碑存泽州县金村镇水北村。

居右"的圣像位次模式实际上是"屈吾儒于二氏之下",是对孔圣人的亵渎和对儒家正统地位的否定,也是对国家祀典和学术的扰乱。因此,他们对三教庙展开了激烈批判,甚至奏请朝廷以政令形式全面禁革这类庙宇。

据历史文献记载,明清时期朝廷先后三次颁布全国性的三教庙禁令,都与儒家官员的上奏有关。这三次禁令是明正统三年(1438)"禁天下祀孔子于释老宫"、清乾隆九年(1744)"禁毁三教堂"、清道光十六年(1836)"禁止三教庙"。以下进行具体分析。

明正统三年(1438)三月"禁天下祀孔子于释老宫":

　　禁天下祀孔子于释老宫。先是,四川重庆府永川县儒学训导诸华言:"孔子祀于学,佛氏祀于寺,老氏祀于观,俱有定制。有等无知僧辈往往欲假孔子以取敬信于人,乃绘肖三像、并列供奉,如永川县旧有寺曰'三圣',坐佛氏于殿中,老子居左、孔子居右,其亵侮不经莫此为甚。"上以愚僧无知妄作,命行在礼部通行天下禁革。①

清乾隆九年(1744)六月敕令禁止三教堂:

　　河南学政、右通政林枝春奏:"豫省标立三教名目,立堂设像,至五百九十余处,使万世之师屈居释道之下,举事不经,诬民实甚,竟施耗产,以蔑典常。请敕该抚严行禁止,应如所请,并令查明通省书院、义学,宜于安奉圣像处,渐次奉迎安设。僧道酌令迁于别寺观居住,其佛、老诸像,亦即听其移奉,并移知各省一体禁止。"从之。②

① 《明英宗实录》卷四十,正统三年三月庚戌,"中央研究院"历史语言研究所校印:《明实录》第十四册,1962年,第786—787页。
② (清)董诰等编:《清高宗实录》卷二百一十八,乾隆九年六月上,《清实录》第十一册,北京:中华书局,1985年,第810页。

清道光十六年(1836)六月下旨禁止三教庙：

> 山西学政汪振基奏：窃惟礼有常经，民间供奉神像，除载在典祀、垂
> 为官制者，不得违例供奉。臣闻山西省向有三教庙，佛居中，老子居左，
> 孔子居右。乡愚积习，罔知悖戾。……查访寿阳县属之西步落、太安
> 镇、李家沟等村，均有三教庙。据该县知县臣钟汪杰详称该属西步落、
> 太安镇二处，业经晓谕，移供神像，更改庙名；惟李家沟一处，仍有该庙
> 旧立碑文，现饬令磨洗……是三教庙久干禁例，自应永远恪遵禁止。①

不难发现，上述三次禁令都是由儒家官员中的"学臣"奏请颁布的。明
正统三年(1438)奏请朝廷禁革三教堂的诸华，是四川重庆府永川县的儒学
训导。②清代的两次禁令则分别由河南学政林枝春、山西学政汪振基上疏奏
请颁布。明清时期的地方各级官府皆设有"学臣"：主管一省教育科考、祭祀
礼仪等事务的官员名曰"学政"，主管府学者名曰"教授"，主管州学者名曰
"学正"，县学者名曰"教谕"，这都算是正堂；此外，府、州、县学均设"训导"，
辅助"教授"、"学正"、"教谕"在当地学宫教诲生员。"训导"一般由学问优
秀、品行方正的贡生或举人担任，"掌学中生徒训迪之事"，"不但讲学问，而
且讲伦常"。③明清时期的地方学臣具有规范地方祭祀礼仪与推行地方教化
的双重职责。首先是在地方祭祀礼仪层面，这些学臣大多参与了每年地方
上祭祀孔子的活动。④因此，他们对官方祭祀孔子的礼制典章非常了解，对

---

① 清道光十六年(1836)六月廿四日山西学政汪振基奏折《奏为三教庙久干例禁请饬下山西巡抚
通谕各属无论城市乡村一体严禁事》，北京：中国第一历史档案馆藏档案。
② 《明英宗实录》卷四十，正统三年三月庚戌，"中央研究院"历史语言研究所校印：《明实录》第十
四册，1962年，第786—787页。
③ 齐如山：《中国的科名》，沈阳：辽宁教育出版社，2006年，第201—202页。
④ 按照清代祭祀制度，"各省府州县建先师孔子庙，每岁以春秋仲月上丁日释奠……(州府县)崇
圣祠以学政为正献，……崇圣祠教谕正献，两序训导分献。"(清)昆冈等纂：《钦定大清会典》卷
三十五，清光绪二十五年刻本，台北：新文丰出版股份有限公司，1976年，第370页。

民间不符合祀典的祭孔形式有权进行纠正,以维护国家祀典体系。因此,他们很可能是在亲眼见到大量三教庙后,认为其与国家祀典不符,遂奏请朝廷禁止,以"辟异端"、"正祀典"、"崇正学"。在明清时期,国家政权对地方祠祀的整顿主要是为防止神圣秩序紊乱造成社会秩序以及民心的混乱,因而被提升到礼法秩序层面的问题通常都会引起统治者的重视。道光二十年(1840)编纂的《济南府志》或许很好地概括了三教庙禁令的出发点:"国朝禁淫祀,学臣奏毁三教堂,惧其贻害学术也。"①实际上,地方祠祀并非单纯的信仰现象,而是蕴含着"祭祀礼仪—道德教化—思想学术"多重内涵。

从具体内容上分析,明正统三年禁令主要起因是"有等无知僧辈往往欲假孔子以取敬信于人,乃绘肖三像、并列供奉",即针对由佛教主导修建的三教庙;清代的两次禁令则主要是针对地方民众修建的庙宇尤其是这一时期广泛分布于河南、山西等地、由地方村社组织修建的三教庙。三次禁令相关奏疏内容都明确论及三教庙以儒家圣人孔子居于末座("孔子居右"、"使万世之师屈居释道之下")的实际情形,并指出这种情形与"定制"、"祀典"不符。换言之,这三次禁令的焦点都在于三教庙的圣像位次暨祭祀礼仪的正当性。

在这里,我们需要参照一下中国古代的国家祭祀制度即"祀典"。祭祀制度是中国古代礼仪制度的重要组成部分。国家祭祀制度,称为"祀典"、"正祀",据正统儒学的说法,是从周代延续下来的传统,具有完整的"祭统"、"祭义"和"祭法",传承有秩,井然有序。②汉武帝独尊儒术之后,儒家礼仪传统逐渐成为官方祭祀制度之主导;以《周礼》《仪礼》《礼记》等经籍为依据、在秦汉礼制实践中初步成型的"祀典",在此后历代又根据具体情况有所损益,至明清时期从中央到地方建立起一套完整的祭祀制度。这套祭祀制度的主

① (清)王赠芳修、成瓘纂:《(道光)济南府志》卷十八,清道光二十年刻本。
② 李天纲:《江南镇乡祭祀体系中的地方与国家——以上海金泽镇及苏、松二府为例》,《华东师范大学学报(哲学社会科学版)》,2014年第4期。

体部分包括天坛、社稷坛、风云雷雨山川坛、厉坛、文庙、城隍庙等祭祀内容，由官府定期派员致祭。

据《大明会典》卷八十一所录《祭祀通例》：

> 国初以郊庙、社稷、先农俱为大祀，后改先农及山川、帝王、孔子、旗纛为中祀，诸神为小祀。嘉靖中，以朝日夕月、天神地祇为中祀。凡郊庙、社稷、山川、诸神，皆天子亲祀。国有大事则遣官祭告，若先农、旗纛、五祀、城隍、京仓、马祖、先贤功臣、太厉皆遣官致祭，惟帝王陵寝及孔子庙，则传制特遣，各王国及有司俱有祀典，而王国祀典具在仪司。洪武初，天下郡县皆祭三皇，后罢止。令有司各立坛庙，祭社稷、风云雷雨山川、城隍、孔子、旗纛及厉，庶人祭里社、乡厉及祖父母、父母，并得祀灶，余俱禁止。①

由此可见，在明代，祭祀孔子是国家祀典的重要内容，在地方上主要由县级以上的官员建庙祭祀，庶民是没有资格建庙祭祀孔子的。清代的情况也大致类似。据清乾隆十二年（1747）编纂的《大清会典则例》卷七十五所列《祭统》记载：

> 一，凡祀分三等，圜丘、方泽、祈谷、雩祀、太庙、社稷为大祀，日月、前代帝王、先师孔子、先农、先蚕、天神地祇、太岁为中祀，先医、关帝、火神、北极佑圣真君、东岳、都城隍、黑龙潭、玉泉山……等祠为群祀。②

清光绪年间编纂的《钦定大清会典》卷三十六所列"崇德报功以祀"

---

① （明）李东阳等撰、（明）申时行等重修：《大明会典》卷八十一《礼部》三十八《祠祭》，扬州：广陵书社，2007年，第1265页。
② （清）允裪等纂：《大清会典则例》卷七十五《礼部·祭统》，清文渊阁四库全书本。

一类：

> 各省府州县建先师孔子庙，每岁以春秋仲月上丁日释奠。①

　　结合上述史料来看，儒释道三教祖师中被列入明清时期国家祀典的只有孔子，官方祭祀一般采用"中祀"规格，至清光绪三十二年（1906）升为"大祀"。并且，自唐代开始即规定最基层的官方祭孔祠庙建立在县一级，通常将学宫（官学）与文庙结合，又称"庙学"，故有"孔子祀于学"、"庙学一体"之说。从中央到地方，祭祀孔子往往严格按照国家祀典的规定，形成了以"三献礼"为核心的祭孔礼仪。②

　　明清时期泽州地区也建有官方祭孔庙宇、按照"三献礼"的仪式进行祭祀。清《（雍正）泽州府志》对当地文庙及祭祀规格有明确记载：

> 文庙，在城内东南隅，祭先师孔子，以颜、曾、思、孟四子配享，闵子、子贡、子路、冉有、冉伯牛、仲弓、子游、子夏、宰予、子张十哲从祀，祭以上丁日，燔燎瘗望礼，三献先师祭品。③

　　当然，明清时期的"祀典"主要是从中央角度制定的祭祀体系，而这个体系具体落实到地方上，则体现在众多的方志文献中。各地的方志中大多辟出一部分专门记录朝廷或地方政府所支持或允许的祠庙，这部分内容或称"祠祀"，或称"坛庙"。从明清时期泽州地区的实际情况来看，当地官方祠庙基本上遵循国家祀典框架而建立，并包含一些具有地方特色的祠庙。依据方志资料，可以一窥明清时期泽州地方正祀的基本内容：

---

①②　（清）昆冈等纂：《钦定大清会典》卷三十五，清光绪二十五年刻本，台北：新文丰出版股份有限公司，1976 年，第 370 页。

③　（清）朱樟修，田嘉穀纂：《（雍正）泽州府志》卷二十《坛庙》，清雍正十三年刻本。

表 5.2 明《(万历)泽州志》卷十《祀典志》所列祠祀信息

州、县	祠　祀
泽 州	文庙、启圣祠、名宦、乡贤二祠、文昌祠、程明道先生祠、张忠公祠、旌忠庙,八蜡庙,五龙庙,天井关宣圣庙,旗纛庙、城隍庙、厉坛
高平县	社稷坛、风云雷雨山川坛、厉坛、文庙、启圣祠、名宦祠、八蜡庙、城隍庙、程子祠
阳城县	社稷坛、风云雷雨山川坛,厉坛、城隍庙,八蜡庙,文庙,名宦祠,乡贤祠
沁水县	社稷坛,风云雷雨山川坛,厉坛,文庙,启圣祠,名宦祠,乡贤祠,八蜡庙
陵川县	社稷坛,风云雷雨山川坛,厉坛,八蜡庙,文庙,启圣祠,名宦祠,乡贤祠,城隍庙

表 5.3 清《(雍正)泽州府志》卷二十《坛庙》、卷二十一《祠祀》所列祠庙信息

县　名	坛墠	庙祀	祈报	祠祭
凤台县	先农坛、社稷坛、风云雷雨山川坛、八蜡坛、厉坛、风伯雨师坛、济渎庙、旗纛庙、城隍庙、土地祠	汤王馆、孔子庙、颜氏家庙、蔺相如庙、关壮缪侯庙、三代祠、三忠庙、李卫公庙	玉皇庙、天王庙、东岳庙、元武庙、三官庙、真武庙、晏公庙、二郎庙、五龙宫	忠义孝弟祠、节孝祠、旌忠庙、程明道祠、七贤祠、张忠公祠、旌忠祠、昭忠祠、报恩祠、王公祠、贤侯祠
高平县	先农坛、社稷坛、风云雷雨山川坛、八蜡庙、邑厉坛、城隍庙、社厉坛、济渎庙	神农庙、轩辕庙、朗公庙、汤王庙、蔺相如庙、张仪庙、关壮缪侯庙、崔府君庙	玉皇庙、东岳庙、元帝庙、三官庙、文昌庙、金龙四大土庙、五龙庙、护国灵贶王庙、灵渊王庙、七贤寺、二郎庙、骷髅庙、孙真人庙、白衣观音庙、二仙庙、悬壶真人庙	忠义孝弟祠、节孝祠、关侯三代祠、程明道祠、马将军祠、杨令祠、贤侯祠
阳城县	先农坛、社稷坛、风云雷雨山川坛、八蜡庙、厉坛、城隍庙、土地祠	轩辕庙、虞帝庙、成汤庙、孔氏家庙、关侯庙、唐太宗庙	玉皇庙、天王庙、五岳庙、风神庙、白龙庙、黄龙庙、黑龙庙、高禖神祠、三灵侯庙、栖龙潭神庙、水草神庙	贤侯祠、忠义孝弟祠、节孝祠

续　表

县　名	坛　壝	庙　祀	祈　报	祠　祭
陵川县	先农坛、社稷坛、风云雷雨山川坛、八蜡庙、邑厉坛、城隍庙、土地祠	成汤庙、关壮缪侯庙、关侯三代祠	崔府君庙、白龙王庙、蚜坊庙、元帝庙、东岳庙、文昌庙、三官庙、三圣阁、二郎庙、真泽二仙庙	忠义孝弟祠、节孝祠、郝文忠公祠、王兵宪祠、七状元祠
沁水县	先农坛、社稷坛、风云雷雨山川坛、八蜡庙、邑厉坛、城隍庙	三皇庙、舜庙、太岳神庙、河神庙、交贯神庙	玉皇庙、东岳庙、真武庙、文昌庙、火神庙、马神庙、黑虎庙	关壮缪侯祠、关侯三代祠、李司徒祠、昭忠祠、忠孝节义祠、节孝祠

　　由上表来看,明清时期泽州地方正祀体系不仅有社稷坛、风云雷雨山川坛等天下通祀的坛庙,还包括大量为有善政的地方官、忠孝节义之士修建的祠宇。除上述官方祠祀之外,泽州地区还有大量的民间祠庙和佛道寺观。民间社会自行修建的祠庙,地方志中多称为"私祀"。路遥教授研究指出,宋代以降,经赐额封爵纳入国家祀典的神灵与祠庙数量相当多,也有许多赐额封爵而未纳入国家祀典、在广大中间地带的神灵与祠庙。[1]未被纳入国家祀典的民间私祀存在被禁止的风险。此外,方志文献通常以"寺观"体例记录佛教寺庙、道教宫观。大量的佛道寺观虽然未被列入国家祀典,但载于官修方志,这也在某种意义上显示了这些寺观存在的合法性。因此,官方正祀(包括方志中的"祠祀"、"坛庙")、民间私祀和佛道寺观共同构成了地方社会信仰生活的丰富图景。

　　因此,三教庙实际上属于国家祀典和地方正祀体系之外的民间"私祀"。三教庙之所以被儒家正统士人指为"与祀典不符"、"渎礼"、"违例供奉",主要在于其将孔子、佛祖、老君圣像并列供奉于一堂,这种祭祀形式违背了"孔子祀于学,佛氏祀于寺,老氏祀于观"之"定制"。[2]虽然在明清时期地方正祀

---

[1]　路遥:《中国民间信仰研究述评》,上海:上海人民出版社,2010年,第18页。

[2]　《明英宗实录》卷四十,正统三年三月庚戌,"中央研究院"历史语言研究所校印:《明实录》第十四册,1962年,第786—787页。

体系中也包含一些采用"并列供奉"、"合祀"形式的庙宇,例如明正统年间(1436—1449)山西平阳府临汾县三圣庙合祀尧、舜、禹,[①]清乾隆年间陵川县关岳庙合祀关帝、岳鄂王等;[②]但是,并列祭祀三教祖师的庙宇从未被官方正式认可,属"违例供奉"。更何况,三教庙普遍采用佛居中、老君居左(东)、孔子居右(西)的圣像位次模式——明清时期的左右尊卑次序原则是以左为尊,故而三教庙的圣像位次象征着佛最尊、道次之而儒最末的尊卑秩序。虽然这种圣像位次在民众看来未必具有强烈的高下主次之别,将佛像置于中间可能只是出于他们朴素的观念——佛祖具有最大的"法力",最能解决他们的信仰需求,加之地方工匠群体"模式化"造像传统使早期三教庙的圣像位次得到延续而已;但是,在极为重视等级秩序的儒家正统士人看来,三教庙的圣像位次"使万世之师屈居释道之下",属"渎神"之祀,必须予以纠正。

更深一层,围绕三教庙祭祀礼仪正当性问题的背后,实际上还涉及中央政权对地方社会教化主导权之掌控。从根本上看,三教庙禁令透过地方祠庙的礼仪正当性问题,最终指向地方社会教化与中央政权统一教化标准之间的分歧;而儒家学臣必诉诸朝廷政令以禁革各地三教庙的一个深层原因,也是为消解这种分歧。于是,"学臣奏毁三教堂",对这类违背儒释道三教"神道"常规教化形式的地方庙宇严行禁革,并且是在全国范围内颁行,"通行天下禁革"、"各省一体禁止"。

其中,清乾隆九年(1744)三教堂禁令在颁行各省时还规定了具体的处理方案:

> 即敕该抚严行禁止。其圣像实不便毁销,如欲移奉,令该抚查明通省书院若干、义学若干,并各属或有洁净公所,渐次奉迎安设;其祠宇改

---

① (明)傅淑训修、曹树声纂:《(万历)平阳府志》卷四,明万历四十三年刻清顺治二年递修本。
② (民国)库增银修、杨谦纂:《陵川县志》卷十,民国二十二年铅印本。

称寺观，三教额碑悉行撤去。若向属公地管领无人，现在住持僧道本无产业可依者，酌令迁于别寺观居住，其佛、老诸像，亦即听其移奉，将其地改为书院、义学，安奉圣像。仍将办过之处，报明礼部存案，并将嗣后再有倡议修建三教堂者，饬地方官严行究治。①

上述禁革方案可以概括为：

（一）如果三教堂中的孔子圣像不便毁销，可按地方官员的规划移奉于本省境内的书院、义学或其他洁净公所（乡约所、讲约所等）；

（二）移走孔子圣像的庙宇，可以改为佛寺或道观，庙中原有带"三教"字样的匾额、碑刻悉行撤去；

（三）如果向属公地管领无人，住持僧人或道士本无产业可依，可以将他们安置于其他的寺观，三教堂中原有的佛祖、老君圣像听其移奉，原地改为书院或义学，安奉圣像。

由此来看，乾隆九年禁令对三教堂的处理主要采取"改书院、义学、公所"等措施，这些措施是明清时期儒家士人"毁淫祠"常用的改造方法。例如清初福建漳浦县儒生蔡衍鎤所作《请罢淫祀书》，建议官府将本境一些民间祠宇"或改作社学，以授生徒，或便为讲约所，朔望宣讲十六谕"。②

至于明清时期三次全国性三教庙禁令的执行情况，我们也可以从相关史料中找到线索。明正统三年（1438）"禁天下祀孔子于释老宫"诏令的具体执行情况，史载不详。但从此后各地仍有大量三教庙的修建活动来看，此次诏令未能有效禁止"祀孔子于释老宫"的做法。例如，明天顺二年（1458）泽州高都镇湖里村乡耆原文秀在本村二仙庙以东"重建佛殿三间，三教圣像一

①　（清）昆冈等纂：《钦定大清会典事例》卷五百一，台北：新文丰出版公司据光绪二十五年刻本印行，1976 年，第 11743 页。
②　（清）蔡衍鎤：《上郭制府请罢淫祀书》，《操斋集》卷三，清康熙刻本。

缘已讫"。①再如，明弘治年间（1487—1505）、嘉靖年间（1522—1566）沁水县孔壁村民众亦有重修三教庙的活动。②可见，明正统三年（1438）禁令颁布后，泽州乡村地区仍存在着三教圣像并列供奉的庙宇形式。

相关史料较为详细地记载了乾隆九年（1744）三教庙禁令的执行情况。例如，乾隆十年（1745）直隶顺天府东安县知县李光昭奉檄清厘，"凡境内有三教堂者，悉毁之"。③山西孝义县的几处三教庙在乾隆九年禁令下达后不久即改为社学（义学）。④山西绛州娄庄（今新绛县龙兴镇娄庄村）三教庙也在乾隆九年禁令下达后迁除佛、老像，改为夫子庙。⑤在泽州地区，也有一些三教庙受到了此次禁令的影响。陵川县佳祥村西庙三教堂建于明嘉靖二十七年（1548）⑥，清乾隆六年（1741）佳祥村民众准备在三教堂之东修建崇文馆、凌云阁，至乾隆九年（1744）秋九月，"工方兴，而朝廷有孔子与佛、老并祠之禁"，于是，"易三教堂孔圣像以他神，而以村之西馆为文庙，四配十哲"，即把三教堂中的孔子像迁至村之西馆（文庙）。⑦

然而，更多的三教庙似乎并未受到禁令影响。从相关方志、碑刻资料来看，乾隆九年禁令下达之后，泽州乡村仍有大量三教庙存在，一些三教庙甚至庙貌迭新而规模愈恢。例如，凤台县西南六十里许的祁家街村三教堂的重修工程自清乾隆元年（1736）至乾隆十五年（1750）持续进行，似乎并未因乾隆九年禁令而中断。⑧再如，清乾隆十六年（1751）凤台县下胡村重修了三教堂。⑨乾隆二十八年（1763）陵川县杨家河村三教堂"重修正殿、

---

① 明正德十三年（1518）《重修佛殿并二仙庙记》，碑存泽州县高都镇湖里村二仙庙。
② 明万历八年（1580）《重修三教庙记》，碑存沁水县郑庄镇孔壁村三教庙。
③ 李志：《义学碑记》，参见（清）张之洞撰：《（光绪）顺天府志》卷六十二，清光绪十二年刻本。
④ （清）邓必安修、邓常纂：《（乾隆）孝义县志》卷一，清乾隆三十五年刻本。
⑤ 清乾隆九年（1744）《娄庄夫子庙记》，收入（清）阎廷玠：《莲峰文选》卷一，清乾隆四十年刻本。又参见（清）李焕扬修、张于铸纂：《（光绪）直隶绛州志》卷十七，清光绪五年刻本。
⑥ 附城村志编纂委员会编：《附城村志》卷一，太原：三晋出版社，2012年，第74页。
⑦ 清乾隆十八年（1753）《佳祥村修建崇文馆及凌云阁小记》，碑存陵川县附城镇佳祥村西庙。
⑧ 清乾隆十五年（1750）《祁家街创修三教堂志》，碑存泽州县山河镇祁街村三教堂。
⑨ 清乾隆十六年（1751）《重修三教堂碑记》，碑存泽州县金村镇下胡村三教堂。

东西廊房"①。据方志、碑刻资料统计,从乾隆九年(1744)下达禁令至道光
十六年(1836)再次下达三教庙禁令的 92 年间,泽州地区已知三教庙重修活
动至少有 32 次,甚至还新建了 5 座三教庙:

　　　　清乾隆十五年(1750)凤台县祁家街村创修三教堂。②
　　　　清乾隆二十八年(1763)凤台县刘家河村创建三教堂。③
　　　　清乾隆三十一年(1766)陵川县杨家岭村创修三教庙。④
　　　　清嘉庆年十四年(1809)凤台县贾氿村创建三教圣庙。⑤
　　　　清嘉庆二十二年(1817)高平县北苏庄村创建三教堂。⑥

　　由此来看,乾隆九年禁令在泽州地区可能并未产生实质性影响,不仅对
旧有的三教庙"革而未尽",而且对这类庙宇的新建活动也"禁而不止"。实
际上,即使是在乾隆九年禁令中首当其冲的河南省,其执行也并不彻底,仍
有大量三教堂长期存在于乡村地区。⑦

　　类似地,道光十六年禁革三教庙的政令下达后,在各地的执行效果也十
分有限。这种情况的出现,可能与以下两个方面的因素有关:

　　(1) 三教庙的信仰实践形式高度契合地方民众需求,因而在民间社会
具有较强的生命力。明清时期,三教庙经历持续的"地方化"、"民间化"、"民
俗化"演变,已经深深融入中国基层社会文化土壤,尤其与乡村民众的信仰
生活模式相适应。在泽州地区,大量三教庙成为所在乡村的"社庙",在当地
民众的信仰生活和区域社会公共生活中发挥着十分重要的作用。然而,对
于这类庙宇及其形成的信仰传统,朝廷仅作简单的禁革处理,并未提供更好

---

① 清乾隆二十九年(1764)《重建三教堂序》,碑存陵川县秦家庄乡杨家河村三教堂。
② 清乾隆十五年(1750)《祁家街创修三教堂志》,碑存泽州县山河镇祁家街村三教堂。
③ 清乾隆二十八年(1763)《创建三教堂碑记》,碑存泽州县大东沟镇东刘河村三教堂。
④ 清乾隆三十一年(1766)正殿脊枋题记,现存陵川县潞城镇杨家岭村三教庙。
⑤ 清同治二年(1863)《创修三教圣庙碑记》,碑存泽州县大箕镇贾氿村三教堂。
⑥ 清嘉庆二十二年(1817)《北苏庄创建三教堂并西南东南二阁碑记》,碑存高平市河西镇苏庄村
　 三教堂。
⑦ 王兴亚:《明清河南三教堂盛衰的历史考察》,《石家庄学院学报》2017 年第 2 期。

的或与此相当的替代方案;因此,地方民众对禁令普遍表现出消极态度,就不难理解了。这是明清时期三教庙禁令在地方社会难以充分执行的根本原因。

(2)明清时期国家政令在"县以下"区域的实际执行力大打折扣。有学者认为,中国古代国家权力一般只能到达县一级。[①]"强大的皇权或中央集权国家的直接行政统治,从未真正深入中国县以下的社会中,广大农村及农民的直接统治者,是作为皇权延伸物的家族和士绅。"[②]然而,地方士绅与村社组织并不完全是国家政权的附属,在国家官僚体系之外,乡村社会有一套自身的权力运行结构,秩序的维持离不开居于乡间的士绅群体,他们有时甚至是地方公共事务的实际经营者。大量三教庙恰恰分布于国家政治权力支配末端的地方乡村社会。地方士绅对于基层民众有更直接的接触和了解,因而很清楚三教庙因高度契合民众信仰生活而广泛存在,他们在综合考量、权衡利弊之后,往往倾向于"从俗"、"顺乡人之意",尝试以各种"变通之法"使当地的三教庙在禁令之下得以保存。[③]换言之,在面对地方祠庙与国家祀典以及背后更深层次的地方教化与国家正统教化之间的冲突时,地方士绅通常会尽力调节两种体系之间的矛盾,使二者能在"同归于善"(道德教化)、"同归于治"(秩序安定)的目标上达成一致。

可以说,正是上述因素的存在,使得明清时期"学臣奏毁三教堂"的努力在地方社会付诸实践的过程中困难重重,收效较为有限。禁令之下,各地仍

---

① 参见胡恒:《皇权不下县?清代县辖区与基层社会治理》,北京:北京师范大学出版社,2015年,第10页。

② 李路路、王奋宇:《当代中国现代化进程中的社会结构及其变革》,杭州:浙江人民出版社,1992年,第181页。

③ 这些发挥调节作用的地方士绅,在一定程度上类似于杜赞奇(Prasenjit Duara)所说的20世纪之前华北农村的"保护型经纪"群体。杜氏指出,清朝政府通过"国家经纪"处理乡村社会中的税收及行政事务,这些"经纪人"或"中介人"分为两类:一类为"保护型经纪",他们代表社区的利益并保护自己的社区免遭国家政权的侵犯,此类经纪与村社共同体的关系比较密切;另一类为"营利型经纪"或称为"掠夺型经纪",他们视乡民为榨取利润的对象。参见[美]杜赞奇:《文化、权力与国家:1900—1942年的华北农村》,王福明译,南京:江苏人民出版社,2018年,第2页。

有大量三教庙持续存在和发展。

本章小结

不同人群关于三教庙的具体态度和理解可能并不一致。明清时期泽州乡村民众对于三教庙大多持认可态度，并积极参与其修建和祭祀活动。在乡村民众的朴素理解中，儒释道三教之间并没有泾渭分明的界限，三教祖师孔子、佛祖、老君都是"圣人"、"老爷"，可以并列供奉于一堂，并且只要虔心祭祀，就能获得三教祖师的共同福佑。同时，"崇德报功"观念和"灵验性"关切也是乡村民众积极参与三教庙修建和祭祀活动的重要动因。

地方知识精英对于三教庙的理解和诠释比较复杂，认可者有之，反对者有之，不置可否者亦有之。儒家士人构成了地方知识精英的主体。明清时期泽州地区不少地方知识精英为三教庙撰写碑记，以"三教同归"、"神道设教"等观念对这类庙宇进行合理化诠释，强调其"劝善"、"设教"、"化民成俗"的积极意义。可以说，这些地方知识精英对三教庙的合理性诠释，与乡村民众的朴素信仰观念共同构成了三教庙广泛修建的重要基础。与此相反，一些儒家知识精英对三教庙持否定、批判态度，而批判的焦点即在于这类庙宇"以佛居中而孔子末座"的圣像位次。此外，还有一些地方知识精英对这类庙宇形式不置可否。

一些儒家地方官员尤其是"学臣"群体对三教庙秉持激烈的批判态度，甚至奏请朝廷颁布政令禁毁三教庙。然而，明清时期的三教庙禁令并未从实质上改变大量三教庙持续存在于地方社会的状况。这种现象的直接原因在于三教庙大多分布于国家权力支配末端的乡村地区，地方士绅对基层民众有更直接的接触和了解，权衡利弊之后多数会选择"从俗"、"顺乡人之意"，调节地方祭祀与国家祀典以及背后更深层次的地方与国家在教化主导权上的冲突,以各种变通方式保存三教庙;根本原因则在于三教庙高度契合乡村民众信仰生活,在地方社会具有极强的生命力,对这样一种根深蒂固的信仰传统,仅以政令手段禁毁而未提供更好的替代方案,难免导致地方社会对禁令的消极态度。

结　论

　　本书选取明清时期山西泽州地区的三教庙为考察中心,围绕这类庙宇的区域分布、主要类型、形制布局、修建群体、祭祀活动及多元理解等问题展开具体考察和分析。至此,可以初步得出以下结论:

　　明清泽州地区的三教庙主要分布在乡村,大多是所在村社的"社庙"。这种情况在明代中期以后更为普遍。大量三教庙成为"社庙"、"春祈秋报之所",并非偶然:儒释道三教信仰文化在泽州地方社会广泛而深刻的影响、民众对三教祖师的朴素认知构成了大量三教庙成为"社庙"的重要基础;另一方面,随着元代以后"民俗佛教"转型进程的深化,三教庙在泽州地区持续"地方化"、"民间化"、"民俗化"的演变趋势及其与明清时期泽州村社现实条件的结合,也是大量三教庙成为"社庙"的关键因素。作为"社庙"的三教庙,不仅是明清时期泽州村社的重要信仰空间,也是乡村各项公共活动开展的中心场所和基层管理组织的实际载体,发挥着信息传递、道德教化和地方治理的作用,对于村社基层共同体秩序的维系、民众行为的规范、村际关系的协调、地方礼俗的整合都具有积极的意义。庙宇内的大量政令告示、社规禁约、纠纷调解碑刻反映出,"社"组织的诸多重要功能在很大程度上都依托这类"社庙"而发挥和实现。可以说,作为"社庙"的三教庙与明清泽州乡土社会的基层组织体系是高度结合在一起的。

　　三教庙的形制呈现出"标准化"的模式特征,建筑格局与晋东南传统"四合院"民居形制类似,通常为一进院落,主要包括正殿、配殿(耳殿)、厢房、戏台、看楼等部分。这种布局实际上形成了一种"复合型"社庙场域：正殿供奉儒释道三教圣人，形成一种整体上的统摄，从普遍意义上福佑村社民众；配殿则祭祀某些专门保障村社生产、生活的"功能性神祇"，以满足各种具体的信仰需求。这种形制布局，蕴含着内在的秩序性，反映出中国民间信仰直接面向现实生活世界的"内在理性"特征。劳格文（John Lagerwey）先生在讨论中国民间信仰的"理性"特征时，认为应将"理性的"（rational）概念解释为"合理性"、"合理的"，强调中国民间信仰"传承上千年、符合大多数中国民众的社会—经济状况"，是"合理的"信仰形式。①

明清泽州地区三教庙的修建活动，通常是以"社"组织为基础、士农工商各类人群广泛参与而实现的。村社按每户地亩数量摊派为主、兼用多种方式筹集庙宇修建资金。地方士绅、僧道、"会"组织、商号、窑炉行等群体也以捐钱施地、鸠工庀材、撰文立碑等方式积极参与三教庙的修建活动，共同构成了这类庙宇在泽州乡村社会长期维持和存在的重要保障。

明清时期泽州地区三教庙的相关祭祀活动主要包括烧香敬拜、供奉祭品、献戏酬神等形式。乡村普通民众是三教庙相关祭祀活动的主要参与群体。这印证了卜正民（Timothy Brook）的观点："将三教圣人组合崇奉的主要动因来自基层社会，体现了民众对三教信仰资源都加以积极利用的意愿。"②民众在三教庙中的日常祭祀活动主要采用烧香敬拜的方式，表达了健康、平安、子嗣、文运（仕途）、财富等方面的个体性祈福，而在"春祈秋报"等集体祭祀活动中则大多采用供奉祭品、献演戏剧等形式，主要祈求风调雨顺、岁时丰稔、阖境平安等整体性福祉。可见，村社整体和民众个体祈求的福祉，都与现实生活息息相关。这种现实关切也是长期以来中国民间信仰

---

① John Lagerwey, *China: A Religious State*, Hong Kong: University of Hong Kong Press, 2010, p.154.

② Timothy Brook, "Rethinking Syncretism: The Unity of the Three Teachings and Their Joint Worship in Late-Imperial China," *Journal of Chinese Religions*, 1993(21), p.33.

的一个普遍特征。欧大年(Daniel L. Overmyer)先生指出："中国民间信仰在日常生活、社区生活中展开的仪式实践，主要目的在于解决日常生活问题。"①换言之，与彼岸世界的愿景相比，中国的老百姓更关注现世生活。此外，三教庙的相关祭祀活动在很大程度上还与人文道德教化、地方社会生活紧密联系，蕴含着信仰秩序与生活秩序交织、互动的内在逻辑，流露出民众对现实世界的具体认知、理解与期望。如今，我们面对这类庙宇及其祭祀形式，仍需回到中国民间社会最深厚、最基层的文化传统和生活结构中去认识和理解其丰富意义。

在"殊途同归"的庙貌之下，生动体现了中国民众基于世俗生活需求、主要以"有求必应"、"多多益善"等民间信仰逻辑对儒释道三教神圣象征符号的整合与运用。在大多数民众的理解中，儒释道三教虽在内容上各有侧重，本质上是相通的；孔子、佛祖、老君都是"神"、"圣人"、"老爷"，可以一并尊奉、同堂祭祀。可见，对于儒释道三教，民众更倾向于取其"同归"之用，而非区分和强调其"殊途"之理。这种取用，又基于现实生活的信仰逻辑，即"有求必应"、"多多益善"，认为只要虔诚供奉，就能获得三教圣人的共同保佑和赐福。因此，"殊途同归"的三教庙彰显了中国民众以现实生活逻辑整合儒释道三教信仰文化传统的内在智慧。并且，正是这种现实生活逻辑从根本上形塑了中国宗教文化"多元兼容"、"和谐共生"的特质。

与普通民众的淳朴信仰观念不同，知识精英阶层对三教庙的理解比较复杂。部分地方知识精英对三教庙的积极意义给予认可，并以"三教同归"、"神道设教"等观念对其进行合理性诠释。这种认可和诠释，对于三教庙在地方社会的广泛修建和长期发展是有利的。但是，一些秉持儒家礼法正统观念的知识精英尤其是地方学臣，对三教庙的"礼仪正当性"予以否定和尖锐批判，甚至奏请朝廷下令禁毁这类庙宇。由此可见，关于三教庙多元

---

① ［美］欧大年：《中国民间宗教的秩序和内在理性》，赵昕毅译，香港中文大学崇基学院宗教与中国社会研究中心主办：《通讯》1998 年第 3 期。

理解的差异主要存在于普通民众和正统儒家学臣之间,这种差异的实质则是基于朴素信仰观念、直接面向日常生活世界的"祀"与强调儒家至尊地位并坚持儒礼正统性、纯粹性的"教"之间的内在分歧。由于三教庙的信仰实践形式高度契合了民众信仰生活的基本需要,"祀"与"教"之分歧及其引发的现实冲突很难从根本上解决,也难以影响三教庙在地方社会的持续发展,"学臣奏毁三教堂"的努力注定收效甚微。

更深一层,关于三教庙的多元理解与互动,实际上也从一个侧面呈现了**明清时期以地方祠庙祭祀为主要形式的民间信仰生活**在中国宗教文化发展进程中的具体处境,并且,广大普通民众以"祀"为基本形式的信仰实践与知识精英阶层以"教"为核心标准的礼仪观念之间的分歧与张力,可能具有相当的普遍性。因此,在这个意义上,本书的研究也可以延伸到对中国宗教文化传统的整体理解与反思。

附录一
相关碑刻资料选录

整理说明

碑刻资料包含着地方社会风貌和民众信仰生活的丰富内容,并且具有较高程度的真实性,往往能够弥补正史记载之不足,即"以碑补史"之谓。泽州地区乡村社会广泛存在的相关碑刻文献,构成了本书研究的基础性资料。笔者在现存的数百通与三教庙相关的碑刻资料中,整理、辑录了完整性较好和代表性较高的部分碑刻。从碑刻体裁和内容来看,主要选取了创修碑、重修碑、布施碑、记事碑、告示碑、社规禁约碑等碑刻文献类型。选录的这些碑刻文献,按照对庙宇的实地调查(踏访)先后顺序进行编排,与同一庙宇相关的碑刻则以年代先后顺序编排,以便读者查考。

此外,需要说明的是,由于泽州地区乡村社会和民间书写方式的特点,此处辑录的碑文内容因碑文作者各自书写风格和习惯的差异,常常会出现一些量词表述、数字书写等方面前后不一致的现象。本书为尽可能地维持碑文的原貌,故而对这些方面的差异基本都予以保留。对于部分碑刻文献字迹漫漶、辨认不清的现象,本书亦采取保留、存疑的谨慎态度,以"□"表示漫漶难辨的每一字,若漫漶之处字数较多,亦尽力注明阙字多少。当然,因笔者水平有限,对碑文内容的搜集整理、抄录辨识、句读标点等,都可能存在错误纰漏之处,敬请读者批评指正。

(1) 金天会十年(1132)《泽州陵川县三泉里积善村三教堂记》,碑存陵川县西河底镇积善村昭庆院。

泽州陵川县三泉里积善村三教堂记

伏以抚育万灵,崇三圣之设教;虔诚贤像,究百行以为源;其道且三宗归一也。法开众妙之门,三途不染;洞达如来之趣,五蕴皆空。和光众曜,德星而永镇长天;泽润群苗,瑞草而多生陆地。肃清于释性之由,昭彰凡庶;造化乐清祥之庆,运转乾坤。威仪徒众,教之以礼乐文风;轨范相参,道之以百揆时叙。

其堂始自元丰乙丑,古寺滋基;虽购良工,荒堂才备,奈素壁无纹,佛像阙坠。至政和六年,维那王谏等各克己分之财,精诚塑绘,五彩争光。十有余年,梁材朽腐,虑败而以伤风污其朱紫。嗟昔年之资费,枉陷尘泥,次以维那郭谏等再兴弘愿,别选良材诱□,阖村重完大厦,雕墙峻宇,不日而成,栋跃檐飞,获时皆就。深省石阶然而未备,次有香花邑众李格等齐发善心,各舍净财,命工瓷砌,略施裨补之仪,各挂名于石后。

铭曰:

建此祠堂,秀岭雄冈。灵踪久蔽,今复标扬。立极定位,开辟辉光。
运行寒暑,潜伏阴阳。长生之域,太活之乡。从兹圣德,永保时康。

彩画维那　王谏　常德　苏彙　苏仲　苏泽　李景　李滋　王秘
重建维那　郭谏　李愿　常德　张翔　郭赟　常安　王秘　苏确
李滋　焦谨
苏美　李景　李格　李材　李起　王靖　苏仲　苏隐　苏弁　刘
庆　苏泽　郭顺
施梁人王秘男珍

| 纠首 | 邑众 | 王秘 | 李格 | 尹楫 | 杨千 | 孟俊 | 李真 | 王仝 |

高遇

| 李泽 | 杨善 | 王靖 | 成濬 | 高万 | 郭钊 | 牛仝 | 司乂 | 苏奇 |

程福

| 王威 | 焦元 | 韩翌 | 崔福 | 郭权 | 高一 | 马进 | 王倚 | 高周 |

高颜

| 郭确 | 苏升 | 苏祐 | 苏轸 | 苏宏 | 苏鼎 | 郭在 | 李永 | 李福 |

浩靖

邑长韩辅

天会十年岁次壬子七月己未而甲申散民张翔记李呑书叚玘刊

(2) 金大定二十五年(1185)《仙井北村重修三教堂记》,碑额"重修三教堂记",碑存高平市河西镇仙井村三教堂。

仙井北村重修三教堂记

夫尚慈悲、济苦难,金仙之懿范。守柔弱、贵清净,老圣之高风。谈礼义、陈孝悌,宣尼之善诱。此三圣师之教也。其大要皆务化人为善。上而国家奉而行之,下则民俗敬而遵之。是以在处多有三圣之祠焉。仙井北村旧有斯堂,在街之西,以年禩历久,风雨摧伤,瓦木倾圮,殆不庇其圣像,有本村焦三翁材者,信敬中发,舍施外勇,首出家赇,次率里人,重兴修建,量所经费,自备其半。仍有董校尉德、祁校尉元、苏校尉宝、巩大翁直四人者,不谋同心,□赞其事及□之半,而焦三翁、董校尉、祁校尉相继谢世。有焦三翁妻董氏及兄二翁焦桂,祁校尉男进,董校尉男桂各务继志,洎众修完,鸱尾侵云,阶簾远地,轮奂一新,金碧相耀,足以起多人之瞻敬焉。厥功既成,以预结缘者姓名,刻之于石,用垂不朽耳。

时大定二十五年岁次乙巳十一月庚辰朔十有三日壬辰立石

乡贡进士王真净撰,焦诠书丹并篆□

都维那焦材　兄焦桂　副维那　巩直

副维那　董校尉德、祁校尉元　苏校尉宝

木匠　焦琮　瓦匠　李春　琉璃匠　邢祐　木匠　焦琦　赵江镌

(3) 元至正四年(1344)《有元仙井里再重修三教堂记》,碑额"重修三教堂记",碑存高平市河西镇仙井村三教堂。

有元仙井里再重修三教堂记

丹源逸士里人韩嗣宗撰并书丹篆额

原夫济生灵于既往,拔苦楚于幽冥,实惟西方圣人佛之力。与其以握玄机、谈道德、守清净、建五行,乃太上老氏之功焉。至于祖述尧舜、宪章文武、立君臣亲□□,别夫妇,序长幼,明当时急务,为万事规模,独我集大成宣圣师之教也。详其立法□□虽有殊异之称,其于务民为善,若合符节,其揆一也。三圣人咸起教于周,及周之衰□□火焚书之后,其教失于真。逮汉兴,孝文、明帝以后,其正,于是寖入中国,自汉以下□一祀而不息者尔。本里后枕丹源,西望□仙,文简李公之故居也。旧有斯堂在焉。□□大定间,立翠琰明文,示以重修。自大定至于我皇元至正甲申已百余年矣。历经岁月之久,风雨摧伤,簷楹倾隳,将见废弛。惟本里楚公良辅、祁公克顺恻然悯之,遂起施舍之诚,因暇日会耆老人刘荣祖、李沖霄、缑思忠、焦兴等曰:"前缘始构,诚为不易,敢将以仍旧贯饰为一新,其如何哉?"刘公等曰:"诚一善事乎!见义不为,是无勇也。"于是公等慕义勇为,各输己赂,纠率大小,众皆欣然而辅翼之也,遂以鸠材募功,上者倾财,次者献力,经之营之,不踰月而厥功告成,金碧相辉,栋梁攘桷,弘大壮丽,斩然一新。庶使乡人起瞻仰畏敬之心焉。赵公等谓予曰:"功苟完矣,我将以人工刻石记其本末,汝与我书其事,不亦宜乎。"予闻之,曰:"闻人之善,扬之,德也。如嗣宗者,后进末学,祖居本里,三世儒业,素蒙神之休征,以嘉其赵公用心之不一也。"是以不愧斐然忘其固陋,直书其事云。

　　峕大元至正甲申年夏上旬吉日立石

　　都维那　赵良辅　祁克顺

　　副维那　焦兴　李沖霄　缑思忠　刘荣祖

　　梓匠　河西张祯　瓦匠　天党王天瑞

　　石工　苏庄靳荣　刊

(4) 明嘉靖十七年(1538)《高平邑仙井北社重修三教堂记》,碑额"重修三教堂记",碑存高平市河西镇仙井村三教堂。

高平邑仙井北社重修三教堂记

本县庠生　廪膳生员　刘韬　撰文

同邑庠生　增广生员　赵琳　篆额

邑庠生　增广生员　倪良孝　书丹

　　吾邑高平东南隅去邑二十里有曰仙井乡者,传之先世古为镇也。世代相沿,因革故旧,改名仙井,索之前纪,即游仙李氏之故迹。居民稠广,其地巨平,其人巨良,而其风气习尚淳厚,亦且善焉。自昔立社,必建神祠以为主,盖以人依神以安妥而神为人以廕(荫)福,征之往古代世若是。其社有三教堂一所,堂之基址昔在街之西隅,奠神以为奉祀之所,凡被人民朝夕香贡与夫春祈秋报辄有事于其中,以为祈祷之所。至我国朝正统二年天雨淋潦,被丹水之害,庙廊倒圮,有本里焦、李二氏悯其废弛,恐其后日之艰复作移于街东,树前后二殿,东西廊庑,垣墙四围,基址广阔,规制洪浩,有志纪焉。迨及皇上嘉靖十五载,经岁绵久,其殿宇廊庑神像容貌被风雨而损折,积尘垢而污浼,不能完固而鲜丽。有本里稷山王府校尉秦良佐同弟良儒,来恳诚竭忠捐己赀粟,会同舍人焦宽、赵唐、焦宇同寅协恭,将前后殿宇、山门、钟楼、东西廊庙撤旧弊而益新饬,焕然聿整其规,不踰两月而厥功告成,自是神容鲜丽,殿宇壮观,不徒为一时之美,实有以贻万载之瞻依耳。夫功成固可嘉也,厥社民康物阜,悉仰威灵而起敬。良佐等忧思功既就矣,而不立志以记之,则肇于前者莫垂于后,是功虽懋而弗彰,将何以为继述乎?于是竖置碑碣,载其迹而记其事。庶乎,斯堂之立,不为一时之私创,实前后相因之有自也。用是而观见良佐辈可谓兴善心而修善行者也。因之以刻斯志以为永久之纪。

　　旹嘉靖戊戌年季夏月吉日立石

　　本县县掾　郭珊　滕丹

　　先施财抽换椽檩老人　焦代经　韩宗信　焦仲能　李钺

　　后修理功成　秦良佐　秦良儒　秦良实　张宽　赵唐　焦宇

　　石匠　高智　侄男　高进禄　镌

　　铁匠　张染

　　瓦匠　袁著

　　木匠　郜仲德

　　仝立

(5) 道光十三年(1833)《仙井大社改修舞楼碑记》,碑额"万善同归",碑存高平市河西镇仙井村三教堂。

仙井大社改修舞楼碑记

邑庠生员里人　焦滕撰文

里人　焦秉元书丹

　　继承已创之业,恢廓未竟之模,此理势之必至,而今昔之所同也。吾村三教庙未知昉自何时,而增修补葺自金大定间,历元及明以至我国朝，据石志之相继可考者，由来已久，阅时既远，摧残渐多，驯至道光辛巳年，殿宇洎仓坊、东西廊庑，倾圮敝坏，非止一所。自壬午年，鸠工营作，迄于己丑，前后重修者九楹，揭元者十又五楹。数年修补，共费八百余金，庶几革故鼎新，整饬完备矣。独有舞楼院偪窄狭隘，每逢报赛献戏，前后拥挤，誼譁扰攘，甚为不便。庚寅秋，公议南退舞楼，展拓院宇，又虑工程浩大，村力难支，执事者同心协力，联请摇会三局，共收钱八百余串，合邨按户捐施，募钱四百余串。社中又累年积钱二百串，微有蓄赀，方买庙南地基一段，先向南退路，继移修舞楼，基址安于十一年，工兴于十三年春，旧楼十一楹改为九楹。院中增起月台，门外加有送门，西垣墙外又益北房五楹，坑厕一所，总计尚缺钱三百余串，又公捐区处，暂为挪移，暨久工方告竣。丹艧黝垩，焕然一新，厥功既成，爰以捐资姓名勒于碑阴，因叙竭力经营，增其式廓者，非敢云改旧制、侈宏规以壮观瞻也。惟图报神之时宏深肃静，庶可免乎纷扰焉耳。后之兴者，嗣而续之，废者修，缺者补，则庙可永垂不朽，人可长蒙护福矣。是为记。

　　总　理　赵琢庵　焦华国　焦应全
　　　　　　秦连级　韩　起
　　管　账　焦腾汉　秦连陞　焦秉元
　　　　　　焦　魁
　　置物料　韩守仁　焦五典　韩致中
　　　　　　韩　链
　　监　工　焦普源　韩永宁　焦蓬源
　　　　　　秦　坤　焦西源　韩　烨
　　　　　　焦永茂　韩伯科
　　大清道光十三年岁在癸巳仲冬月
　　住持僧广舜　徒绪阔　徒孙　本清
　　石匠　王　林　仝勒石

(6) 明嘉靖九年(1530)《重修三教堂记》,碑额"重修三教佛堂",碑存泽州县柳树口镇秋坨村三教堂。

重修三教堂记

濩泽郡天井头白云道人张隆书
诸祖下十二代夏城郡明月寺性安撰

窃以迤山西泽州建福都下川里,山峰圣境,水远山遥,八峰显现,此乃金华之地。本社善人赵宗义等,喜舍金沙之地,修盖殿三楹,三教圣人金像满堂,粲然一新。

上古三教圣人出世,以为心者必去其恶也,善世教人,岂有异乎。孔子曰:"朝闻道而夕死可矣。"释氏曰:"佛以万行为本,方便为门,利生利物,为□行愿如山,超生数若微尘。"老子曰:"混沌未判,阴阳未辟,立□玄牝之机。由是天地根也。"鼎分三足,缺一不可。鬈髻上古圣人,累世修因集功,行于沙界,普济群生,恩重山岳。如今人征文之祠,裡海内之雾,以招永久。愿乞调风雨顺,国泰民安,万秋乐业。

旹嘉靖九年岁次庚寅季在庚辰二十七日立石

刊字匠范山

朝阳庵僧净迁、赵宗、赵美、云水道人清云。

大名府濬县石匠马恭。

(7) 清康熙十一年(1672)《重修创建碑志》,碑存泽州县柳树口镇秋坨村三教堂。

重修创建碑志

泽庠马之衡撰书

泽郡东七十里曰秋树坨者,风俗纯厚,力田重农,少长间相友相助,勤勤有殷人亲睦之雅。至于事神祀先,竭力营办,即罄所盖藏,弗恤也。

迨如三教佛堂,本村善人赵公宗义曾施玉址,自崇祯三年后移正殿,历岁久矣,倾颓难堪。倐然,赵氏永安、赵氏养信等捐资整饬,意欲重修正殿,创立东西禅室,又虑基址狭隘,义孙永安慨施东西殿并耳殿地基,遂身先率众开工于康熙十年九月初四日。十一年七月内金塑圣像,创立东西禅堂暨两旁耳殿,魏然焕新。嗣是群神锡福,诸家蒙休,瓜瓞绵传,伏□裕庆,咸在于斯。乡亲浼予为文,以志不朽。余睹其告竣,欣然援笔为叙。

为首人等

赵应槐施银六钱七分　王国让五钱六分

赵永安银二两又施东地基长一丈六尺阔三尺

西地基长二丈五尺、阔四尺耳殿东西地基俱全

本村女众集米买瓦补□正殿

赵养信银二两　赵养成银一两七钱

赵魁晋银七钱六分　赵魁松银六钱七分

赵光俊银一两七钱　赵□安银一两一钱四分

赵光晋银六钱七分　赵养松银五钱五分

赵□升银一两四钱　赵永会银一两

赵光会银六钱七分　王聚兴银五钱四分

赵永秀银一两四钱　赵光治银一两

赵光海银六钱七分　赵永旺银五钱四分

赵光厚一两　赵魁强银一两

赵光选银六钱七分　赵光顺银五钱四分

赵光裕银一两　赵光元银一两

赵魁金银六钱七分　王聚金银五钱四分

赵魁斗银四钱

　　昝康熙十一年闰七月廿九日立

　　玉工张廷杰琢木工王聚英、王聚金

（8）明嘉靖二十二年（1543）《创立三教龙王堂庙碑序》，碑额"三教龙王堂碑"，碑存泽州县金村镇珏山南顶。

创立三教龙王堂庙碑序

　　盖闻初分天地以来，佛生西域，原本净梵王宫太子；舍荣慕道，弃国修心，证得金身丈六，指陈因果，透脱生死。超爱欲之长生，荷登涅槃之觉岸。昔于周昭王甲寅二十四年，来度此方之岁也。

　　且闻老子化生多般，生于楚国，降神于亳州李木树下，母怀八十一年，生而皓首苍髯。驾青牛曾过函关，说《道》《德》二篇；专气治柔，抱一守真，步□□于槐里□周定王丙辰二年矣。

　　尝闻吾圣人出于兖州府平乡村曲里人氏，删《诗》《书》，定《礼》《乐》，赞《周易》，修《春秋》。至今德配天地、道贯古今，而三纲五常之道，仰慕于千万古之下，绵绵不已也。其在周灵王之年生也。

　　然而三教圣人也，化生不同，而传道之心则归一也。盛德流行，治教化民，各行其道于中国。三教之中，缺一不可得而已矣。

　　且如龙王二位尊神也，设若不有焉，黎民生养何得而赖乎？惟神也，兴云致雨，万物生长皆托其神祇焉。

　　自昔以来，寰区之内，宇宙之中，敬者护福身家，慢者得罪天地，必然之理，岂有人心揣量私捏也。先年每月朔望焚修香火，无有庙宇，春祈秋报，岂有庙堂乎？今乃创立堂庙一所，许其名曰大石碾村。众信乡耆善信人王宣、赵景文、王銮、连儒等各舍资财，共举虔心，创立庙堂。常曰：敬神者，此乃知礼也。年丰月泰，家宅顺安，皆愿圣贤之护佑也。思虑既久，功成未备。凡过往来士庶人等，有失其观瞻，因兹建造三教龙王堂庙,兼塑圣像,工满圆备,立石为碑,故为一序耳。

本村施主王龙舍钱二千五百文。

皆嘉靖二十二年岁次仲春月□□初十日

彰德府磁州后学张九德撰文

大名府濬县石匠周朝用

(9) 明万历六年(1578)《创建三教堂记》,碑额"创建三教堂记",碑存泽州县南岭乡陈河村三教堂。

创建三教堂记

夫三教者,佛氏也,老氏也,孔氏也。佛氏以慈悲为心,觉民为善者也。老氏以修养为心,道民为善者也。孔氏以尽伦尽制为心,化民于善者也。其为道虽不同,其设教之心则一而已矣。人之崇重者可不恒于斯乎?

武城里陈家河,僻处郡南,民罔向善,州民葛天赐,承先人之业,尝居是里,乃同乡耆陈应韶等于庄西创建是堂,亦广三氏教化之心也。使人睹斯堂也,观斯像也,望佛氏而油然慈悲之心生,望老氏而恻然修省之心起,望孔氏而奋然敦伦遵制之心兴,由是而残忍之风可息,由是而清净之俗可举,由是而雍熙之化可成。虽不必造浮屠,而自有其福也。虽不必炼丹砂,而自有其寿也。虽不必亲炙杏坛,而绥来动和自可以享亿万世无疆之休也。是堂也,岂徒设而已哉!

予不敏,因里人为善之意而勒诸石,俾后之向善者知其所自云。

皇明万历陆年夏陆月下浣之吉

泽学庠生史官顿首沐撰

泽逸士张汝翼谨书篆

社首葛天赐□福西里人施银二十两 同男葛之刚等

陈应□施□一□□□　　陈仲远施地一□五厘、钱五□文

陈仲满施银六钱　　陈仲瑾施银四钱□□□□

陈应秋施银一钱　　陈子原施银一钱　　陈堂施银一钱

陈思□施银□钱　　陈贺施银□□　　陈刚施银□□

陈考施银□钱　　陈思孝施银□□　　陈思敬施银□□

潞县石工　　于思齐　　黄伯云　　镌

（10）明万历十七年（1589）《重修三教庙碑记》，碑存泽州县金村镇水北村。

重修三教庙碑记

奉政大夫、同知凤阳府事、郡人清宇林一桂撰

国子监生、郡人仁轩石文体篆

时臬司吏、本社西平牛洞书

濩泽东二十里许有聚曰水北，即战国韩营，宋元招贤里也。其中社先民创三教祠，始建于唐元和癸巳间，年久圮复，□□神之像貌亏损殆尽。嘉靖己亥，省祭官牛贤，同耆老张铧、张镐、牛坤等立正殿三楹，功尚亏一篑。延念载有奇，则牛纪峻乃事。隆庆庚午，庠生张可灌、社首景朝、李福、张杨、陈永昌、张田辈，卉乃一心，安铁佛三尊于殿之正楹，两傍犹阙夫子、老子像。万历庚辰，牛济、牛沛捐资，倡其□，随意施财，绘神像，为之焕然一新，则向之复隍者固植，亏损者改观矣。祗张氏子帐再恳不佞为说，片记美事。

不佞曰：庙以三教名，靡无因西方有圣人出，以性为日，以念为云，去念见性，犹去云见日；倡为虚空寂灭之说、生死轮回之语。汉明帝时入中国，迄梁武帝时教大行焉，人目之为释教。老子者，非周史李聃乎？则以清空为美谈，尝自言曰："无为民自化，好静民自立，无事

民自富，无欲民自朴，无情民自清。"道君爱慕之深，而宗老子者过半，是故谓之道教。至于尼圣，钟天地之精英，萃宇宙之清淑，删诗书，定礼乐，赞周易，作春秋，千圣让德，百王让功，诚亿万世之宗主也，则为之儒教。

孔子教行，佛老之教必塞；佛老之道不息，则孔子之道不著。即使并列一堂，亦非吾人崇正道、黜异端之盛心，矧位乎吾夫子上焉？虽吾夫子量同天地，不区区与二氏争上下，然邪正不两立，二氏或不能一朝自居其位者乎？虽然，不能居其位者，佛老自愧之心，至于人之事神，唯知伸吾心之教而已，而神之居位之当否，亦日用而不知者，是以敬萃于衷，无由达诸神，故必塑之像貌，俨然如在其上、如在其左右也。神之像貌具矣，无所栖止，则神妥安又必创之殿宇，以为栖神之所。神有栖，则可以安其灵，灵既安，则必为之佑其民而元吉频锡，繁祉交萃，诸者老其永亨之矣！《易》曰："积善之家，必有余庆。"《书》曰："作善降样。"此之谓也。噫！神可敬不可谄！孔子教樊迟以智，则曰："敬鬼神而远之。"不则山节藻棁以居蔡，不智之诮，在所难辞。请君子钦念哉！是为记。

大明万历十七年七月十五日立

(11) 明万历四十一年(1613)《创建三教堂序》，碑存陵川县礼义镇沙河村小庄上村三教堂。

创建三教堂序

邑西以北有村小庄者，其古处吉立三教堂，自今始也□观斯堂之昔为里仅数楹，柱石金碧□□功为奕奕，□□之不意难已，况今天下何等时，世庭夷□我郊都□□□逞□处衰□为民，朝选兵、暮为贼，必要其成哉。吾知其中有□□□也。天人□□□□□要之以□□□无二，富贵远则亦不可。

余试略言三教之义基，福之总□所乎。夫至道之□□既判，天不爱道，从此三圣为乾纲，为坤维，其先后华夷不同，古之西竺氏者以世胄修苦行，以明性为宗旨，复倡为轮回果报，以化国人□□□者，神道设教。老氏见周道之废，将隐矣，而函关紫气者，为道德数千言，其清净自得，亦吾儒定静安处之旨欤。

我亲炙其仲，入西土谒雷音，亦两相能之不相同也，何者？中国夷狄不同治，犹舟楫车马不同用。昔□一入中国□□□佛氏西方之圣也，老氏遁世之圣也，孔子中土之圣也。三圣神栖一堂，交□祭□□□惜其庙远来□□□真伪，教三本一家，□其始分爨也，而相友爱认识及支派流远，各祀其神，遂重□□矣。

既像事三圣，亦□福矣。识同中之异，又识异中之同，三圣在天有灵，且□相感□□多福为尔众锡矣。不然□后庙貌则其同堂祀三圣，且为□大教之□□其正□于子矣不得不白三教相同之义，及昭事求福之本，以□众善。

万历四十一年季秋之吉

邑庠生秦恒古撰

善施堂基人　魏世观魏世新　魏世德魏世才喜施田地九分七厘

魏世勳施□□地一亩许住持僧人耕种

为首集事人　魏世能　魏世祥　魏世崇　魏世登　李□□

捐赀作善人　魏世群　魏世春　魏世然　魏世嘉　李世勤　魏一佳　宋应槐　赵自成　秦世明　秦世忠

崇祯元年仲春吉日

(12) 明崇祯五年(1632)《创建三教殿碑记》，碑存陵川县六泉乡松山村三教堂。

创建三教殿碑记

效劳玉工和明长刊镌,神前人赵世笛

夫圣者,自汉之西过十万余里,有国曰迦摩罗国,净饭王宫有五天竺,此国居中城曰"黄物城"也。黄头仙人修道,佛号"能仁",实以三祇因满,万德果圆,宿因未周,示同生威,驾日轮光,神降王宫。次周昭王甲寅二十四年四月八日,毗蓝园于母摩耶夫人右肋降于西乾也。于时地摇六震,天雨回华,神捧金盘,龙吐甘露。生而周行七步,目顾四方,一手指天,一手指地,天上天下,惟佛独尊。十九游城,见生死衰老之相,忧愁不乐,夜伴逾城,雪岭修真,静思六载,趺坐盘石,遂成圣果。谈经三百余会,享世七十九载,于周穆王壬申五十二年春仲月入般涅槃,灭以非实灭,槃以实非槃。空性"如来"号,真此"大觉"仙。

古陵迤东二十余里有山曰嵩也,岐岖峻峭,八峰来朝,踏石攀云,弟一峰也,下有平源之地,于天启六年六月二十五日,有本村居民郭应成,每晨焚香,谨发诚心,要求善果,须舍家珍,预访结孤,布金买园,独力难成,不勉洎众谪言,众信各发诚心,捐施资财,命工创砌石台,高丈余尺,上建广殿,塑设三圣、能仁、阿难、迦舍、道童、颜回、子路,焕然装饰,工完刻石垂芳,永为不朽。

本邑崇安寺沙门真敬拙笔谨撰书丹

崇祯伍年壬申建　壬寅月己未二十一日吉旦造

施财维那首

赵世元　张丈保　郭应成　赵世青　郭应艮　张伏友　司尚京
张伏其　赵时冬

秦计敖　赵时顺　张进灯　司尚义　赵世科　和明长　张伏节
赵世光　郭应甫

刘万娄　崔进璲　张伏保　郭进表　赵世灯　张伏明　司尚选
张进孝　赵世峰

赵世荣　赵世崇　牛孟时　张伏正　郭宋山　赵世枝　赵世笛
郭进吾　李桂枝
余自成　赵世林　赵世松　赵世玄　赵世田　赵世虎　王安成
张文限　李自成
张进堂　赵时峰　余守艮　张伏光　司赵定　张奉堂　和应限
张奉各　秦计松
侯尚仁　赵时还　赵世要　赵世英　张伏艮
郭门王氏施艮四两　张门李氏施艮一两　赵门郭氏施艮一两
木匠武记祖画匠武东许
神首赵守金

(13) 明崇祯十二年(1639)《创修碑记》,碑额"创修碑记",碑存阳城县凤城镇荆底村成汤庙。

夫庙何繇而修也,盖谓"春祈秋报,自古有之"。无其庙,则今年在此为坛壝,过岁在彼为祀场。偶有风雨,则东者东乎,将为慢神乎? 修此庙为虔诚祭神一也,中等人见相而作福,庙在斯,神即在斯。逢朔遇望,添香运火,以报神恩。此处仅三十馀家,且室如悬磬,势贫力弱,庙不能遽修矣。社首茹大兴、茹成家、茹成栋、茹国礼□经理,创修□□三教庙一座,因得见神面,得洁于祀神,虽不能尽报其恩,亦可以少舒其意耳。

本邑庠生茹大用,子茹成文书
木匠　冯大兴石匠程国仓男程上能银四钱
崇祯十二年九月初八日立

(14) 清康熙十一年(1672)《山西泽州移风乡青莲都贤子里贺家凹村创

建三教堂碑记》,碑存泽州县金村镇贺洼村三教堂。

山西泽州移风乡青莲都贤子里贺家凹村创建三教堂碑记

尝闻不教而善,非圣而何? 教而后善,非贤而何? 是知善也者,吉之谓也。本社之中风俗靡,人心不古。维有数众善人,安能家喻户晓,教合社于尽善者哉? 语云,上品之人,望空而作福。中品之人,见像而作福。因是而本村社首宁等暨领合社善男信女各发善心,善心捐舍资财,新创建三教堂一所,以为劝人向善之榜样也。

闻之佛在西域,霞光现于周朝,所遗者生老病死苦也,令后人观佛之□容各萌善念,因保当世之荣昌,更护过世之快乐也。又闻□□生□无数□,以阴阳分而万物生,所遗者金木水火土也,令后人睹□□□形,皆起慈心,福禄固以丰盈,寿延亦以绵长也。忆昔圣人出而三伦备,一贯通而万圣同,所遗者仁义礼智信也,令后人顾圣之金形,各存诚心,天怀固以欣悦,道业更以□□也。然分之虽名三教,佛祖、混元出于一气,诸佛、诸祖其揆一也。由今创建之后,佛祖亦以资助风水,保合社人安物阜,家业兴发,田蚕茂盛,六畜兴旺,有感即应,获福无穷,永垂不朽云。

计开施财信士于后(略)

木匠陈强、范奇显石匠王光礼、李才六

康熙十一年十二月初日立

(15) 清康熙三十八年(1699)《三教碑记》,碑额"三教碑记",碑存泽州柳树口镇西柳角村三教堂。

三教碑记

环泽皆山,而群峰耸拔,而东独奇秀,若珏山、浮山,又为远近香火辐辏之地，一邑胜概，于兹称最。至其山形蜿蜒，直走东北，层峦叠嶂，其间或山之巅，或水之滨，烟火错落，势若棋布。

有村名西柳脚村，虽□□荒居，而泉香土沃，优游作息□此，依稀槃间之遗致焉。俗尚醇朴，首急分赋以□祀典。凡属明禋之地，无不修整有素。独三教故宇，系里人王□之家佛堂也。其先仅创正室三楹，风雨剥落，寖有禾黍之忧。

其□起有讳王应强、王应魁、王应忠者，相聚谋曰："兹宇吾先人之所创也，修□之□□有望于后人。颓圮若此，而竟所其鞠为茂草，咎将谁归？"于是，三人各出资财，重加修补，而东西耳室、僧舍□以俱举。至于肖像金妆，三人各认一尊。其乡众见其功力艰巨，复均输以助润饰篝牙之费。虽庙貌焕然可观，而三门尚□（阙）焉未就。应忠复会集维首王冲斗、王财显、王永法奋力兴作，并三门外台阶无不就理。应忠复会维首王应仕、王魁升、王应县三人，石工未完，三人以归大梦。县兄王应州在外趁食，回家，见工未完，率领仕子曰王正昌、升子王进有奋力兴作。是役也，不独神获攸宇之庆，首事之功为不可泯。而应忠辈克成先志，其继述之善亦宜刻石□为永兹劝。是为记。

督工总领　王忠贤王应真王应秀王永安王治保

康熙十六年至康熙三十八年，天雨连绵，将正殿损坏。魁子王正宝会集三班首事，揭瓦重新

大明万历十年，王氏先代王万周、王万江、王仲梅、王仲先、王仲景、王仲深六人议定，施夥地基一块。地粮五分，六门均摊。维首王仲怀，王仲佐、王仲可、王守如等创建三教堂三楹，倾望于后人。

崇祯十五年，本里一甲里长尚阔有、本甲甲首王守福绝遗大田北向阳基地一亩一分荒芜，无人耕种，里长赔纳，奉本州徐太老爷明文□地□□认良（粮），有住持僧悟春开荒认良（粮）耕种，为死业，将地粮迁入十甲内，一甲永不争端。

佛祖老爷,王应忠认金妆施艮,同弟王应孝二人共艮一十二两三钱三分五厘,又施柳树一根。

老君老爷,王应魁认金妆施艮,并子王正财、王正宝父子三人共施艮七两三钱五分,又施梁一根。

夫子老爷,王应强认金妆施艮一十两三钱五分。

王思管施艮三两九钱四分,又施青杨树一根,王□□施艮五钱八分二厘,

王宾贤子王冲斗施艮三两五钱五分,王忠贤子王应还施艮□两三分八厘,

王应真施艮二两二钱六分,王应仕子王正昌施艮一两四钱九分,

王财显子王应通施艮一两三钱一分,王应秀施艮一两四钱一分五厘,

王应州弟王应县施艮一两□钱三分二厘,王进□施艮一两四钱□分□□,

王永□□□□□三钱一分二厘,王满斗施艮六钱五分二厘,

王永法施艮二钱五分,子王治朝□□□□,王应□施艮二钱,

王应全施艮□钱五分,王思荣施艮二钱,王思贵施艮五钱,

王思□施艮一两,王思黄施艮三钱,王思裕施艮八钱二分,

王魁兴施艮一两七钱三分,王应体施艮一两七分,王□斗施艮六钱九分,

王应谭施艮二钱,王永福施艮五钱,王应兴施艮二钱,

王永保施艮五钱六分五厘,王永财施艮一两八分,王永然施艮九钱五分七厘,

王门贾氏施艮一钱五分□□,王文显施艮三钱五分,王应星施艮五钱五分,

王应文施艮一两六钱四分□□,王应材施艮一两五分,子王正□

王印还砖三百,王应禄施艮二钱五分,王应□施艮二钱,

王正建施艮二钱,王治国施艮二钱,王进金施艮七钱,王永富施艮五钱二分,

王应贵施艮五钱一分,王正□施艮二钱五分,王永□施艮二钱,

张继仁施艮一钱五分,僧广福施艮二□,马之龙施艮三钱,赵永秀施艮三钱,

王魁星施艮二钱,王正杰施艮三钱五分,韩光满施艮三钱,马鸣电施艮二钱,

王加□艮一钱,马兴龙艮一钱,刘愉施谷五斗,刘□施钱二百廿文,

苏万里施艮一钱,刘勳施钱一百五十文,刘德施钱一百文,

□□施钱一百一十文,王加□施钱一百一十文,李□宗施艮四钱,

赵□□施艮二钱,王加鸾施艮一钱,□□余施艮一钱,□法印施钱一百文,

□□□施钱一百文,□□□施艮一钱,马负□施艮一钱,王□□施艮一钱,

赵养性施艮一钱,赵魁文施艮一钱,赵魁星施艮一钱,

张彦□施钱一百一十□□,马□□施一钱一分,马□施艮一钱,

马□□,马永□,马居□各施□□□,马乡□,僧明相,马奇□,马明中,

王加□,各施□□□,邑庠生郭宗炎施□□□□,王治贵施树一根,□□□,

□□□施树□□,王□□施树一□,韩□□施□□□□,李□□施□□□□,

李□□□□一□

旹大清康熙三十八年十月初十日

刊字匠张金海、张文星立石安根一院□□□□□□□

（16）清乾隆四十一年（1776）《东岭头村重建大庙碑记》，碑额"万善同归"，碑存泽州县大东沟镇东岭头村三教堂。

东岭头村重建大庙碑记

尝思神之灵在天下也，如水之在地中，无所往而不在也，人顾可一刻而不敬也哉？然不有庙宇，无以妥神，诚哉作庙之不容已也！

本乡旧庙，日远年湮，不可稽考。风雨浸凌，鸟鼠穿椽，神位欠安，人心不宁。凡伸礼拜者，悉有改造之心，因念独力难成，莫敢擅动。忽于乾隆癸酉仲秋间，时和岁稔，当社祭宴享朋酒羔羊之际，一倡众和之间，陡起改造大庙之心，共发挪移神像之愿。遂推能事者数人□□其事。但是所举者一力担承，毫无推却，捐诸村众，各出资财。公发缘簿，募化他方，将旧日之一院，改作两进。内院正殿塑三教尊神，中央殿玉皇大帝及地藏王菩萨，东西角殿六瘟尊神、牛马王尊神，东西厢殿关圣帝君、龙王尊神，东西厢房六间，前院看楼二十间，山门一所，舞楼六间，角楼八间，又厦楼二所，西厢房外园墙一道，山门外花墙二道，照壁一所□名之曰神霄宫。至丙申仲冬告竣，一时观者无不称善，将亿万年斯年永久垂公众于不朽云。

第见庙宇巍焕，瞻拜森然；金像辉煌，神人胥悦；求福而福即至，邀禄而禄□臻；不皆可渡一乡于彼岸耶？作善降祥，其应如响。属予作文以志其事。

何健行　施银十两，李德兴　施银十两，赵源盛　施银三两，

□□盛　施银三两，段桐树　施银三两，元昶典　施银二两，

丰泰店　施银二两，□□德　施银二两，陆□世　施钱一千五百，

马朝贵　施钱一千□百，田克让　施钱一千二百，李永贵　施钱一千文，

张克明　施钱一千文，和顺店　施钱一千文，复恒店　施钱一

千文，

刘登俊　施钱一千文，杨应成　施钱一千文，王世成　施钱一千文，

□□盛　施钱一千文，王宗基　施钱一千文，□悦兴　施钱一千文，

□王店　施钱一千文，范诚敬　施钱一千文，侯天宜　施钱一千文，

□□□　施钱一千文，尹天禄　施钱一千文，张世松　施钱一千文，

刘世珩　施钱一千文，陆正星　施钱一千文，李章修　施钱一千文，

□□亮　施钱一千文，陈天佑　施钱一千文，何□新　施钱一千文，

王□忠　施钱□百五十文，永盛店　施银一两，德昌店　施银一两，

熊文玉　施钱二千文，翟照祥　施钱八百文，赵有成　施钱八百文，

牛永□　施钱六百文，丰□盛　施钱六百文，侯益珍　施钱六百文，

石大兴　施钱六百文，张进忠　施钱六百文，张□□　施钱五百文，

张□祥　施钱五百文，曹□□　施钱五百文，张□　施钱五百文，
曹元士　施钱五百文，刘全忠　施钱□□□，张澄　施□□□□，
张全富　施钱五百文，□盛店　施钱五百文，松□店　施钱五百文，

沈玉林　施钱五百文，陈□武　施钱五百文，□□□　施钱五

百文，

　　□□□　施钱五百文，□□世　施钱五百文，□□□　施钱五百文，

　　沈□□　施钱□百文，李如□　施□□□□，□□□施□□□□，

　　募化人　李如辅

　　住持　惠萄、惠落

　　皆大清乾隆四十一年岁次丙申仲冬榖旦

　　玉工　王金

（17）清康熙二十六年（1687）《重修三教堂碑记》，碑存陵川县附城镇盖城村三教堂。

重修三教堂碑记

　　予幼道洙泗，得入世之法焉；及长披缁，闻法华之妙典并道德之遗言，得出世之法焉。夫三圣者，门户虽殊，而理归一致，故立庙设像，大约不离"神道设教"者。

　　近是陵邑之西南有乡曰盖城，旧有三教堂在焉，不知创自何时，但年来兵燹之后，风雨剥落，庙貌倾颓，中庭惟余榛棘耳。予目击心伤者久之。居民王发文，乃一乡之善士也。有志修理而无财力，遂统族人于东岭后，披霜斩棘，得荒地名崔家川、郝家岭，共地六亩，累年耕种，积粟有余，更化族人同输金力，鸠工庀材，踊跃率作，重修正殿三楹，创建禅房二座，山门一并告成。是皆之碎瓦圮垣，不一变而金碧辉煌哉！积善余庆，勒石垂铭，永为不朽云尔。

　　卧云林住持海云沐手撰

　　维那首　王发文　王发全　王春

王琳　王免　王光　王佩

王玉　王得龙　王现龙

西房背后有社路一条

石工王高金

康熙二十六年二月吉日立

(18) 清康熙二十九年(1690)《创修佛堂碑记》,碑存陵川县潞城镇佛堂掌村三教堂。

创修佛堂碑记

《传》曰:"国之大事在祀。"所重祈报也。若祀无当处,亵神甚也。故袁国义等议于闾里,鸠工庀材,于村西南创建佛堂三间,以便居人之焚修,以杜西风之直冲,因勒诸石,俾后之同志知其始于何年、建于何人,庶时勤补葺,庙貌常新,不负今日作庙之志也。

康熙二十九年秋七月吉旦邑庠生段龙冕沐手谨撰、段龙冠沐手书丹

维首　袁起川　袁起显　袁起坤　仝立

苏起财　苏起兴　苏起法　苏起圣　苏起进　杨仝新

杨国贞　李□秀　杨国成　杨更新　杨占山　关增福

僧仙祯　玄琦　袁国增　□国□　王□田　侯守山

袁起福　袁起臻　袁国还　袁起朝

木工　袁国祥　石工　和起安　玉工　郭朝春

(19) 清康熙五十八年(1719)《西王镇增修三教堂碑记》,碑额"永垂不朽",碑存陵川县西河底镇西河底村三教堂。

西王镇增修三教堂碑记

己亥秋，县治之西南六十里，地滨丹支之隅，作邑名西河底。艮关旧有三教堂，乃今增修其制，正殿三楹，两耳重楼六楹，东西庑十四楹。螭珠曜空，檐牙高啄，镂锲镌朵，钩廊盘阁，煌煌乎巨观也。

余以是岁春发铎兹邑，故老告余曰："吾乡是堂，考古碣，有明正德以迄于兹矣，诗书不绝于间，未尝敢轻漓其性真而私己伤物有干大德之仁，岂非三圣人德之浸涅然，牖厥□以化民而成俗与？"或曰："因陋就俭，古制也。"夫古之俗□□而民力寡弱，大可谅也。听三圣人之窝居而不酌古宜今，宏庙貌而隆享祀，圣人其许我乎？幸邑中协心戮力，功成十九，待丹膜既毕，敬烦继成，劳而铭诸石。不数月，金赤碧绿，山耶水耶，花耶鸟耶，藻耶卉耶，帆耶锡耶，剑佩耶，琴书耶，虽壁间之道院、樽栌之禅林，笔修墨图之杏坛洙泗而游其宇者，真不啻觌柏桧而识圣颜，且恶知不一梦蒲团而脱凡、偶饮仙露而羽化也？猗欤盛哉！谁为云游之士？谁为静悟之子？谁为学士文人，登文宣之堂而观其车服礼器者，能不东西往过而藉藉乎是堂？至若三圣之冥□无容欤也，众善之功德无容张也。予之文亦不敢以质高明也，聊制俚言灾石，俾后有所考云尔。

　　旹大清康熙五拾捌年岁在己亥巧月巧日
　　西社里庠生杨培源撰并书
　　维首：王荣起　王从元　王承起　王承祥　王职王显
　　岁贡士、候选训导刘尧裔　施艮一两，王原禄　施艮五钱，
　　积善僧通德　施艮六钱一分，东王庄贾居安　施艮五钱，
　　王科　施艮五钱，县上　王端临　施艮五钱，王俊　施艮六两三钱九分，
　　王修美　施艮六两，王建都　施艮五两七钱三分，
　　刘进魁　施艮五两五钱，王子春　施艮五两，

王懂　施艮五两,王立庭　施艮五两,王必启　施艮四两九钱四分,

王盛勳　施艮四两一钱,王秀群　施艮三两九钱二分,王子昌施艮四两,

王乾美　施艮三两八钱五分,侯建　施艮三两八钱二分,

王必通　施艮三两七钱九分,李□魁　施艮三两九钱四分,

王子真,施艮三两七钱五分,赵文□　施艮三两六钱六分,

王远　施艮三两五钱七分,王禄　施艮三两四钱八分,

郭□惠　施艮三两三钱□分,王道吉　施艮三两一钱七分,

王美昌　施艮三两七分,王□　施艮三两四分,王吉　施艮三两二钱,

付君臣　施艮三两一分,王子琢　施艮二两九钱三分,

王对廷　施艮二两九钱四分,付君祥　施艮二两六钱,

王翠美　施艮二两五钱六分,王生美　施艮二两五钱七分,

王长　施艮二两四钱一分,赵文生　施艮二两五钱,

王门李氏　施艮二两三钱四分,王子□　施艮二两二钱六分,

王玉□　施艮二两二钱一分,王云见　施艮二两二钱二分,

王全美　施艮二两二钱,王万禄　施艮二两一钱二分,

王万伏　施艮二两一钱三分,王□□　施艮二两八分,

王亮　施艮二两六分,王门杨氏　施艮二两一钱五分,

王晋　施艮二两三钱三分,王太廷　施艮二两,

赵存信　施艮一两九钱七分,王珺　施艮一两九钱,

王怀廷　施艮一两九钱,王承道　施艮一两九钱,

王子强　施艮一两八钱九分,王子全　施艮一两八钱八分,

王子兰　施艮一两七钱八分,王铎　施艮一两七钱五分,

王秋美　施艮一两七钱五分,王道恒　施艮一两七钱,

王全　施艮一两七钱七分,王完美　施艮一两六钱八分,

王安喜　施艮一两六钱七分,王承敬　施艮一两五钱三分,

王门常氏　施艮一两五钱,王必胜　施艮一两三钱九分,

王必得　施艮一两一钱五分,郭现德　施艮一两一钱四分,

王承玉　施艮一两一钱三分,王庆　施西北□地基一分,

王国昌　施艮一两,王秀美　施艮八钱六分,

李全邦　施艮二钱六分,郭全得　施艮八钱六分,

王真　施艮九钱七分,李全魁　施艮八钱二分,

王见　施艮七钱八分,王道儒　施艮七钱七分,

王君鼎　施艮七钱一分,王承见　施艮七钱,王合美　施艮七钱,

王兰　施艮六钱六分,付君宝　施艮六钱一分

王聚昌　施艮六钱一分,王忠美　施艮六钱,王冈角　施艮五钱
七分,

王长昌　施艮五钱四分,王贵美　施艮五钱二分,王勳　施艮
五钱,

王悦　施艮四钱八分,□成起　施艮四钱九分,刘金荣　施艮四钱
九分,

赵金龙　施艮四钱九分,赵金贵　施艮四钱二分,王徐锁　施艮四
钱二分,

王见良　施艮四钱五分,韩徐扬　施艮六钱一分,王端　施艮三钱
八分,

王门赖氏　施艮三钱七分,王受美　施艮三钱五分,王朱贵　施艮
三钱四分,

赵文祥　施艮三钱三分,郭明德　施艮三钱二分,王必亮　施艮二
钱八分,

王界　施艮二钱四分,王道盛　施艮一钱五分,王兴　施艮二钱,

王成□　施艮一钱四分,王万成　施艮一钱,王法　施艮一钱,

王文印　外施艮一两五钱三分,王勳　外施谷一石,王君鼎　外施艮三钱,

王怀廷　外施艮二钱六分,王维新　外施艮二钱,王禄　外施艮二钱,

李武魁　外施艮三钱,王门刘氏　施钱二百文,赵文生　外施石柱一株,

王玉廷　外施石柱一株,王子昌　外施石柱一株,刘真荣　外施石柱一株,

赵文祥　外施石柱一株,王远　外施艮二分,

王门侯、和、侯、张氏妯娌四人施艮一两

合社立石

共收地并艮四百七十两一钱,各会收艮二十一两一钱,众人施艮一十二两三钱

二众施艮二两一钱,共使艮五百一十一两八钱

石匠　李全魁　刊

画匠　张秀金　鲍启恩　郭现得

修正殿木剧匠李武魁

修东殿木石匠李全魁

修西殿木石匠赵文生

(20)民国四年(1915)《重修三教堂诸神观碑记》,碑额"万善同归",碑存陵川县西河底镇西河底村三教堂。

重修三教堂诸神观碑记

从来庙之有碑,犹国之有史,家之有谱也。国无史则兴衰理乱孰得

而知;家无谱则世系源流何自而辨,庙无碑则功德宏深无由而传。斯三者,大小虽异,而其为不可无则一也。

吾村为陵邑之古乡,原晋城之通衢,山明水秀,人杰地灵。自大清定鼎以来,村东建有三教堂,村中创有诸神观,为春祈秋报之所。迄今历年已久,为风雨飘摇,墙垣倾颓,几乎有栋折之虞。执事王启瑞等睹此景况,目击心伤,善心弥切,意欲补修。因爰同维社首、乡耆公通佥议,由正殿、两廊以及诸神观内外数十间,工大费繁,非一木能支,于是按户口之大小,计地土之多寡,捐金积资,鸠工庀材。自清光绪二十六年正兴版筑,不意为义和拳、红灯照所阻。夫义和拳、红灯照者,乃十余岁之童男童女,以草为马,以棒为刀,口中念咒,即如有神之赴身,手舞足蹈,却似兵家之传授,夫岂孩提所能为哉?盖亦有天意焉。至宣统三年,此乱不作,民军起义于武昌,是为共和民国。世道将平,执事王启瑞等复继前志,善心不泯,鸠工庀材,率众经营。壮者弗惮其劳,老者曲尽其谋,迨至民国四年秋八月之间,台楼廊庑依次而成,雕梁画栋焕然一新。瞻璨烂之祥光,辉腾率土;睹回环之吉耀,秀拱华堂。非□料理得人,亦安能成此巨功哉?俟后惟愿雨旸时若,既歌乐土而乐郊,时和年丰,更祝物阜而民康。功成之日,嘱余作序,余也不揣愚衷,敢陈芜词,勒诸贞珉,永垂不朽云尔。

前清邑庠生、由师范传习所毕业兼充初等学校教员贺世隆撰文

公举正村长兼初等学校管理员王启瑞　督工

前清邑庠生由宣讲所毕业员王效羲

前清邑庠生由讲习所毕业员王文彬　并书丹

副村长李凤祥

维首　王嘉宾　王文成　王忠卿　李宝善　王海坤　王双成　王青渠

社首　王元恒　王启宇　王效懿

　　岂中华民国四年岁次乙卯阴历小阳月之吉

　　住持李明旺

　　玉工王朝云勒石西王镇阖社公立

(21) 清康熙五十年(1711)碑记,碑存泽州县柳树口镇野返村。

　　泽郡东□里许有东平里野返村,善士马之龙、马永忠,系堂昆弟也,念村所与立,惟神是依,苟无祠庙,则祈祷者无方、祭祀者无所,偶发虔心,募缘于众。收资财者,善士马鸣電、马华阳、马思和、李树花、马成名、马才广、马彩咸同心合德,欣欣然。纠工者,善士马玉衡、马才源、马负金、马负显、王用显、马负兴,马倚衡、马忻、马志祥、马成仲、马调元、马奎元悉尽心攻,怡怡然。于康熙十二年,在村东北隅创建三教堂一所,告竣之日已立碑铭,惟所置社地伊时迫欲记勒,奈有志未遂而两善士忽已作古。今之龙之子名藻、永忠之子名骦,慨先人之已往,视故物而兴怀,言念田□犹前日事,而严君已逝,恐地无征验,则豪强侵凌,奸恶混赖。理有必至,事有固然,不几将先人为善之志一旦付水东流乎?爰计其地,勒碑刻铭于庙,永远为业。兹刻石以记,与三教堂并垂千古云。

　　郡庠生王廷珩沐手谨撰　本村陈队马珍书

　　开明地段于后

　　向阳湾地一段,东至界,南至垎,西至界,北至垎

　　松谷垚地二栈,东至界,南至周世雷界,西至垎,北至□

　　南掌地一栈,东至水道,西至地尾,南至垎,北至垎

　　掌底地谷地西南□,东至界,南至道,西至垎,北至界

　　西湾小西掌下三栈,东、西至垎,南脚北道上二栈,东至石墙,西至垎,西南至草脑,北至□

西碑地地一处,东至界,西至地尾,南至垓,北至道

赵掌地三栈,东、南至道,西至界,北至垓

井沟地一处,东至岭,西至道,南至马如参垓,北至马武元界

进脚则北掌地,东至脚,西至社界,南至岭,北至河

又西掌地一处,东至岭,西至河,南至界,北至社界

路东地一处,东至水心,南至垓,西至界,北至垓

南湾地一处,东至界,南至岭,西至脚,北至□□东园则一□东至界,南至垓,西至社界,北至街东□□□□一□乃为一村之风水也。坡地二亩二分二厘,基地六亩六分四厘八□

岂大清康熙五十年季冬立□住持僧源富　石匠王聚升

(22)清康熙五十二年(1713)《鼎建殿堂绘塑神像碣记》,碑存陵川县附城镇西柏崖村三教堂。

鼎建殿堂绘塑神像碣记

天不生圣神,无以成世教;人不尊圣神,无以寄生全。故神道设教,圣王所不废,而遗都巨街□□以成民俗。率皆仰赖神光,建庙宇□□为祈报者也。

陵川县之西南,离城五十里之遥,有村名柏崖,虽则土瘠民穷,而其乐善浓厚,不期积财抒力,一众欣然,鼎新建立三教堂、观音殿东西及两耳,各为增修数楹,不日法相辉煌、殿宇丹垩,将所谓□土之民,劳则善心生乎行,见至诚所感,灵神所护,而饮且食者无不寿而康也。

是为记耳

泽州二圣头敕封安人张门崔氏施基址地二分　谷七石　金装佛一尊

窑头村　任柏龄施柳树一株

本邑　宋珞　施地□□

河南　赵庆施艮三分

张永京　施艮五分

维首　夺火镇张国智　张景阔　张文轩　张文起　张成良　和佐

住持僧海珮　助艮一两

郡庠生　张家驯　沐手撰

龙飞康熙岁在癸巳暑月穀旦刊石

（23）大清康熙六十年（1721）《重修三教堂碑记》，碑存陵川县平城镇西善底村三教堂。

重修三教堂碑记

夫三教之传，由来旧矣。建是庙者，类皆为福庇斯民、保障一方之计深远也。当日只有旧殿三间，迨其后基址颓废，势同瓦石，时元声等视之而不觉愧甚，观之而不禁漠然。阖村共发虔诚，勠力同心，无论势有所不可，时有所不能，趋事者恐后，赴公者争先；于散工之费，尽出于所捐，社谷匠艺之资，皆赖于松山树木。于康熙五十八年四月吉时开工，至六十年十月十七日以成善事。但恐世远年湮，而不知重修之功，无以鼓励后人也，今当事竣之余共约勒石以永垂不朽云。

计开阖社

靳□　靳珩　靳琳　靳瑶　靳□　靳□　靳□

靳坤　靳璔　靳珂　靳玜　靳璜　靳琐

靳瑸　靳理　靳瓒　靳司衡　靳清弼　靳清吉

靳清才　靳清侯　靳清从　靳清山

靳清枝　靳清府　靳清□　靳清州　靳思全

靳思义　靳思觃　靳思相　靳思职

靳思召　靳思绩　靳思衿　靳思松　靳思柏

靳思聘　靳思熙　靳书　靳海

靳熊　靳虎　靳堂　靳留声　靳起声　靳□声

王兴章　秦安全　秦贵昌　秦世荣

秦加□　秦加宾　秦加明　秦加宦

秦永升　秦加富　秦加法　秦加府

秦楹　秦朴　秦标　秦栋　秦松　秦梁

木匠　郭印章　油匠　赵万甫

石匠　任加福　刘法坤　刘法祥

画匠　徐蔚祯　徐嗣宗泥水匠　曹英

铁匠　陈奉□瓦匠　赵进祥

社首靳华声　生员靳元声　靳瑄　靳瑞

秦贵松　靳玮　秦玉林

靳琪　靳玟　靳瑧施地基一分五厘

秦加祥　晋楚　施地基二分

靳珮施银十两靳思明施地基一分九厘

以上共使银七百八十九两四钱

住持僧人隆山

康熙六十年十月吉七旦立石

（24）清道光二十九年（1849）《西善底村立合同碑》，碑额"永垂"、"和为贵"，碑存陵川县平城镇西善底村三教堂。

西善底村立合同碑

立执据合同文字：

下西善底社首秦九祥、靳思德等，上西善底社首秦魁昌、秦复聚等因下西善底老社旧有松坡一处，原系秦靳两姓施入下西善底老社内，历年久远，用着刊伐并无异说，于道光二十九年刊伐松树以备社用。忽有上西善底数人拦挡，较别不清，央中理处松坡只系下西善底老社所管理，与上西善底无干。但松坡树木，虽系下西善底社用，亦不可无故砍伐。以后下西善底老社倘有公费，货卖松树，须得同乡地交易，以图久远。此系两社情愿，故立合同执据文字，各执一纸存社，下有底□合同，靳钟收存。

同中人　孙秋浦　王文□　秦兴□　刘立□　刘成之　丁新□

大清道光二十九年五月十九日立石

石工牛□元

僧人炎山书

(25) 清雍正五年(1727)《何家庄重修三圣堂并接引佛阁碑记》，碑存高平市建宁乡何家庄村三教堂。

何家庄重修三圣堂并接引佛阁碑记

是庙也，昔建于西，今移于东。视昔之栋宇，□□□□□□阁崔巍，真东连佛掌、南接法□之巨观耳。一方□□□□寔式凭之。或曰功大村小，巧旧贯改作何为？□知□□□宇，非不美观，第伏□□□□□。因佥议重修，不意三圣道高德厚，诚有动物于不□者，一村父老子弟，咸□而捐输焉。遂卜吉，于旧制之东，爰建三圣正殿三间，东西耳楼各二间，东西禅房各五间，观音南殿三间，东南门道厨房楼各一间、西南耳楼二间。纪其址，广则六丈一步有奇，袤则九丈有奇。庙外则接引阔三层，层各三间。斯工也，不终岁而告竣。越明年，绘象辉煌，榱角廊□，焕然一新。盖不啻东度流光，兜率行宫，而猗环嶂叠，又俨若东山泗水，南海落伽，景况缭绕乎阶级间也。噫！构兹□□，神之□钦，人之福钦？

□神功落成，事应勒石，独是力各不齐，而轮有厚薄，倘不取某等而概为没之，非所以旌善□而励风化也。

今将殿榭楼阁布施姓名以及所施之数逐一详刊于石，俾观善果以劝继起者，尤使后之视今，更无异今之视昔，则福果绵绵，谅必有同心耳。

康熙五十五年重修

龙飞雍正五年勒石

陵邑王奇志熏沐撰并书丹

详开布施于后

江南亳州平顺店、全义店、复兴店、永泰店、

万泰店、□升店、增盛店共施艮一两三钱八分。

李小□艮二两，吴朝金艮一两，张志诚艮三钱，

张登艮三钱，苏栋奇艮一两五钱，王冠艮二钱，

僧海会、申迷春、何□□进项□艮一两。

复时□艮一两，乔永芳艮一两二钱，郭完艮三钱，

姬澄云艮三钱，吴彦宾艮三钱，成瑾艮一两，

何仁荣艮三钱，□钦艮五钱，杨思、杨孝艮一钱，

李东来艮六钱，何□艮五钱一分，僧海□艮五钱，

王三乐艮一两五钱，王用臣艮三钱，郭恒都艮三钱，

吴郑维艮三两一钱，冯林艮一两五钱，秦悦艮一两，

王礼艮一两，姬孟奇艮三钱四分，侯一攸艮九钱七分，

何启海艮一两七钱

……（以下捐资信息字迹漫漶）

各项杂使共算艮六十二两四钱三分□通共□使艮四百九十三两二钱

以前数次所收之谷，除修庙人工吃过，净存谷四石八斗□升，砖修

□并阶级用过

　　合村维首同立

　　玉工秦悦刊

（26）清乾隆二十九年（1764）《司家掌三教庙正殿创建暖宫并金装碾玉记》，碑存泽州县司家掌村三教堂。

司家掌三教庙正殿创建暖宫并金装碾玉记

　　天命谓性，率性谓道，修道谓教。人性皆善也，道无歧出也。知性、道则知教矣。昔人谓"世有三教，如鼎足有三，缺一不可"，何徒溺三教之名，未究三教之实与？盖教者，觉也。教者，导也。非觉非导，即非教也。释称佛子尚已，固以虚无为教也。抑知佛者觉也，正以觉悟群生为教乎？道称道家尚已，固以清净为教也。抑知道教者，导也，正以通导万物为教乎。至于儒，则以人合天，尊德性而道问学，其大要焉□□□□教即分为三教也可，不分为三教也亦可。

　　司家掌三教庙由来久矣，诸神殿各有暖宫，独正殿缺然。住持霞光募化纠工，唱无缘之慈慈，□不舍之□，而且金装神像，碾玉山门，金碧辉煌，焕然一新。

　　甲申春，予有事司家掌，融其禅室，问记于予。予欣然曰，祇园布金，亦拈花微笑之意。今也，崖谷共清风泉相焕，息心了义，于焉游集，乃皆其变像也，乌可不记？霞光讳明珠，字霞光云。

　　郡庠廪膳生、弟子王尔寿熏沐撰并书

　　维首　司印宫　王有富　司义凤　司门王氏

　　住持僧明珠　徒心禅、心德

（27）清乾隆三十年（1765）《重修三教堂碑记》，碑存陵川县崇文镇南川

村三圣庙

重修三教堂碑记

三教同归之理存乎教，废兴之故次于人，此意□□于此矣。邑□五里许有南川村，虽□陞而局势□一乡一村之□□居是村者不过二三十家□□□庙貌，风雨亦遂剥落也。兼□□□□□虽村小民贫，而施材捐赀□村中善士捐施踊跃，越三载而告厥成□□□□□□□□□料其不能为，不敢为者，而今□□□□而成此钜工□□阔而高大矣□□辉煌，瑞气倍增，士农工商，其各守一业□礼乐之。

大清乾隆三十年岁次乙酉□月望日

邑癸酉科举人、拣选知县武敦撰

计开

信士某□□并佺□　某必得　愿施庙前地基贰分整　社内无复□姓自封

信士徐钧愿施南北畛中地壹亩伍分

四至：东至荒坡　西至焦姓界石　北至□姓界石　南至□□□

合社重修立石

玉工　李均刻

粮社内封纳以前墙碑俱系无用

(28) 清乾隆五十三年(1788)碑记，碑存陵川县崇文镇南川村三圣庙。

泽州府陵川县南川村韩进忠、韩根贵钱十一千文又谷二石六斗，原销钱六千整同施于三教堂。合社公议为之立碑以记其事云。

三教堂之立也，由来尚矣，越数载而圣德之广远、神恩之布护，居斯地者，莫不颂祷无穷焉。然烟燎之用不废，而感戴之心难酬。今韩、原之施虽不足以报神恩之大、圣德之深,毕生人虔诚之衷,而于斯庙之中,固不为无助云尔。故援笔而书于石。

乾隆戊申八月旬六日立

(29) 清乾隆三十九年(1774)《三教堂增修碑记》,现存陵川县礼义镇东沟村郝家村。

三教堂增修碑记

旧庙之创,由来久矣,□□远年湮,时移大殿,历雨之后,山摧地裂,垣壁□□殿宇将倾。村人久怀增修之志,惜村小民穷,□□□举,幸今国家昌明,□□□同捐资材,鸠工督□,于旧庙之东增修南北二殿各三楹焉,耳房两所,客舍一处,以为神人乔迁之所,庶栖息有地,而神人胥说矣。故勒诸石以示夫后人云。

李增祥　李□□郝家店　郝国开、国庆、国道、国用、国海银一两五钱

郝时昭银一两,郝典、郝时颢、时荣、时群、时萌、时□　钱伍佰文

近忠　钱一千五百文

维首　近忠　郝典　时仑　全□

香人弟子　寂庆　银式拾伍两

大清乾隆三十九年陆月朔九日合社公立

(30) 清嘉庆二年(1797)《刘家河合社建修三教堂东西碑记》,碑额"流芳百世",碑存泽州县大东沟镇刘家河村三教堂。

刘家河合社建修三教堂东西碑记

予性朴鄙,读孔氏书,忝列胶庠。尝深恶佛老二氏而力排之。然

《家语》有云：孔子适周，问礼于老聃，尝曰：老子其犹龙乎？汉末孔融与李膺又有累世通家之说，是亦殊途而同轨者也。汉明帝尊佛教，至东西两晋五代以来，或尚佛，或崇道，纷纷不一，延流于今。世俗相传有"三教归一"之论，予终不敢深信焉。总之，"神道设教"，自古为昭，乡人无非依神为主，以祈福保安者也。

刘家河蕞尔微区，亦创建三教之庙，左角殿配以高禖、皂君，右角殿奉以四神、三姑，东西为客亭，为禅房，为看楼，上下共二十间。南一带舞楼一座，角房二座。自建之后，岁岁享祀不绝，家家平康无患，庶几风调雨顺，国泰民安，永传不朽云尔。

施资信士名姓开列于左

冯□纪施钱伍仟文王永法施钱一仟文

唐法□施钱伍佰伍十文宋永江施钱三佰三十文

梁德荣施银一两魏兆正施银三钱宋佑施钱三佰文刘福施钱三佰文

常在唐施钱一仟施梁一架常大有、常大丰施钱六仟一佰六十文

三门施两磨道槐树一株常在翰施钱六仟文常在恭施钱四仟二佰五十文

常增玢施钱三仟文，常在勤施□二仟伍佰文，常增银、常增得施钱二仟伍佰文，

常在忠施钱二仟文，常□信施钱二仟四佰文，毛良　施钱二仟文，

常在广　施钱二仟文，常在轩施钱二仟文，常增玮施钱二仟文，

常在宽施钱一仟二佰文，常增梅施钱一仟六佰五十文，

常增林施钱一仟六佰五十文，常在贵施钱一仟伍佰文，

常在良施钱五佰文，常增珮施钱一仟伍佰文，

常增珠施钱一仟伍佰文，常在坤施钱一仟文，

常大江施钱一仟文，常在温施钱一仟一佰文，

常增旺施钱七佰五十文，孙进宝施钱四佰文，

常增玉施钱三佰文，常在仓施钱三佰文，

常在松施钱一佰文，常大有、常大丰施典地字集钱十仟文，

常在翰施典地字集钱五仟文，常在建施典地字集钱一仟文，

常增金、常增得施典地字集钱一仟伍佰文，

常在翰社五分，常大有、常大丰社二分半，

常增玮社二分，常在勤社二分，

常在温社二分，常荣信社二分，

常大江社二分，常增珮社二分，

常增珠社一分半，常增玢社一分半，

毛良社一分半，常增良社一分半，

常在良社一分半，常在贵社一分半，

常在□社一分，常增珍社一分，

常增旺社一分，常增金社一分，

常在宽社一分，常增林社一分，

常在仓社半分，常在现社半分，

常增禄社半分，王门李氏社半分，

孙进宝社半分，常增玉社半分，

常在唐社半分，常增梅社半分，

刘福社半分，常增荣社半分，

常增得社半分，王晋施钱一仟一佰文，

以上共地四倾六十六亩，前后七回起钱八十二仟二百三十五文，

众善士布施钱六十二仟八百二十文，□人出放钱十七仟九百二十四文，

入收不□田谷作钱二十七仟二百二十七文，入每年敬神余剩钱、三山会钱、五台会钱收□用代□头□则六瘟七业入钱三十九仟一佰三十文

一通共总入钱二百二十九仟三百三十六文

一应买木植□□匠工集项工使钱二佰三十仟零八佰二十五文

净缺钱一仟伍佰文,常在翰施钱一仟伍佰文,

邑庠生南桥际逯氏焦鸿林撰文

总理维首常在翰　常在勤　常大有

住持洪起

玉工　宋美章　梓匠　苗玉环　画匠　宋永江

本庙僧传松沐手撰书

皆大清嘉庆二年九月二十二日合社勒碑公立

(31) 清嘉庆四年(1799)《三教堂栽松碑》,碑存陵川县杨村镇岭北底村三教堂。

三教堂栽松碑

昔者地荒人稀,东南山北磐岭无不光洁者,清兴以来始植树。夫以树为村之秀,得失利病,灵于一树,其为树亦重矣。居是村者议兴其利,补其脉,栽其松,拾其财,盖利于社而不为身谋,□彼于家计者,其间相去何远哉!

乾隆四十九年,植松贰百余株,延至嘉庆时,合社始志其树于碑,恐历久而长成,他人□□□于石后之人将传指其松而叩之曰:某也首、某也栽。余虽不在此里之内□得闲言于维首,遂诸公之志而谨为后人记也,于是乎书。

大清嘉庆四年岁次乙未季冬吉日

邑庠生申永梓　撰文书丹

外捐王伏林　钱壹千式百文,王永发钱式百文

秦贵钱式百文,杨国储钱式百文,王朴钱式百文

玉工赵世成镌石

岭北底合社仝立

(32) 清嘉庆二十五年(1820)《重修三教堂序》,碑存陵川县杨村镇岭北底村三教堂。

重修三教堂序

吾儒之教,穷理是务,自中天开执中之传,历千七百余年而夫子生焉,万古之纲常,诚赖此而不坠矣!佛法汉时始入中国,其法专尚寂灭。老子生于周,为柱下史,道德五千言,揆不离乎清净。世云三教,殆亦不无异同,然而其旨则一,何也?惩恶劝善,吾儒有然,释与道亦未始不然也!

岭北底村依秦岭之东聚族而居者,仅百余家,村之西南有三教堂,其西则正殿三楹,角楼六楹,南北各四楹,其东则戏楼三楹,角楼六楹,古刹巍峨,不知创自何时,访其由□,□□历时久远,颇虑催残。嘉庆元年,村众合力补葺,始不致倾圮。然庙貌虽新,而规模狭隘,或春祈,或秋报,迎赛社□□□事者因欲改作焉,第以功程浩大、费用繁多,未敢骤也。去年秋,秦公华、王公位仁等纠众商酌,力加维持,众议公□□□鸠工庀材,拆戏楼而重修之,开拓一丈五尺,因增修南北对厅六楹,庙门外改修□屋三楹,筑立垣墙以肃观瞻□□□□□创建龙王神庙,自二月逮九月,历二百四十余日工始竣,是役也,计费一千余金,计工二千有奇,或按地亩以均之,或□□以□之,或数□养以赡之;虽有乐输之家,什不及一,而阊里踊跃,胼手抵(砥)足,共襄厥成,不生异议,倘非神力之所庇,之胥协,行见廓其有容,迓庥者,绵绵勿替,焕然日新;锡福者,永永无疆,神之佑之,正未有艾也。是为序云。

郡廪生赵翰熏沐敬撰

邑庠生翟连科沐手敬书

大清嘉庆二十五年岁次庚辰十月中浣

和德镇　捐钱一千文、天恒号　捐钱五千文、

义聚号　捐钱五千文、娄天赐　捐钱一千文、

徐寅　捐钱一千文、西岳窑　捐钱陆千文、

徐玮捐钱壹千文、李得奇捐钱叁千文、

王忠捐钱拾千文、西岳炉捐钱陆千文

社首：王广合、秦椿、杨国储、王朴、董兆瑜、

关起荣、张锦、王位仁、王亨、董兆琜、秦永泰

维首：王汝屏　秦华　王淳　关起华

住持：广智　玉工　赵世同　刊石

(33)《徐社村重修三教堂碑记》，年代不详，碑存陵川县西河底镇上徐社村三教堂。

徐社村重修三教堂碑记

癸亥冬，余学游徐社村，参禅三教堂，殿宇巍峨，法象庄严，然犹有宜全备而偏遗缺者，心异之而询其由。庙中长老曰：乡有众善士杨赐山等三山进香，历多年所，后缘楚匪碍道，遂表心于珏山诸界，但香资积久，难肩措办，故于祖师尊殿大事修构。余谨略为修葺。迄今竣其工而未叙其事，盍志之使不忘乎？余曰：善善，是敬也，非媚也，福缘种之心田，善庆即在举趾。《书》曰："皇天无亲，惟德是辅。"此物此志也。夫是为志。

邑庠生王兴先撰并书丹

总理：杨子卫、杨子培

进香信士：杨廷顺、杨子旺、杨廷栋、杨法永、

杨积永、杨连、杨君荣、杨君玺、杨瑄

督工：住持见汉

(34) 清嘉庆二十三年(1818)《重修舞楼碑记》,碑存陵川县西河底镇万章村三圣庙(大庙)。

重修舞楼碑记

尝思庙宇巍巍,寔一村之保障;青山绿水,乃一村之血脉。三教堂,一村之主,固贵讴歌。生前之德,尤贵记载;遗后之功,□□□湮。舞楼七间,少有损坏,使徒诵德于前而不垂功于后,虽有继述,不几恍惚无凭乎。合社公议兴工修理,地亩捐办,迄今功成告竣,焕然如新,俨然如在□。

吴子茂施印沟河北地基一段,焦珮荣施观上北路一段,盖城村王其慎施钱五百文,现岭村大社施钱二千文,马庄村玄帝庙施钱五百文,细脚村秦添起施钱五百文,井沟村捐钱五千文。

维首:焦通义,周子朝,王国显,吴正基,郭永智,张金林,周子公,吴子谦,张荣,吴肇锡,王玉,李天昌,任立兴,王礼,王永富,吴添浩,吴进都,周成,王加泰,焦通怀,王子宽,吴毓秀,崔有禄,吴子积,张□□□□□□□□□□□胡大兴,吴修声

旹大清嘉庆二十三年十月十八日万章村合社仝立

王其慎撰书

玉工张兴义

(35) 清道光二十三年(1843)《重修三圣庙碑记》,碑存陵川县西河底镇万章村三圣庙(大庙)。

且一代之人文,一代之气运统之也;一代之气运,一代之人文启之也。自古圣帝明王多出于山右,故志冠天下,而今音沉响寂矣,此固风会所关而非人力所能致也。万章村,陵之古乡,唐宋时为万章营,相……今将五大士移入东殿……

邑儒学廪膳生员　周元瀛　顿首拜撰并书

总理　吴常仁,总维首　张全顺

维首吴常元　王进荣　焦建文　张荣　周永生　张全照

　　吴毓芳吴子成　王有禄　吴广锡　吴泰锦　王□善

　　王立□　李添成　张全祯　吴记昌　周元崑　吴魁祥

　　焦永兴　侯水保　韩凤鸣　吴子义　郭弼　王禄福

玉工　张江

道光二十三年九月初一日立

(碑阴为开列捐资花名,碑额"万善同归")

东王庄捐钱十二千,西王镇捐钱五千文,僧觉兰、本通各捐钱三百文……

马庄上社捐钱□□□,张江五百文、张义一百文,

玄帝社捐钱三千文、花布施钱一千文,现岭村捐钱十千文,花布施钱一千七百文,张锔　张鹤各捐二百文,夺火镇　六千文,化布施钱三百文,井沟村捐钱五千文,化布施钱六百文,西下河捐钱五千文　东下河捐钱三千文,峰西村捐钱四千五百文,花布施钱三千六百文,冯家山捐钱三千文,女善士捐钱八百文,花布施钱一千五百文,隆昌号　捐钱五千文,积善村捐钱三千文,新庄村捐钱二千文,花布施钱一千五百文,徐社村捐钱二千文,花布施钱九百文,河元村捐钱二千七百文,秦家山捐钱二千三百文,花布施钱九百文,吕家河捐钱一千文,花布施钱一千六百文,董凤鸣捐钱五百文,高庄村两千五百文,庄里村二千三百文,毕良村捐钱二千四百文,上底盖城花布施钱二千二百文,偏桥底,西河村,

瑶街村,三槐庄,西瑶村,川里村,后山村,上梧桐,底梧桐,以上各捐二千文,铺上村,西河底三泉村,西河底,青杨庄,附城会馆,以上各捐钱一千文,瑶岭村,南瑶头,各捐钱一千五百文,东瑶泉捐钱一千文,花布施钱一千三百文,西瑶泉捐钱一千文,花布施钱八百文,

附城北社,焦家会,侯家庄,南沟村,圪圾村,南台底,以上各一千文,

古贤寺,大苇村,平道村,大槭树,附城镇下璧村,凤凰窑,以上各捐一千文

南山头,一千文,花布施钱五百文,庙掌村捐钱六百文,

樊脚村,台北村,崇福寺,各捐钱五百文。牛家河、瑶头村各四百文,

南河靳忠国二百文,忠宰一百文,西河底王大勇、后山张朱孩各一百文,

本村僧本性,魏笃初,王信,大会男善士,以上各一千文,

东会女善士二千文,西会女善士七百文,吴广锡五百文,吴连贵五百文,

尼通贵五百文,王记保一百文

(36) 清道光元年(1821)碑记,碑存陵川县马圪当乡大郊村三教堂。

尝闻孔子云:"五亩之宅,树之以桑。"皆因庄村田土缺少,养桑者原为农夫,备岁寒之类,各自用功养桑喂蚕。恐有男夫幼童,自不养桑,望为损人利己,胡采人家桑叶,毁坏树木。合社仝议,永禁桑叶,不得独行乱采。如有不遵,乱采者有人拿获,报社公同议罚,拿获人分去罚头一半,下剩入社公用。倘有不法之徒不遵社规,送官究处,决不容情。

又约,放羊儿入吾界牧羊,山林树木不得坎伐。如有不遵者,有人

拿获,报社公同议罚,决不宽情。

又约,立秋时鸣锣开万,违者议罚。

道光元年三月拾五日合社仝立

(37) 清道光六年(1826)碑记,碑额"福缘善庆",碑存泽州县周村镇苗庄村三教堂。

且自麟吐玉书而后,道咸仰于东山;梦验金身以来,法悉重乎西域;至若书著《道德》,望尊犹龙,自隐无名,尤推南土。是三圣者,道固不同,亦孰不臻至诚无妄之境哉? 降世而下,宗洙泗者有人,宗天竺者有人,宗曲仁者又有人,学焉而各得所近,因而有儒、释、道三教之分。

是村郭君讳呈祥等,身虽生乎后世,心窃慕乎休风,欲为三圣人建祭祀之堂,因联数十家为一会。囊财不继,复募及于四方。饬材鸠工,落成已数十年于兹矣。但彼时未即刻铭,而四方之好善乐施者、里居姓氏悉失所稽。近年以来,恐祀事偶缺,复与村众商议,以为阖社共祀之堂。呜呼! 回首创建之始,日月几何,乃迄今而后先悬殊乎? 兹故急为勒石,亦使后来辈知创修之有自云尔。

析城儒生史深研撰、本庄郭天纯书

大清道光六年十二月吉旦住持妙云

(38) 清道光二十九年(1849)《捐立义学碑记》,碑额"百世流芳",碑存陵川县附城镇北庄村三教堂。

捐立义学碑记

北庄村,僻处山谷中,居民虽系乡愚,亦皆知读书为天下第一件好事。但贫寒者多,欲子弟读书,往往无力延师。

岁己亥,村中有好义者九人:崔有勋、崔凌嵩、崔通林、张德、崔义德、张普成、崔有聚、张福孩、僧人广祯,不辞劳苦,身任巡秋之事,所获工赀情愿捐立义学。积十余年而得谷一十三石,于戊申秋后,将此项缴社。每年着四家社首经理春放秋收,止许消利,不许动本,以作贴补延师之费。行见师道立,则善人多其成就,后学者亦安可量乎?于是乎记。

邑儒学优行增广生员都赋三撰文并书。

道光贰拾玖年岁次乙酉重阳节勒石

玉工赵美刊

(39)清咸丰四年(1854)碑记,碑额"栽树施碑",碑存陵川县潞城镇洼窑村三教堂。

尝闻废者修之,偏者正之。坏者补之,损者益之。此古人人之常情,皆人之所乐为者也。兹村之西北,其峰微低,有水壑焉。今合社公议,愿栽松树于此山之巅,以障金风,以为脉气。奈地属他人,不敢擅举。幸有社首三人、花户二人,均发善心,情愿各施坡地壹处,栽树补□,以竖一邨之圣,诚善举也。公同言明,其地无粮所施地之长短,广□□有至界任社中。栽补松树,不拘株数。自施之后,社中坡上不得狡赖。恐世远年湮,茫无足据,聊陈数语,勒石以志,不朽云尔。

今将施主姓名地界开列于后

杨立昆西岭上施坡地一处南北长廿柒丈每树东西宽八尺。

董根兴西岭上施坡地一处南北长卅伍丈每树东西宽八尺。

李本 西岭上施坡地一处南北长壹丈东西宽一丈栽树一株。

李美 杨兴林 西岭上伙施坡地一处南北长壹拾捌丈东西宽八尺。

杨立嵩 董德容 杨立峰 杨如松施碑壹座,撰文并书

龙飞大清咸丰四年岁次甲寅闰七月穀旦

洼窑村阖社公立

（40）清咸丰四年（1854）《重修三圣庙碑记》，碑存陵川县崇文镇南川村
三圣庙。

重修三圣庙碑记

尝闻莫为之前，虽美弗彰，莫为之后，虽盛弗传，后先相继则极盛
焉。南川村旧有三教堂，规模狭隘，岁久而圮。居斯村者，倘听其颓败
而不整，岂所以妥神依壮观美乎？壬子春，合村维首慨然有重修之意
焉。于是鸠工庀材，就遗址而式廓之。增修配房六间，移修舞楼七间。
经营伊始，忽于残壁之下得一遗石焉。及观之，乃乾隆二十八年间补修
圣庙之碑也。爰扶立于舞楼之东壁间，而前人乐善之衷，庶不至湮没而
不见。是役也，施予捐赀，比户踊跃，越三年而焕然改观矣。是为记。

郡廪生　宁松斗　撰并书

维首　秦勋　和致守　徐□　和钧　焦永吉　原顺孩　徐培心
徐镕原世燕焦建泰　阎珩　仝立石住持　王元瑶　平教明

峕大清咸丰四年玖月念日

（41）清咸丰七年（1857）《重修三圣庙碑记》，碑额"万善同归"，碑存陵
川县崇文镇南川村三圣庙。

重修三圣庙碑记

盖闻宫殿为神灵所托，苟栋宇将倾，无由壮观瞻之美；楼阁乃仙人
所居，苟风雨剥蚀，何以□□□之诚。况乎儒释道，教分为三，实千秋所
遵守；义勇忠，道贯以一，振万古之纲常。光璨玉衡□□禄命权尊紫极，
祥辉直射魁垣，宜使庙貌常新，重开宝符，神堂永固，丕丽鸿基。

邑南川村三圣庙、关圣殿、文昌阁因世远年湮,时过境异,梵宫之缥缈,景色全非,□座之□□□,□□遂□补新葺旧,使殿庭偕日月以齐辉,鸠工庀材,望福祉与乾坤而永奠。但□正□□□之□□辟□祈,能为雕梁画栋之成,必聚力而乃济。恭疏短引,敬告西方,所赖家馈,兼金人轮,□□□历□赠斯乃日□观成,将见殿宇增辉,永壮巍峨之势;宫墙焕彩,均沾护荫之功。

皆咸丰七年岁次丁巳孟冬月

邑庠生　王之翰　敬书

原坤劝捐诸公　银五十两

常盛典、恒庆典、瑞升典、□升典、□□典、□□典、昌盛典、

□徐堂、广源行、泰来行、泰顺班、□兴太、万镒号、隆□号、

万顺号、□凭坊、德盛义、同□坊、天聚坊、魁合坊、维昌号、

三□号、□泰公、□□□、□顺公、祥泰号、魁盛号、□□□

协成号、傅德麒、张增富各捐银三两,

丰隆坊、边台坊、曹嗣宗、韩文安、徐瑞、隆升典、悦顺声、

德兴典、万兴典、□□典、新义顺、洪盛元、增盛义、庆隆炉、

元昌窑、张□□、郭重仁各捐银壹两,

东盛典、王怀成、元隆炉、德和全、

张广明、张元志、张元信、任天桐各捐银伍钱

(42) 清咸丰八年(1858)《重修三教堂碑记》,碑额"咸丰戊午",碑存陵川县礼义镇马新庄村三教堂。

重修三教堂碑记

且天下事,莫为之前,虽美弗彰;莫为之后,虽盛弗传。是村主庙一处,正殿三楹,耳房四间,东、西配房六间,对面舞楼七间。是古迹也,不

知创始何代。延至道光二十六年,旧址倾颓,阖社公议重修。将舞楼前移一进,东西增修楼房六间、过庭七间,东偏后厂篷三间,耳房两间。过庭外东偏楼房三间。至咸丰元年,工程少停。咸丰六年,又议开工,至今鸠工庀材,工程告竣。后殿佛、仙、圣像三尊鼎立,东偏马鸣王神室,西偏郊禖祠圣境,捏塑齐全,彩绘皆新。是前人创始,后人落成,废者修之,缺者补之,前此之旧基,规模益广;后人之缔造,制度重新。嗣是神人胥悦、物阜民康,岂非善始善终之盛事欤? 纠首问记于余,余不文,又不能辞,谨纪其颠末如是云尔。

邑庠增广生员张凤翼撰并书

乡村耆　张世良督工总理　张宜维维那　张兰

社首　张世江　张彪　崔成瑞　张铭　程恒泰　张世聚　都根来　张群孩

崔根成　崔鹅　魏秦孩　张义阖村人等

住持僧人戒华　仝立石

上院捏塑丹青工人　小回村谢廷燕

外院装书丹青工人高邑韩村王喜凤

龙飞咸丰八年五月穀旦　玉工林邑郭清吉镌字

(43) 清咸丰八年(1858)"万善同归"碑,碑存陵川县礼义镇马新庄村三教堂。

自古修寺立院,拜佛礼神,诚善事也。乃名邑大都为力易,而穷乡僻壤为力难,所赖仁人君子普施布地之金,信士善门预达升天之路。兹庙工程告竣。谨将布施之家开列于左,以流芳于后焉。是为记。

邑庠增生张凤翼撰文

本村　张铨　施钱　壹千叁佰文,凤邑来村　太和仁施钱式千七佰文,陵邑　小义井王公　施钱　伍千文,本村张秉仁施钱　叁千式佰文,本村山拥会张铨　张兰　张铭　张宣　张宜　张连成　张顺林共施钱壹佰柒拾柒仟零式佰拾文

(44) 清光绪二十九年(1903)《重修三教堂碑记》,碑存泽州县犁川镇坡东村三教堂。

重修三教堂碑记

伏闻云山之……(以下阙十九字)三十里有葛万里东坡村西陵修有古庙三教堂,北三间圣像具全,南殿观世音……(以下阙十七字)神像未塑,资财不足。维首金顶会积有钱粮若干,出放余利,彼村众人使积后日兴……(以下阙二十字)十分之九,各户虽有苗裔圆,此责仍将何归?维首各户遗有房地多寡数处,共同邻社……(以下阙十一字)兴工□□及至大禊之后,连年五谷丰登,人民集渎修工。合社公议,请定风水、择吉日兴工。及于风水时,视其山门不合□□□□村在□于邻村亦有所伤。忽然维首、社掌大发善愿,公举合社人等同心协力,择定十年间改门放水,使九千有零。十六年补修南北殿挪出厦,修北看楼,费钱二百三十有零。二十年移商襟神像于西角殿,修南看楼,赞钱一百二十有零。二十二年,方玉皇大帝圣像五尊,又塑东角殿关帝圣君神像五尊,金妆圣像,绘塑墙工,油画庙院,费钱二百一十有零。至二十九年,工程告竣,开光唱戏。修塑之后祈保风调雨顺雨、五谷丰登、人口平安、六畜兴旺。始于甲申岁兴工,起造架马,立木扶柱,上梁绘塑,功程浩荡。终于庚寅年,共赞钱七百有零。变卖物业钱若干,又照社起钱若干,又化本村布施若干,所有人名钱数开列于后。而历年社举之劳心劳力与村之乐善好施、各出资帛,敢不勒石题名,永垂不朽云耳。

彼时共社三十六分,每一分起钱一十六千文。

卫士元拙笔

各户施业：尚恒泰施钱十七千文、成户施钱一千文、卫户施钱四十千文、段户施钱十六千文、李户施钱二百文、樊户施钱二百文、吕户施钱三百文、赵太安施地基一块

十六年社首：韩立孝施钱一千二百文、尚秉公施钱二千文、尚秉直施钱五千文、尚秉全

二十年总料理：尚录正施钱三千文、尚永春施钱一千文

二十二年社首：尚秉天施钱二千文、韩保和

二十三年社首：尚永昌施钱一千五百文、赵海泉施钱五百文、卫文郁施钱五百文

二十九年社首：赵太安施钱六百文、尚秉文施钱三百文

玉工：程建河丹青：郭建福施钱五千文

大清光绪廿九年岁次癸卯阳月毂旦吉立

（45）清光绪三十年（1904）《井沟村重修碑记》，碑额"万善同归"，碑存陵川县西河底镇井沟村三教堂。

井沟村重修碑记

撰文书丹郭启源

成群立社，古礼昭然，况神者乃民人之主，神所凭依。人非神而无靠，神非人而不灵。旧有古庙一所，创建不知何时，年陈日久，风雨漂滛，星霜移□。众目观之，若不重修，恐其后边毫费不久过大。众民皆发善心，自咸丰七年开工，重修舞楼下七间，至九年内工程告竣，酬神谢土。底院修起坎主底礼应不合，自同治三年重修，往后走了五尺，至五年上石木工，修成三教堂三间，乾艮二方，蚕姑殿三间，牛马王殿三间，创修关帝殿三间。东西两厢未成，到六年上景岁不好，小米每斗钱八百

文。人手无力,将工隔止。及自到光绪三年,村中共六十余家。三年大祲,斗米一千八百文,人去八九。及自四年上,村中去下八家,人社物一应失吊。众重起社事,及自十一年内,村中共有七十四口,按人口起谷,共积谷二石九斗六升。屡年出放,毫不资多积。自二十八年,谷有一百五六十石,重立维事人,开工重修震方高祺祠三间,兑方禅房三间,又代东西风口二所,及自二十九年底工程告竣,三十年正月二十八日演戏诵经,谢土酬神。自修之后,丁财两旺,祝四方善士布施名例于后:

马山村大社捐布施钱六千文、秦山村大社捐布施钱五千文

万章村大社、东王庄大社各捐布施钱四千文

西河底大社、现岭村大社各捐布施钱三千文

上徐村大社、西河村大社各捐布施钱贰千文

吕家河大社、大韦村大社各捐布施钱贰千文

姚街村大社、马庄上大社、岩山村大社、南沟村大社各捐布施钱壹千五百文

梧桐铺大社、河元村大社各捐布施钱壹千文

芦家□大社、上下梧桐大社、古贤庄大社、樊庄大社、南山头大社、焦会大社各捐钱一千文,窑头大社、王枝孩各捐钱八百文

南窑头大社、马庄底大社、□□大社、郭河太、郭生泉、王老肥各捐钱五百文

杨广魁捐钱贰百文、庙掌大社捐钱三百文

前后维事人:郭金肉、德源堂、郭银锁、郭凤枝、郭凤仪、宝善堂、郭金环、郭明孩、郭宁锁、郭喜孩、郭三女、郭银□、郭路孩、郭凤舞、郭起旺、治立堂

人子会总理

维首:郭凤□、郭凤环、郭凤毛、郭凤海、荣盛堂、郭启环、郭启源

木工:张□孩、张新孩油匠:侯风修

大清光绪三十年正月二十八日

玉工：路永福、王永川合社仝立

　　(46) 清光绪三十年(1904)《大清国山西泽州移奉乡建福都建福里要脚社重修碑序》，碑存泽州县柳树口镇要角村三教庙。

大清国山西泽州移奉乡建福都建福里要脚社重修碑序

　　且夫重修者，神通广而照之，民安物阜而葺之。故列余三教，天、地与人，为之三才，然三教推行无尽，虽世殊事异，所以兴怀，其致一也。后之览者，亦将有感于神明矣。盖三圣，古佛为之掌灵应无爽，浩浩其天，如凭虚御风，飘飘遗世，而民无能明盟，沾其生成之恩，所以祀乎其先，以报其功德之隆也。惟三教圣神制之，亦惟三教圣神明之。以能明乎郊社，所以事敬三教之礼耶！幽明一理，而幽明为难知。神人一道，而神道□难格。

　　但吾乡修造庙宇一所，以考究其原，年深日久，风吹雨洒，残缺破坏。以其时考之，不忍忘费。然自诚秉公之心，古今所传不可诬也。遂感而见民俱尔瞻。欲修其庙，不言而喻，不期而惠顾，不施劳则易使矣。兼其前复虑其后，今其左以及其右。重修宝殿三楹、两耳、东西两配；创修舞楼五楹，改正山门以及周围□□□并等庙宇，重修妆绘金神，咸沾光丽。日积月累，造修三春，以其齐备，懔懔稳坐中华宝殿，赫赫镇八方，庶民平安。端端龙脉王山，丙午之正向，而明山三百，支山三千。此地有崇山峻岭，茂林盛木，无不为照，岱效其灵神。神工告竣，焕然一新，传于后世，以享以祭，莫不崇奉。触类而思，不一而足。予知斯楼之建，岂徒士、工、商人之乐。予不敏，命予撰记。工开庚子，成于甲辰，立万善同归于一。他若流连光景之辞，皆列而不陈。是为序。

　　撰文、书丹：桑世杰、邦国祥

开工总理:郝凤钦

维首:郝国珍、郝国文、郝国临、郝国礼

石、木工:房殿朝,油匠:杨文魁,玉工:路永福

大清光绪三十年二月初十日,开光、酬神、谢土合社同立

(47) 清宣统二年(1910)《重修古庙三教堂碑文记》,碑存陵川县夺火乡望洛村三教堂。

重修古庙三教堂碑文记

尝闻山不在高、有仙则灵,诚哉是言。因□本村旧有三教神庙□□殿宇悠久,风雨毁坏。远近善士坐卧难忍,兹善心一村同发,于光绪二十八年合村修正殿、东殿,创修山门,又创修瘟神庙一所,又补修灵官、山神,一切工程告竣,金妆圣像。工虽弗大,亦非独力能为,片砖片瓦,所可备用,谁不欲有灵台之营,一日成之,有冥之至而至者矣。光绪三十二年间工程告竣,宣统元年秋场之内开光,人力不至于此,吾村人寡微,开工数年,资财六百千有余,告急四方善士,同捐资备,刊碑垂石,永不朽矣。为序。

本社学生杨階文书丹

维首

杨隆钊捐银六两	杨真孩捐银八两	张太岐捐银十两
杨階平捐银十两	杨怀印捐银三两	杨洛柱捐银二两
杨秋□捐银三两	杨隆成捐银五两	杨怀瑞捐银四两
杨水柱捐银四两	杨金宝捐银三两	杨起德捐银三两
杨怀田捐银三两	杨菊兴捐银一两	杨怀远捐银三两
杨怀锁捐银三两	杨怀全捐银三两	杨怀顺捐银二两五钱
斋公会捐银六两	窑上村赵新有捐银五两	杨□德捐银四两

赵洛德捐银六钱

林邑瓦匠曹金明　石匠　崔德兴　路武崑　各捐银一两

河南画匠吴潘捐银二两

大清宣统二年十一月初七日

合社人等仝立碑记

(48) 中华民国六年(1917)《重修三教庙舞楼并碾玉碑记》,碑存泽州县
金村镇司家掌村三教庙。

重修三教庙舞楼并碾玉碑记

游狐岭之西,憩丹河之东,有村名司家掌者,载诸邑志,为刘庄里四
甲;群峰环绕,土脉丰肥,居然盘谷乐地。当村中间,建三教庙矣。创筑
时代无碑可考,增修于乾隆二十九年,局度整开,已成完璧。迄清末季,
雨洒风吹,栋柱垂残。

村中耆老司懋英等,极力筹画,得巨款焉。遂将舞楼之上,换以石
柱;土坏之垣,易以砖墙,周围彩画,普遍油漆,规模宏展,焕然一新。使
入庙者登至圣之堂,谒古佛之面,仰太上之风,而善心因之以勃发焉。
跂而视之,儒自为儒,是释自为释,道自为道,似不相侔;合而言之,引人
大善,无二致焉。谚云:"青叶红花白莲根,三教原来是一门。"

庙貌巍峨,神灵赫濯,居民环拱,庐舍森列,男耕女织,风清俗美,俨
若桃源景况。咸赖神恩保佑,教泽普沾,欢欣鼓舞,同祝此庙之巩固,可
与日月同光、天地并寿焉。因记其事以为序。

前清凤台县儒学廪贡生阁乡王调元撰文

民国晋城县实业毕业生福丑赵世昌书丹

高邑马牧集输金人:永聚和钱二千八百文、司绍唐钱三千文、聚源
昌钱六千文、三义永□□□□、广益号钱六千四百文、张丁旺钱四千二

百文、吴永思钱一千二百文、张全仁钱一千二百文、广茂行钱二千文、田玉章钱二千文、郑述德钱一千□百文、田玉辉钱一千三百文、广盛和、要玉昌、合盛乾、李凤仪、三太号、丕太号、合盛永、庆义公、庆昌号、广庆堂、广太号、广□□、和盛永、段凌云、同太昌、源胜东，以上各二千文，王沛思钱三千文，无名氏钱十千四百文。

兴工维首领簿人司懋英、司根发、司懋清、周德兴，

领簿人赵全亮、司懋礼，司□□、王□元、司德□、司乐正、司□义、张□和

周聚元、司得义、司学理、周聚奎、司春旦、司文裕

石工张银钩

住持　司学贤

大中华民国六年岁次丁巳阴历孟冬之月上澣吉旦合社公立

(49) 明万历四十一年(1613)《三教堂鼎铸佛像落成碑记》，碑额"铸造三圣碑记"，现存高平市陈区镇东石村三教堂。

三教堂鼎铸佛像落成碑记

□□□□□联袂入孤庙，观画像，询诸仆，曰：此三教堂也。席地坐谭间，因论佛之空，视之孔之空，奚若老之玄？视之孔之中，奚若祖述精一、心传木铎，万古长夜，得一而成三，含三而为一，归之佛乎？归之老乎？倘所谓吾道一以贯之者非耶？□□□此中旧有三教堂，岁久就圮。金陵僧性空、振锡、悟澄先后修缮。万历四十一年，悟澄□□□姬鸣皋、姬卜年铸佛像五尊，不见佛于外形，而见佛于自性，尚道德而玄其修，家诗书，户礼乐，即古法氏之教、陶唐氏之风再见今日。

会首　姬卜年　姬鸣皋　姬□□

住持僧　悟澄同徒常学建石

（50）明崇祯二年（1629）《佛殿碑记》，碑存泽州县柳树口镇北石瓮村三教堂。

佛殿碑记

盖闻杨墨之道不息，孔子之道不著。所以诬惑人心，充塞仁义者也。虽然，如来一脉，道最玄，理最微，环世界尽是尊佛者。伟哉！如来无形有形，变化无穷。后天地而生，知天地之始。先天地而没，知天地之终。非日非月，光之所及者远；不江不海，浸之所及者博。于是道浸人心，随世而显化。化度无量，感处而倾心。

故高都之东，有毋氏者，其乡名曰北石瓮。其地则脉厚景奇，其人则性善淳朴。以佛心而化愚迷，度人人而向善，协心心而竭诚。于是感戴如来之妙法，属耆老而议曰："当修佛殿以摄人心。"遂令人人而应曰："诚哉是言也！"遂于壬戌春，同心勠力，创建佛殿三间，东有圣贤，西有蚕姑，威光普照，福锡一乡。斯时也，功愈成而人愈虔，庶乎有子来之象也。于己巳秋，殿宇周完，人心乐就矣。此虽众力，亦神助也。又非神助也，正感其佛法之妙，有不知其然而然者也。何也？神人一理也。使非众力，胡以为殿？使非佛光，乌显人力？倘所谓神意、人意者，此也。有不为碑以昭世，世之作善不长也。故有短引以为记耳。

苗璚民银叁钱　赵凌云叁钱　毋从香银一两贰钱　毋从贺银一两二钱三分

毋从友银玖钱　毋从好银陆钱　毋从其银五钱　毋从选银陆钱三分

毋从松银柒钱

毋从现银肆钱二分　毋思荣银壹钱　毋从奎银壹钱五分　刘大禄银壹钱二分

何氏银三钱　赵氏银三钱六分　郝孟强银壹钱　毋大成伍分　毋

从运银八分

毋尚存银壹两伍钱　毋东俊银伍钱　毋东楼银壹两壹钱　毋东房银壹两三钱

毋尚稳银壹两　毋东许银柒钱二分　毋东宽银壹两伍分　毋东富陆钱七分

毋东荣银捌钱　毋东尧银柒钱

毋东雷银叁钱七分　毋东淮银肆钱一分　毋东财银叁钱　毋东堂银三钱

刘守敖银肆钱　毋东澬银五钱七分　刘守仓银二钱四分　毋东宣银二钱

毋东川银二钱　毋东轩银一钱四分

赵大林银三钱　毋东昌银二钱　刘守朝银二钱　许希贞银一钱伍分

刘守兴银一钱柒分　毋东闰银一钱六分　毋东真银一钱　毋东运银一钱四分

毋东教银一钱　赵大全银二钱七分

刘守富银一钱三分　刘守全银一钱　毋进朝银一钱　毋进昇银四钱

毋东和四分　毋东如三分　毋东齐九分　许尚林六分　毋连住七分

孔朝先伍分　刘贵库银一钱

毋从选栽东柏树一棵　毋东房栽东南柏树一棵同赵木林

毋东才栽西柏树一棵　毋从松

崇祯二年十一月廿八日立

社头：毋从香、毋从贺、毋从友、毋从选

毋从□、毋木许、毋尚□、毋东楼、毋东堂

毋东财、毋东淮、毋东房、刘守敖、毋东川

毋东宪

木匠：吕妊成

化匠：陈书、王印登

刊匠：王应科

(51) 清顺治十三年(1656)《重修三教堂碑序》,碑存泽州县柳树口镇北石瓮村三教堂。

重修三教堂碑序

粤自两仪判而郊社立,礼乐备而蒸尝行,所以感覆载之硕德,昭人心之寅畏者也。自古圣帝明主□□□国之功绩,先举肆类之巨典,后人遵之行之,良有由矣。虽然过墓思哀,入庙思敬,体物不□之盛德也。迷庶无知,荷日月照临之弘恩,处处□□□□以酬报,沐雨露灌溉之深仁,在在筑坛设馔以明心,敢有不竭诚尽力以上达哉？于是潩泽之东南隅有毋氏者乡,名北石瓮村,其人淳而厚,其风朴而质,其山川秀气巍巍可瞻,其松柏茂林青翠可玩,洵佛地也。中有三教堂,历年多而风摧雨洒,基址颓圮而圣像尘埋,可悼哉,亦可修矣。村主东楼兄弟辈,沐其化其泽,为之重修焉,奈独力何？乃属耆老而告之曰："当理庙貌摄人心,我辈当同心勠力,共成圣事！"众乃欣然鼓舞曰："善哉,善哉！愿输资财以助其用！"斯时也,经之营之,有子来之,不日成之,有神速之。效修其正殿三楹,栋宇雕梁,焕然一新。绘其圣容,森然如在。此殿此宇,西方极乐景。青羊嘉会图,杏坛□□形,即此而复见矣。东有圣贤,西有蚕王,何壮丽乎,诚可志耳。乃属予作文以勒石,但予才鄙识浅,不堪此任,奈东□进金等恳请何？不得已而勉为之,以示后之继志述事者,恒为世世鉴观云。

青龙镇常西泉施银贰两　王斗轩施银叁钱　毋从松施银壹两

毋东楼施银壹两贰钱　毋东房施银贰两　毋东宽施银伍两叁钱

毋东荣施银柒两伍钱　毋东政施银肆两贰钱　毋东典施银二两肆钱

毋东方施银壹两捌钱二分

司国安施银伍两　毋东轩施银贰两伍钱　毋东□施银叁两壹钱

毋东科施银叁两壹钱　毋东增施银壹两　毋东友施银叁两壹钱

毋东龙施银壹两贰钱　毋东安施银壹两捌钱　毋孟仕施银壹两

毋东雷施银肆钱

王国安施银伍钱　赵进喜施银叁钱　许登京施银贰钱　毋进乾施银叁钱捌分

毋进金施银叁钱叁分　毋进旺施银贰钱捌分　毋才昱施银贰钱九分

毋进忠施银壹钱壹分　毋进金施银叁钱贰分　毋旺元施银□钱捌分

毋自贵施银壹钱伍分　毋良昱施银壹钱柒分　毋旺昱施银贰钱贰分六分

毋林昱施银壹钱柒分　毋旺贤施银壹钱　毋旺治施银壹钱叁分

毋治庄施银贰钱六分　毋进奎施银贰钱叁分　毋旺喜施银壹钱贰分

毋旺安施银壹钱贰分

许思忠施银叁钱　毋贵昱施银肆钱　毋得才施银肆钱　毋得宝施银陆钱

毋得朝施银壹钱捌分　毋进孝施银壹钱六分　毋旺艮施银壹钱叁分

石匠：张思友、张思福

顺治十三年三月十六日立　庠生赵凌云撰

为首：毋东楼、毋东房、毋东□、毋东荣、毋东科、毋东教、毋进金、毋旺昱、毋进忠、毋进余、毋□□

（52）清顺治十八年（1661）《重修拜殿碑序》，碑存泽州县柳树口镇北石瓮村三教堂。

重修拜殿碑序

粤自两仪判而郊社立，礼乐备而蒸祷行。所以感覆载之硕德，昭人心之寅畏者也。自古圣帝明主□□治国之功绩，先举肆类之巨典，后人尊之行之，良有由矣。虽然过墓思哀、入庙思敬、体物□□之盛德也。迷庶无知，荷日月照临之弘恩，处处建庙兴寺以酬报，沐雨露灌溉之深仁，在在筑坛设馔以明心，敢有不竭诚竭力以上达哉？于是潢泽之东南隅有毋氏者乡，名北石瓮村，其人淳而厚，其风朴而质，其山川秀气巍巍可瞻，其松柏茂林青翠可玩，洵佛地也。中有南拜殿，历年多而风摧雨洒，基址颓圮而圣像尘埋，可悼哉，亦可修矣。村主众姓人等辈，沐其化、其泽，为之重修焉，奈独力何？乃属耆老而告之曰：“当理庙貌摄人心，我辈当同心勠力，共成圣事！”众乃欣然鼓舞曰：“善哉，善哉！愿输资财以充其用！”斯时也，经之营之，有子来之；不日成之，有神速之。效修其拜殿三楹，栋宇雕梁，焕然一新；其圣容，森然如在；此殿此宇，西方极乐景。青羊嘉会图，杏坛洙泗形，即此而复见矣。东有圣贤，西有蚕王，何壮丽乎！诚可志耳。乃属予作文以勒石，但予才鄙识浅，不克此请，奈东尧、进金等恳渎何？不得已而勉为短引，以示后之继志述事者，恒为世世鉴观云。

苗□苗晋元、苗普元施舍杨树椿树贰，粮管家壹□

毋从田豆贰斗　毋从苗豆贰斗　陈尚洪施银壹钱　毋从强豆壹斗

五升

毌东楼施银贰钱捌分　毌东政施银叁钱　毌东宽施银贰钱陆分

伍里

毌东科施银陆钱　毌东教施银伍钱肆分　王国安施银贰钱　毌东安施银伍钱

毌东友施银伍钱肆分　毌东问施银壹钱□分　毌东全施银壹钱肆分

毌进朝施银贰钱八分,□基一间,林四尺　毌进金施银陆钱

毌才显施银肆钱玖分　毌旺元施银陆钱　毌旺显施银伍钱叁分

毌进忠施银捌钱　毌旺贺施银伍钱叁分　毌进余施银陆钱玖分

毌林显施银肆钱玖分　毌治庄施银肆钱玖分　毌旺喜施银陆钱

毌进魁施银伍钱肆分　毌进孝施银贰钱伍分

毌贵显施豆一斗伍升　毌得才施豆一斗伍升　毌得□施豆一斗伍升

毌旺治施银伍钱叁分　毌旺安施银伍钱□分　毌旺云施银伍钱肆分

毌得朝施银伍钱肆分　毌旺明施银肆钱玖分　毌旺宁施银伍钱肆分

毌旺得施银伍钱叁分　毌旺银施银伍钱肆分　毌旺成施银壹钱

毌玉泉施银陆钱　毌玉心施豆壹豆伍升　毌玉春施豆壹斗伍升

毌玉成施银一钱　毌玉治施银一钱　毌玉龙施银一钱　毌旺清施银一□

石匠张崇银□□

顺治十八年八月十三日立术士赵思元撰

为首:毌东科　毌进金　毌旺元　毌进忠　毌进余　毌旺喜

共录□□远为记耳

（53）清康熙四十四年(1705)《戏楼碑记》,碑存泽州县柳树口镇北石瓮村三教堂。

戏楼碑记

大泽里北石瓮村创建戏楼三间。从来可兴乐□□□□□图始,此人情之常也。然未有不图□于其始,而能乐其□□□者,此又理势之必然也。如泽东隅去城五十里许,有石瓮村,水秀山明,竹郁松茂,大去尘嚣之闹,门通竹叶人家,机来禾黍之香,路接杏花之雨,亦山林中之胜景,□□之古刹,有三教堂,一入山门,慈云遍覆,如瞻灵鹫之境;佛相庄严,恍入菩提之界。多历年所,未稽创建由来;信男善女,但见希求必获。诚合村之精舍也,实一乡之护佑哉。所少者,春祈秋报之戏楼耳。虽神所凭依将□□矣,然而酒醴之告祷实□□,况乎以答神庥,礼甚盛也;以荐明禋,典至渥也。此周人所以歌多黍多稌之诗以报赛田功也。此礼自古已然哉,今亦何可处废兴旺、拒受近福耶? 更深午夜,每思奋发新之,力单囊啬,常遭困隘之阻。乙酉岁春,偶携本姓兄弟子侄辈皈依之余,予因语之曰:"窦氏好施,薛氏喜舍,吾姓中凉族□□亦向不能为此有限功德哉?"钜□□□,竟有同心。若兄弟、若子侄,皆莫不欣然而诺。予言:"既为是矣,余亦不诿其责难!"遂为首倡。于是或输红粟,或解青钱,广捐资囊,积少聚多,竟成亿万功德矣。嗟乎,向之难图其始,今不且乐观其成乎! 仲冬功竣勒石,咸属予文。予乃山野之农夫也,何知文哉! 乃倩在城青云士为余□□成文,以记其事。复列姓名于后,庶可垂诸久远云。第此也,异日年远事湮,风雨倾圮,更有起者因已修者而为之复修,既新者而使之常新。一若余之不辞首倡也,则神明幸甚,合村幸甚,余不佞又幸甚。

毋有舜施银二钱　毋有兴施银三钱六分　毋有禄施银三钱六分

毋玉粟施银三钱六分　毋玉亮施银三钱　毋旺□施银三钱六分

毋玉美施银六钱

为首仝：毋旺银施银七钱　毋玉得施银六钱

毋有见施银六钱　毋玉江施银二钱四分　毋玉秀施银二钱四分

毋玉选施银五钱　毋玉平施银二钱二分

毋冬玉施银一钱　毋冬聚施银一钱八分　毋冬金施银一钱八分

毋得槐施银三钱六分　毋得成施银四钱二分　毋得仁施银一钱八分

毋玉富施银二钱四分　毋玉凤施银三钱　毋玉昌施银一钱二分

毋玉□施银二钱四分

毋玉旺施银三钱六分　毋玉海施银一钱八分　毋玉山施银二钱四分

毋玉禄施银二钱四分　毋玉友施银三钱六分　毋玉河施银三钱六分

毋玉玺施银二钱四分　毋玉坤施银二钱四分　毋玉标施银一钱

毋玉法施银一钱

毋玉□施银二钱五分　毋玉□施银一钱　毋玉□一钱八分

毋玉圣施银二钱二分　毋玉宽施银三钱六分　毋玉乙施银一钱八分

毋玉通施银三钱四分　毋广臣施银一钱八分　毋有祥施银三钱八分

毋有劳施银二钱四分　毋有邢施银一钱

毋门许氏施银二钱四分　□宅施银四钱

康熙乙酉四十四年□□月二十四日立碑记

请到石匠刘旺乾、刘旺坤二人施银二钱

(54) 清康熙二十年(1681)《樊家国坨创修神庙碑记》，碑存泽州县李寨乡国坨沟村三教堂。

樊家国坨创修神庙碑记

社鼓之乐、饮蜡之欢,如盛世之康熙□□者哉! □求其体圣人以神道设教之心,创而建之,□有夫□学士大夫而果能广王化于万一也,况穷乡僻壤之朴鲁辈耶? 孰意余泽之东南,去余侨居阳城郭谷镇三十里许樊家骨坨,维那头樊国□、樊国正,□□□□□后诣余丐作创建神庙碑记,叩其所以,曰:"村中无神庙以祈报盟心□□恐人罔知畏敬而肆慢成风、有干法纪,则愚顽不幸,我等之过也。故捐资募化,创修神庙十楹,正殿祀佛、老君、孔子,东偏祀龙王、关圣,西偏祀牛王、马王,正东祀高禖。工已告竣,恳一言以垂不朽。"余曰:"善哉,此僻村亦能知神道设教之意,又何有于通邑大都而学士大夫之不可化也哉?"是可为征世之太平也,可为神享民安之颂也。□所谓观于乡而知王道□□□神以为□□,吾不敢渎,至其来诸人谓事某神则身受福,事某神则心受福,事某神则人与物、子与孙咸受气福,余不敢□□

岁进士、候选府判陈廷统兴可谨撰

代笔王宠锡撰

清康熙二十年□□□□□

(55) 清乾隆四十九年(1784)《刘家河创建三教堂正门七楹勒碑铭记》,碑存泽州县刘家河村。

尝思释迦出于西乾而经典昭垂,老子降于周中而道流传,素王生于东鲁,自此而诗书悉著。壮哉! 三圣之道尊德极,殊见其莫加于尚也。后之人欲报深恩无极,因而建修庙宇,绘塑金像,无非聊酬德耳。但吾处虽居弹丸之地,而深晓圣德之宜报也。

本郡信士宋维嵩沐手撰书

维首 毛良 常增瑞 常魁仁 常魁海 常魁□ 常在松 常在国 常在田 常在勤

以上共施银三十一两六钱五分,地四顷四十二亩,社中卖槐树二株,钱三十千文,社中出钱本利共入钱二十二千五百三十五文,又三山、五台、东顶会一切入钱六千九百零八文。□□□一应买砖瓦木植匠工钱项共使出钱一百五十三千七百。剩余钱千六百三十三文立碑使费。

(56) 清乾隆五十五年(1790)《扩建三教堂高禖祠碑记》,碑存阳城县北留镇横岭村。

扩建三教堂高禖祠碑记

从来立庙安神,于古为然,创修于始者固艰,而整饬于后者更不易也。横岭村西旧有三教堂正殿三楹、高禖祠配殿两楹,有求必应,无感不通。第历年久远,风雨飘零,且其古制淳朴,殿宇卑狭,都人士于升降跪拜间常念规模之不广焉。善士李可怀慨施殿后地基,阔五尺,长三丈七尺。更举首领八人,率众输诚,共得钱一百六十六千二百二十一,鸠工集役,殿后扩充五尺。爰得重整旧基,复成新绩。经始于五十四年九月,落成于五十五年十月。缭墙峻宇,廊然改观,碧瓦丹题,鬱乎焕彩,洵为一社之福堂,永推万姓之乐地矣。用是勒石以志之,以垂于不朽。

邑庠生卫凌云熏沐撰书

皆大清乾隆五十五年岁次庚戌孟冬穀旦

阖社重建举工住持云峰寺僧人达济、徒通典立石

(57) 清道光十三年(1833)《补修三教堂碑记》,碑额"永世垂襆",碑存高平市陈区镇王村。

补修三教堂碑记

　　粤稽唐虞之时，教行于上，君师之任皆备焉。尊为天子，千百主之统绪以开德为圣人，十六字之心传相接，猗欤休哉！道何一、风何同也？顾三代而上，教与权合，三代而下，教与权分。以故生杀予夺、巍然而膺天禄者帝王，君一世之天下也；立说著书，渊然而全天下德者圣人师，万世之天下也。然则圣人以性命学，开方便门，其理一宜其教一矣，曷为乎峙而为三？

　　考之古史，周昭王时，太史占宝气，知有大圣人生于西方，至汉明帝以白马驮经，藏于石室，此释教之始也。楚国苦县有李氏者，生而白首，因号老子。自开辟之前，下逮殷汤，虽化身救世，人莫知之。当武丁时，始示诞生之迹，着《道德》五千言，此道教之立也。至若为儒教之宗者，宪章祖述，留人道于几希，删定赞修，衍斯文于不坠。道冠百王，师表万世，则莫如我孔子也。

　　夫宗虚无者，归于空；宗法术者，归于玄；宗理道者，体诸实。其教不无悬殊，而究之明心以见性，修心以炼性，存心以养性，一而二，二而三，三而一者也。

　　古王村建三教神堂，多历年所矣。考小石刻：正殿七楹、院中神庙一座，里人卫仲、卫佐创始于正德十六年。玄帝阁一座，太守公卫淇创建于康熙二十年，乾隆以后，郊禖祠三楹，立有创始碑志。庙貌巍峨，楼阁辉映，诚胜观也。迩来殿宇穿漏，墙垣倾圯，凡目击者，咸心伤之。乃有文学卫家骙君与卫瑄、卫永焕，遍约同志，兴工补葺。事甫作而家骙已作古矣。由是瑄与永焕以及同志诸人，力襄乃事。经始于十二年四月，讫工于十三年二月。是举也，岂徒耀耳目壮观瞻已哉？

　　盖古有真教，尤赖后有真学。使袭名失实，匪惟金绳宝筏；煮汞烧丹，莫克窥其妙谛。即日游学校之中，而不能讲明切究，洞悉夫异同之辨，亦不足为圣人之徒也。释者空中以归一，道者守中以得一，儒者执中而一贯,以同造于尽性知命之域,斯学之功归一致,乃见教之派有同源也。创斯堂者,服其教,畏其神,俾黝垩维新,灵爽永获。牗总总之人心,开元元之觉路,其意深,其德裕,而继继承承,庶几流传不替,而千秋永固也。

吏部候选儒学训导程有惇熏沐撰文

国子监监生卫存诚沐手书丹

国子监监生卫兴文熏沐篆额

维首　卫永焕　卫瑄　吕兰标　冯世孝　卫遂生　卫修言　吕调武　卫继善　卫贵山　卫家善　卫修智　马兆麟

玉工　赵旺　镌石

道光十三年岁次癸巳孟秋榖旦

(58) 清光绪三十二年(1906)《创修舞楼碑记》,碑存泽州县金村镇东陕村三教堂。

创修舞楼碑记

泽郡东二十里许有东山。山间立庙,多历年所,正殿祀三教。三教者,儒释道也。汉明帝时,佛教入中国,莫盛于晋,故地乃古晋。佛主教而老、孔配之也。角殿左高禖,右虚位,东、西乃禅室。辛丑九月,山门外建舞楼。

本村三山会施钱二十千

会首　赵兴永　赵兴茂　赵金和　赵广女

会等　赵兴贵　赵大富

修工维首　赵兴德　赵兴俊　赵兴凤

副维首　赵兴堂　赵大怀

附录二
现存明清泽州地区三教庙脊枋题记
一览表

序号	庙宇名称	脊枋题记位置	题记内容
1	陵川县礼义镇东沟村三教堂	正殿	峕大明万历三十九年岁次辛亥三月二十七日吉时本庄建立佛堂,纠首人李守全、李国祥、李庆祥、李璞、王贵义、李庆川、王守义、李□□、李慎、住持李荣恩、李新民、木匠李克勤……仝建
2	陵川县附城镇东街村三教堂	正殿	大明国山西泽州陵川县附城镇天启岁次丙寅年己亥月甲寅吉日建立
3	高平市建宁乡张家村三教堂	正殿	峕顺治六年岁次己丑年夏十九日张家庄创建三教堂兴工维首人王嘉兴、张九清……不日告成……
4	泽州县犁川镇西沟三教堂	戏台	大清康熙十三年□□岁次……
5	陵川县秦家庄乡后圪道村三教堂	正殿	峕大清康熙二十年岁次辛酉七月丙申越二十六□□□黄道日吉时上梁一仝建立永为记耳
6	高平市米山镇上冯庄村三教堂	东配殿	大清康熙岁次丙寅年辛卯月辛亥日立东殿三间……仝立
7	高平市永禄乡刘庄村三教堂	正殿	峕大清康熙四十三年二月初七日宜用吉时上梁,合村人众创建三教大殿三间、东西角楼六间,自修之后永保平安,以为记耳
8	陵川县平城镇西善底村三教堂	正殿	峕大清康熙五十八年岁次己亥七月壬申朔越十七日戊子合天开黄道宜用卯时上梁大吉创修建立,永为记耳

续　表

序号	庙宇名称	脊枋题记位置	题记内容
9	高平市石末乡瓮庄村三教堂	东看楼	昷大清雍正十二年岁次甲寅重修东楼五间,癸酉月壬子日戊申吉时竖柱上梁大吉,主持僧心德,维首人□□……修理工□□……纠领合村众善人等,修造之后,祈保万事如意、风调雨顺、田蚕茂□……
10	陵川县附城镇九章村三教堂(佛爷庙)	正殿	昷大清乾隆五年岁次乙巳六月二十七日重修三教堂三间天开黄道上梁大吉,合村人等平安,万世不朽,是为记耳
11	陵川县崇文镇冶子村三教堂	正殿	昷大清乾隆九年阖村公议重修三教堂三间□□正合天开黄道,吉时上梁,以祈人财两旺、田产茂盛、千祥云集,是为记耳
12	陵川县杨村镇桑树河村三教堂	正殿	昷大清乾隆二十六年岁次辛巳八月丁卯朔十七日癸未黄道巳时重修大殿三间、耳房四间,维首统领合社人等三班□士建造上梁,合社平安,永垂不朽
13	陵川县礼义镇沙河村小庄上村三教堂	正殿	大清乾隆四十一年岁次丙申三月吉日吉时天开黄道上梁重修三教堂三间,合村人等,住持郭福寿,徒成洪全三班匠人石、木、泥水匠□月祥、魏廷琦、郭增礼一通建立,合村平安,永远记耳
14	陵川县潞城镇娄头村三教堂	正殿	昷大清嘉庆三年岁次戊午重修三教堂神庙三间、耳楼四间天开黄道竖□上梁大吉,合村维首全立,自修之后,合村人口平安、风调雨顺、田蚕茂盛,住持真济,永远为记耳
15	陵川县秦家庄乡石井村三教堂	正殿	昷道光七年岁次丁亥闰五月穀旦重修正殿七间社首维首暨阖□□□□人等木匠郭□□□□□僧璧住持修□一同修建
		西阁	昷大清……西阁三间、东西□□四间吉时上梁,维社首暨阖村人等,石、木□匠……修建□□
16	高平市北诗镇兴洞村三教堂	正殿	时大清道光八年二月初九日吉时上梁,重修正殿三间,维首公议,合村平安,匠人石工王秦、木工冯峻魁、瓦工袁和生,住持王永铣,徒李元客、王元琇,大吉大利,永为记耳
		东看楼	大清光绪甲申四月中澣正逢戊午良辰上梁大吉,维首、社首等重修东看楼三间,东耳房两间,木匠米殿凤、石匠王赵孩、韩长在,住持杨教绪,自修之后,合村人口均安,永垂不朽耳

续　表

序号	庙宇名称	脊枋题记位置	题记内容
17	泽州县柳树口镇石庄村三教堂	戏台	道光十九年岁次□□□重修
18	高平市米山镇井则沟村三教堂	正殿	时大清道光二十二年岁在壬寅三月壬子补修三教堂三间……自补修之后,永远为之誌焉耳
19	陵川县潞城镇小河西村三教庙	正殿	大清道光二十五年六月初二日黄道上梁重修,合社人等……
20	陵川县崇文镇花落村三教堂	正殿	旹大清道光二十九年岁次己酉□□□□□天开黄道重修三教堂正殿三间、耳房四间、阖社维首□□□□□上梁大吉□立不朽,是为记耳
21	泽州县晋庙铺镇西沟村三教堂	戏台	大清道光三十年岁次冬十二月初十
22	陵川县潞城镇河北村三教堂	戏台	旹大清咸丰五年岁次乙卯,合村人等命工匠□□□□……重修舞楼七间,上梁大吉,自修之后,人口平安、五谷丰登、福寿康宁、田产兴隆,永垂不朽
23	陵川县附城镇西柏崖村三教堂	正殿	大清咸丰五年岁次乙卯重修大殿耳楼并配房,建修之后,永垂不朽,是为记耳
24	陵川县平城镇庄上村三圣宫	南殿	旹大清咸丰七年岁次甲午①五月朔越二十四日吉时天开黄道良辰宜用未□上梁大吉重修南殿代门□全修建立永□朽
25	陵川县附城镇下东河村三教堂(福兴院)	戏台	旹大清咸丰八年岁次戊午季秋重修舞楼三间、东西耳楼四间,宜用壬午吉时上梁大吉,自修之后,合村人口平安、风调雨顺、五谷丰登、田蚕茂盛、万事亨通,永垂不朽
26	高平市北诗镇南坪村三教堂	正殿	时大清同治二年岁次癸亥四月十八日重修正殿七间,天开黄道,吉时上梁,督工维首韩……住持……徒……木工韩……石工梁……泥水袁……全建造,永远为誌
27	晋城市城区北石店镇刘家川村三教堂(崇正教)	戏台	大清同治四年岁次乙丑后五月初三日辰时重修舞楼三间、东西耳楼六间

---

① 笔者按:清咸丰七年应为丁巳年,此处题记写作"岁次甲午",不知何故。

序号	庙宇名称	脊枋题记位置	题记内容
28	陵川县西河底镇井沟村三教堂	正殿	旹大清同治五年岁次丙寅重修正殿三间、蚕姑、牛马王殿六间,天开黄道日、吉时上梁,总理维、社首同合村人等,自修之后,田蚕茂盛、五谷丰登、大吉大利,永远平安为记耳
29	陵川县崇文镇东沟村三教堂	正殿	旹大清同治十年岁次辛未重修佛殿三间,择吉于二月十八日戊寅良期天开黄道巳时上梁,木匠苗万应、泥匠宋士富,全维社合村人等,自修之后,阖村平安,万世不朽,永垂万载,是为誌耳
30	陵川县礼义镇安乐庄村三教堂	正殿	大清同治十二年五月初八日重修正殿三间、代耳楼四间,天开黄道吉时上梁大吉,合村维首全立,自修之后,合村人等平安,人财两旺、发达兴隆,住持寂佩,永远为不朽之记耳
		南殿	大清光绪岁次癸未五月廿三日安乐庄重修南殿三楹,天开黄道吉时上梁大吉大利,合村维首等,木石泥水匠□义住持徐□□自□□后……
31	高平市米山镇石嘴头村三教堂	戏台	旹大清同治十二年岁次癸酉四月十六日补修舞楼七间、更易檩椽瓦挖墙换砖……
32	陵川县崇文镇甘井掌村小庄上村三教堂	正殿	旹大清光绪元年九月二十五日重修堂殿三间,宜用吉时上梁,合天开黄道吉星主事,木工余王瑞,全合社人等平安,大吉大利,是为记耳
33	陵川县潞城镇大河西村三教堂	戏台	旹大清光绪元年岁次乙亥丙申癸卯良期,阖社人等泥水木匠重修对庭三间,竖柱上梁,正合吉星主事,自修之后,阖社平安,□□不朽
34	陵川县平城镇侍郎岗村三教堂	正殿	旹大清光绪十一年岁次乙酉……重修正殿七间,阖村祈福□□社首人王祖牛、王安吉、王殿菜、王春汜、王□孩……大吉大利,永远为记耳
35	陵川县平城镇西四村窑河村三教堂	正殿	旹大清光绪十七年岁次辛卯四月吉星主事天开黄道吉日吉时竖柱上梁,大吉大利,阖社人等重修佛殿五间,全住持李根保、靳鸿恩,木石匠李天文、吕玉建立重修,阖村人等永保平安、百福并臻,万载不朽,永为记耳
36	陵川县崇文镇汤庄村三教堂	戏台	大清光绪二十一年岁次乙未重修……

续 表

序号	庙宇名称	脊枋题记位置	题记内容
37	泽州县柳树口镇大会村三教堂	戏台	峕大清光绪二十三丁酉……
38	陵川县附城镇河东土戈村三教堂	正殿	峕大清光绪三十年四月初三日重修正殿三间……社首李海玉、李□□等……
39	泽州县李寨乡西李寨村三教堂	戏台	光绪三十一年岁次乙酉重修舞台东西看楼,四月二十六日……
40	泽州县柳树口镇要角村三教庙	戏台	大清宣统元年岁次己酉□□黄道□修……

注:"□"为阙字,"……"表漫漶难辨且字数无法确定的一连串文字。

参考文献

一、古籍类

[1] 周振甫译注.诗经译注[M].北京:中华书局,2010.

[2] 徐元诰集解,王树民、沈长云点校.国语集解[M],北京:中华书局,2002.

[3] 春秋左传正义[M].(清)阮元校刻.十三经注疏[M].北京:中华书局,2009.

[4] 杨伯峻.春秋左传注[M]北京:中华书局,1990.

[5] (汉)司马迁撰,(南朝宋)裴骃集解,(唐)司马贞索引,(唐)张守节正义.史记[M].北京:中华书局,1982.

[6] (汉)班固撰,(唐)颜师古注.汉书[M].北京:中华书局,1962.

[7] (汉)郑玄注,(唐)贾公彦疏.周礼注疏[M].(清)阮元校刻.十三经注疏[M].北京:中华书局,2009.

[8] (唐)张鷟.朝野佥载[M].明嘉靖二十三年刻本.

[9] (唐)释道宣.广弘明集[M].上海:上海古籍出版社,1991.

[10] (唐)道宣.续高僧传[M].北京:中华书局,2014.

[11] 陈尚君辑校.全唐文补编[M].北京:中华书局,2005.

[12] (后晋)刘昫等撰.旧唐书[M].北京:中华书局,1975.

[13] (宋)欧阳修,宋祁.新唐书[M].北京:中华书局,1975.

[14] (宋)谢守灏.混元圣纪[M].道藏,文物出版社、上海书店、天津古籍出版社联合出版,1988,第17册.

[15] (宋)李昌龄.乐善录[M].续古逸书丛景宋刻本.

[16] (宋)王象之.舆地纪胜[M].北京:中华书局,1992.

[17] 曾枣庄,刘琳主编.全宋文[M].上海辞书出版社、安徽教育出版社,2006.

[18] (元)脱脱等撰.辽史[M].北京:中华书局,1974.

[19] (元)郝经.陵川集[M].清文渊阁四库全书本.

[20] (明)璩昆玉.古今类书纂要[M].上海:上海古籍出版社,1997.

[21] (明)沈思孝.晋录[M].清道光学海类编本.

[22] (明)曹学佺.蜀中广记(外六种)[M].上海:上海古籍出版社,1993.

[23] (明)陈士元.论语类考[M].清文渊阁四库全书本.

[24] (明)何乔远.崇祯闽书[M].明崇祯刻本.

[25] 明英宗实录[M]."中央研究院"历史语言研究所校印.明实录[M].第 14 册,1962.

[26] (明)李东阳等撰,(明)申时行等重修.大明会典[M].扬州:广陵书社,2007.

[27] (明)申时行等纂,明会典[M].北京:中华书局,1989.

[28] (清)董诰等编.清高宗实录[M].清实录[M].第 11 册.北京:中华书局,1985.

[29] (清)董诰等编.全唐文[M].北京:中华书局,1983.

[30] (清)王先谦.东华录[M].上海:上海古籍出版社,1980.

[31] (清)白胤谦.桑榆集文[M].清顺治刻康熙续刻雍正补刻本.

[32] (清)廖凤征.瓶剑楼文稿[M].清雍正顾复堂刻本.

[33] (清)昆冈等纂.钦定大清会典[M].台北:新文丰出版股份有限公司,1976.

[34] (清)孙诒让.周礼正义[M].王文锦、陈玉霞点校.北京:中华书局,2013.

[35] (清)蔡衍锟.操斋集[M].清康熙刻本.

[36] (清)严可均辑.全上古三代秦汉三国六朝文[M].北京:中华书局,1958.

[37] (清)张廷玉等.明史[M].北京:中华书局,1974.

二、方志档案类

[1] (宋)范成大纂,汪泰亨增订.绍定吴郡志[M].择是居丛书景宋刻本.

[2] (明)高汝行纂.嘉靖太原县志[M].明嘉靖三十年刻本.

[3] (明)傅淑训,郑际明.万历泽州志[M].太原:北岳文艺出版社,2009.

[4] (明)傅淑训修,曹树声纂.万历平阳府志[M].明万历四十三年刻清顺治二年递修本.

[5] (清)常明,杨芳灿等纂修.嘉庆四川通志[M].成都:巴蜀书社,1984.

[6] (清)觉罗石麟等监修、储大文等编纂.雍正山西通志[M].清雍正十二年刻本.

[7] (清)王赠芳修,成瓘纂.道光济南府志[M].清道光二十年刻本.

[8] (清)张之洞撰.光绪顺天府志[M].清光绪十二年刻本.

[9] (清)张国常纂修.光绪重修皋兰县志[M].民国六年石印本.

[10] (清)朱樟修,田嘉谷纂.雍正泽州府志[M].清雍正十三年刻本.

[11] (清)林荔修,姚学甲纂.乾隆凤台县志[M].清乾隆四十九年刻.

[12] (清)李兆洛纂修.嘉庆凤台县志[M].清嘉庆十九年刻本.

[13] (清)张贻琯修,郭维垣等纂.光绪凤台县续志[M].清光绪八年刻本.

[14] (清)李师沆修,葛荫南纂.光绪凤台县志[M].清光绪十九年刻本.

[15] (清)傅德宜修,戴纯纂.乾隆高平县志[M].清乾隆三十九年刻本.

[16] (清)龙汝霖纂修.同治高平县志[M].清同治六年刻本.

[17] (清)程德炯纂修.乾隆陵川县志[M].清乾隆四十四年刻本.

[18] (清)徐炑修、梁寅纂.光绪陵川县志[M].清光绪八年刻本.

[19] (民国)库增银修,杨谦纂.陵川县志[M].民国二十二年印本.

[20] (清)赵凤诏纂修.康熙沁水县志[M].清康熙三十六年刻本.

[21] (清)杨善庆修、田懋纂.乾隆阳城县志[M].中国地方志集成.凤凰出版社、

上海书店、巴蜀书社,2005.

[22](清)赖昌期修,谭澐等纂.同治阳城县志[M].台湾:成文出版社,1976.

[23](民国)杨念先.阳城县乡土志[M].民国二十三年刻本,台湾:成文出版社,1968.

[24]山西省阳城县志编纂委员会编.阳城县志[M].北京:海潮出版社,1994.

[25]山西省地方志编纂委员会编.山西通志[M].北京:中华书局,1996.

[26]秦海轩主编.晋城市志[M].北京:中华书局,1999.

[27]晋城县志编纂委员会编.晋城县志[M].太原:山西古籍出版社,1999.

[28]陵川县志编辑委员会编.陵川县志[M].陵川县档案馆藏,1967.

[29]陵川县志编纂委员会编.陵川县志[M].北京:人民日报出版社,1999.

[30]段新社主编.柳树口镇志[M].北京:中央文献出版社,2003.

[31]程跃新编.王莽岭志[M].太原:山西人民出版社,2005.

[32]彭守忠,成根同主编.南岭乡志[M].太原:山西人民出版社,2005.

[33]杜秋炉主编.珏山志[M].太原:三晋出版社,2008.

[34]杜秋炉主编.凤台县志整理委员会编纂.凤台县志[M].太原:三晋出版社,2012.

[35]泽州县志编纂委员会编.泽州县志[M].北京:中华书局,2015.

[36]高平县志编委会编.高平县志[M].北京:中国地图出版社,1993.

[37]高平市志编纂委员会编.高平市志[M].北京:中华书局,2009.

[38]薛林平等.上庄古村[M].北京:中国建筑工业出版社,2009.

[39]薛林平等.西黄石古村[M].北京:中国建筑工业出版社,2010.

[40]薛林平等.大阳古镇[M].北京:中国建筑工业出版社,2012.

[41]薛林平、高林等.郭峪古村[M].北京:中国建筑工业出版社,2018.

[42]秦海轩主编.晋城市乡镇志[M].太原:山西人民出版社,2013.

[43]田同旭,张道德整理.沁水县志逸稿[M].太原:山西人民出版社,2010.

[44]王家胜主编.阳城县志[M].太原:山西人民出版社,2015.

[45]清乾隆九年四月十二日河南学政林枝春奏折:奏请禁河南彰德府所设三教

堂事[Z],北京:中国第一历史档案馆藏档案.

[46]清道光十六年六月廿四日山西学政汪振基奏折:奏为三教庙久干例禁请饬下山西巡抚通谕各属无论城市乡村一体严禁事[Z].北京:中国第一历史档案馆藏档案.

[47]故宫博物院明清档案部编.清代档案史料丛编[M].北京:中华书局,1979.

[48]中国戏曲志编辑委员会编.中国戏曲志·山西卷[M].北京:中国 ISBN 中心出版社,2000.

[49]王云鹏.我记忆中的陵川[M].政协陵川县委员会,2005.

[50]申莉萍整理.陵川斋公文化[Z].陵川县文化局(内部档案),2012.

[51]山西省政协文史和学习委员会编.明清山西商人会馆史料[M].北京:中国文史出版社,2016.

[52]郎在陵主编,秦雪清辑注.陵川历代文存选辑[M].太原:山西人民出版社,2018.

三、碑刻辑录类

[1]北京图书馆金石组编.北京图书馆藏中国历代石刻拓本汇编[M].郑州:中州古籍出版社,1990.

[2]晋城市地方志丛书编委会编.晋城金石志[M].北京:海潮出版社,1995.

[3]冯俊杰编.山西戏曲碑刻辑考[M].北京:中华书局,2002.

[4]高平金石志编委会编.高平金石志[M].北京:中华书局,2004.

[5]贾志军主编.沁水碑刻蒐编[M].太原:山西人民出版社,2008.

[6]张正明,王勇红.明清山西碑刻资料选[M].太原:山西经济出版社,2009.

[7]中国先秦史学会、析城山文化丛书编委会.阳城汤庙碑拓文选[M].北京:文物出版社,2012.

[8]李永红,杨晓波主编.三晋石刻大全·晋城市城区卷[M].太原:三晋出版

社,2012.

[9] 王丽主编.三晋石刻大全·晋城市泽州县卷[M].太原:三晋出版社,2012.

[10] 卫伟林主编.三晋石刻大全·晋城市阳城县卷[M].太原:三晋出版社,2012.

[11] 常书铭主编.三晋石刻大全·晋城市高平市卷[M].太原:三晋出版社,2011.

[12] 车国梁主编.三晋石刻大全·晋城市沁水县卷[M].太原:三晋出版社,2012.

[13] 王立新主编.三晋石刻大全·晋城市陵川县卷[M].太原:三晋出版社,2013.

[14] 樊秋宝主编.泽州碑刻大全[M].北京:中华书局,2013.

[15] 李树生主编.三晋石刻大全·长治市武乡县卷[M].太原:三晋出版社,2013.

[16] 刘文锴主编.修武碑刻辑考[M].北京:中国矿业大学出版社,2013.

四、著作文集类

[1] 白化文.汉化佛教与寺院生活[M].天津:天津人民出版社,1989.

[2] 柴萼.梵天庐丛录[M].上海:中华书局,1936.

[3] 陈宝良.中国的社与会[M].北京:中国人民大学出版社,2011.

[4] [美]杜赞奇.文化、权力与国家:1900—1942年的华北农村[M].王福明译.南京:江苏人民出版社,2018.

[5] 杜正贞.村社传统与明清士绅——山西泽州乡土社会的制度变迁[M].上海:上海辞书出版社,2007.

[6] 段建宏.明清晋东南基层社会组织与社会控制[M].北京:中国社会科学出版社,2016.

［7］［美］E.A.罗斯.变化的中国人［M］.公茂虹,张皓译.北京:时事出版社,1998.

［8］冯友兰.中国哲学史新编［M］.北京:人民出版社,2007.

［9］冯俊杰.太行神庙及赛社演剧研究［M］.台北:财团法人施合郑民俗文化基金会,2000.

［10］方立天.中国佛教与传统文化［M］.上海:上海人民出版社,1988.

［11］范丽珠,［美］欧大年.中国北方农村社会的民间信仰［M］.上海:上海人民出版社,2013.

［12］［美］费正清,刘广京编.剑桥中国晚清史［M］.郭沂纹译.北京:中国社会科学出版社,2007.

［13］苟有富.上党地区舞台题壁辨析［M］.太原:山西人民出版社,2016.

［14］［荷］高延.中国的宗教系统及其古代形式、变迁、历史及现状［M］.芮传明等译,广州:花城出版社,2018.

［15］高文等编著.中国孔庙［M］.成都:成都出版社,1994.

［16］何炳棣.中国会馆史论［M］.台北:学生书局,1966.

［17］洪修平.中国儒佛道三教关系研究［M］.北京:中国社会科学出版社,2011.

［18］侯杰著,范丽珠译.世俗与神圣——中国民众宗教意识［M］.天津:天津人民出版社,2001.

［19］侯冲主编.经典、仪式与民间信仰［M］.上海:上海古籍出版社,2018.

［20］黄宗智.华北的小农经济与社会变迁［M］.北京:中华书局,2000.

［21］郝平、杨波.超越信仰:明清高平关帝庙现象与晋东南乡村社会［M］.北京:商务印书馆,2019.

［22］胡恒.皇权不下县? 清代县辖区与基层社会治理［M］.北京:北京师范大学出版社,2015.

［23］林国平.林兆恩与三一教［M］.福州:福建人民出版社,1992.

［24］梁启超.中国历史研究法补编［M］.北京:中华书局,2010.

［25］梁景之.清代民间宗教与乡土社会［M］.北京:社会科学文献出版社,2004.

［26］李天纲.金泽:江南民间祭祀探源［M］.北京:三联书店,2017.

[27] 路遥.中国民间信仰研究述评[M].上海:上海人民出版社,2012.

[28] 刘毓庆主编.华夏文明之根探源:晋东南神话、历史、传说与民俗综合考察[M].北京:学苑出版社,2008.

[29] 李路路,王奋宇.当代中国现代化进程中的社会结构及其变革[M].杭州:浙江人民出版社,1992.

[30] 李淞.中国道教美术史[M].第一卷,长沙:湖南美术出版社,2012.

[31] 马西沙,韩秉方.中国民间宗教史[M].上海:上海人民出版社,1992.

[32] 马西沙.中国民间宗教志[M].上海:上海人民出版社,1998.

[33] 牟钟鉴,张践.中国宗教通史[M].北京:中国社会科学出版社,2007.

[34] 牟钟鉴.儒道佛三教关系简明通史[M].北京:人民出版社,2018.

[35] [美]明恩溥.中国人的气质[M].佚名译,黄兴涛校注.北京:中华书局,2006.

[36] [美]明恩溥.中国乡村生活[M].陈午晴,唐军译.北京:中华书局,2006.

[37] [美]欧大年.中国民间宗教教派研究[M].刘心勇等译.上海:上海古籍出版社,1993.

[38] 皮庆生.宋代民众祠神信仰研究[M].上海:上海古籍出版社,2008.

[39] 沈琨.千村夕阳——中国上党古戏台[M].太原:北岳文艺出版社,2015.

[40] 王铭铭,王斯福主编.乡土社会的秩序、公正与权威[M].北京:中国政法大学出版社,1997.

[41] 吴晗,费孝通等.皇权与绅权[M].天津:天津人民出版社,1988.

[42] [美]武雅士(Arthur P. Wolf)主编.中国社会中的宗教与仪式[M].彭泽安,邵铁峰译.南京:江苏人民出版社,2014.

[43] 杨庆堃(C. K. Yang).中国社会中的宗教——宗教的现代社会功能与其历史因素之研究[M].(修订版),范丽珠译,成都:四川人民出版社,2016.

[44] 杨孟衡校注.上党古赛写卷十四种笺注[M].台北:财团法人施合郑民俗文化基金会,2000.

[45] 阎爱英主编.晋商史料全览·晋城卷[M].太原:山西人民出版社,2006.

[46] 姚春敏著.清代华北乡村庙宇与社会组织[M].北京:人民出版社,2013.

[47] 张仲礼.中国绅士——关于其在十九世纪中国社会中作用的研究[M].上海：上海社会科学院出版社,1991.

[48] 张仲礼.中国绅士的收入[M].上海：上海社会科学院出版社,2001.

[49] 张志刚.宗教文化学导论[M].北京：人民出版社,1993.

[50] 张志刚."宗教中国化"义理研究[M].北京：宗教文化出版社,2017.

[51] 卓新平.宗教与文化[M].北京：人民出版社,1988.

[52] 卓新平.中国人的宗教信仰[M].北京：中国社会科学出版社,2015.

[53] 朱文广.庙宇·仪式·群体：上党民间信仰研究[M].北京：中国社会科学出版社,2015.

[54] 赵世瑜.狂欢与日常——明清以来的庙会与民间社会[M].北京：三联书店,2002.

[55] 赵世瑜.在空间中理解时间——从区域社会史到历史人类学[M].北京：北京大学出版社,2017.

[56] 郑振铎编著.中国古代木刻画史略[M].上海：上海书店出版社,2006.

五、论文报刊类

[1] 华山.自汉魏至宋初的儒佛道三教关系和道学的形成[J].山东大学学报,1963(2).

[2] 任继愈.唐宋以后的三教合一思潮[J].世界宗教研究,1984(1).

[3] 李四龙.民俗佛教的形成与特征[J].北京大学学报哲学社会科学版,1996(4).

[4] 李四龙.论儒释道"三教合流"的类型[J].北京大学学报哲学社会科学版,2011(2).

[5] [美]欧大年.中国民间宗教的秩序和内在理性[A].赵昕毅译.香港中文大学崇基学院宗教与中国社会研究中心主办.通讯,1998(3).

［6］冯俊杰.略论明清时期的神庙山门舞楼［J］.文艺研究，2001(4).

［7］严耀中.论"三教"到"三教合一"［J］.历史教学，2002(11).

［8］陈宝良.明代儒佛道的合流及其世俗化［J］.浙江学刊，2002(2).

［9］赵轶峰.十七世纪前后中国北方宗教多元现象初论［J］.东北师范大学学报哲学社会科学版，2002(1).

［10］刘晓东."三教合一"思潮与"三一教"：晚明士人学术社团宗教化转向的社会考察［J］.东北师范大学学报，2002(1).

［11］赵世瑜，科大卫等.碑刻——正在消逝的历史档案［N］.光明日报，2002(0124A04).

［12］梁景之.清代民间宗教［D］.中国社会科学院博士论文，2002.

［13］梁景之.清代民间宗教的民俗性与乡土性［J］.历史档案，2003(4).

［14］冯俊杰.山西神庙与戏台调研小结［J］.中华戏曲，2002(1).

［15］曹飞.山西省泽州县陟椒村三教堂及其戏班演剧考［J］.冯俊杰主编.太行神庙及赛社演剧研究［M］.台湾财团法人施合郑民俗文化基金会出版，2000.

［16］牟钟鉴.儒、佛、道三教的结构与互补［J］.南京大学学报，2003(6).

［17］［美］欧大年.历史、文献和实地调查——研究中国宗教的综合方法［J］.历史人类学学刊，2004(1).

［18］张志刚."儒教之争"反思——从争论线索、焦点问题到方法论探讨［J］.文史哲，2014(3).

［19］张志刚.民间信仰：最真实的中国宗教文化传统［N］.中国民族报宗教版，2014(0422).

［20］张志刚."中国民间信仰研究"反思——从田野调查、学术症结到理论重建［J］.学术月刊，2016(11).

［21］金泽.民间信仰的聚散现象初探［J］.文史哲，2006(1).

［22］屈直敏.从三教造像的演进看儒释道的融合［J］.普门学报，2008(45).

［23］段建宏.戏台与社会：明清山西戏台研究［D］.华中师范大学博士学位论文，2008.

[24] 卢云峰.宗教为中国提供了重要的社会资本——访美国波士顿大学人类学系主任魏乐博教授[N].中国民族报宗教周刊,2008(0919).

[25] 段建宏.国家与民间社会中的三教信仰:对山西三教堂的考察[J].社会科学论坛学术研究卷,2009(2).

[26] 车文明.民间法规与罚戏[J].戏曲艺术,2009(11).

[27] 邢千里.中国历代孔子图像演变研究[D].山东大学博士学位论文,2010.

[28] 原少锋.明清三教堂研究[D].东北师范大学硕士学位论文,2010.

[29] 赵天改.中国民间信仰中的合祀问题研究——以河南方志资料为中心[J].理论界,2010(11).

[30] 曹新宇.三教堂案与清代民间宗教的社会史类型[A].清代政治与国家认同国际学术研讨会会议论文,2010.

[31] 吴飞.从祀典到弥散性宗教[A].李四龙主编.人文宗教研究[M],北京:宗教文化出版社,2013.

[32] 姚春敏.清代华北乡村“社首”初探——以山西泽州碑刻资料为中心[J].清史研究,2013(1).

[33] 龙飞俊.主体、多样性与仪式:我的中国人类学研究——魏乐博教授访谈[J].当代宗教研究,2013(4).

[34] 杨阳.晋东南古村落社组织与乡村民众生活——以沁河流域古村庄为中心的田野调查与研究[D].山西大学硕士学位论文,2013.

[35] 李天纲.江南镇乡祭祀体系中的地方与国家——以上海金泽镇及苏、松二府为例[J].华东师范大学学报哲学社会科学版,2014(4).

[36] 张君梅.晋城地区的三教堂考[J].沧桑,2014(5).

[37] 张作舟.老子、老君信仰的研究[D].四川省社会科学院硕士学位论文,2014.

[38] 宗树人.中国宗教的社会组合体结构[J].河北学刊,2015(6).

[39] 杜正贞.区域社会中作为信仰、制度与民俗的“社”——基于近十年晋东南研究的反思[J].学术月刊,2016(12).

[40] 王兴亚.明清河南三教堂盛衰的历史考察[J].石家庄学院学报,2017(2).

六、外文类

［1］J. J. M. de Groot, *Religion in China*. New York and London: The Knicker-bocker Press, 1912.

［2］W. E. Scothill, *The Three Religions of China*. Oxford University Press, 1929.

［3］Maurice Freedman, "On the Sociological Study of Chinese Religion," in Arthur Wolf (eds.) *Religion and Ritual in Chinese Society*. Standford: Stanford University Press, 1974.

［4］Judith Berling, "Religion and Popular Culture: The Management of Moral Capital in The Romance of rite Three Teachings," in David Johnson, Andrew J. Nathan, Evelyn S. Rawski (ed), *Popular Culture in Late-Imperial China*. Berkeley: University of California Press, 1985.

［5］Timothy Brook, "Rethinking Syncretism: The Unity of the Three Teachings and Their Joint Worship in Late-Imperial China," *Journal of Chinese Religions*, 1993(21).

［6］Barend J. ter Haar, *Guan Yu: The Religious Afterlife of a Failed Hero*. Oxford: Oxford University Press, 2017.

［7］［日］重松俊章. 支那三教史上の若干の问题,史渊,1939(21).

［8］［日］筒井英俊编. 东大寺要录,大阪:全国书房,1944.

［9］［日］间野潜龙. 明代たぉける三教思想——特た林兆恩を中心としこ,东洋史研究十二之一,1952.

［10］［日］寺田隆信. 山西商人の研究——明代における商人および商业资本,东洋史研究丛刊之二十五,京都:东洋史研究会,1972.

［11］［日］间野潜龙. 明代文化史研究,东洋史研究丛刊之三十一,京都:同朋舍株式会社,1979.

［12］［日］增村宏. 遣唐使の研究,京都:同朋舍,1988.

后 记

本书是在我的博士论文基础上修改增订而成的。2016 年 9 月即将赴美访学前夕，我在导师张志刚教授的指导下完成了博士论文开题报告，正式选取同堂尊奉儒释道祖师的三教庙作为接下来几年的主要研究对象。三教庙具有重要的研究价值，长期以来海内外学界关于儒、释、道三教合一的研究大多是从思想义理层面展开的，主要关注儒家士大夫、高僧大德等知识精英群体的相关思想，而较忽视从基层社会的庙宇形态和民间百姓的信仰实践层面对"三教合一"进行考察。因此，张志刚老师建议并鼓励我从民间祠庙和祭祀实践的角度对"三教合一"展开研究，还指导我以现存庙宇建筑、碑刻资料较为丰富的山西地区作为考察中心。确定这一论题后，我结合相关史籍、方志、碑刻等资料，对明清以来晋东南泽州地区的三教庙进行了具体的考察。在张老师的指导下，经过反复修改，形成了博士论文定稿，于 2019 年 5 月提交并通过答辩。此后，我又在博士论文的基础上，继续修改增订而形成了现在的书稿。

在本书即将出版之际，我首先要向导师张志刚教授致以崇高的敬意和由衷的感谢！自 2015 年以来，我在张老师门下接受宗教学专业的学术训练，受益良多。张老师对学生的培养可谓倾注心血：记得有一次我请张老师指导论文，在办公室从晚上七点一直聊到九点，直到师母数次打电话过来，我才知道原来老师居然还未吃晚饭！见天色已晚，我便起身陪张老师行出东门，至蓝旗营，张老师又想到一些对我论文的修改建议，于是师徒二人又停下来在一处自行车铺的简易木桌前谈了好一会儿。张老师严谨治学的精神、高尚的师德与人格,指引着我的学术与人生之路!

王宗昱教授、程乐松教授是我硕士研究生阶段的授业恩师。在他们的课堂上,我初步积累了中国宗教的专业知识,尤其培养了对道教和中国民间信仰的浓厚学术兴趣。在我博士研究生阶段,二位老师还一如既往地为我提供指导和帮助,经常鼓励我在学术道路上增强自信、不惮前驱,并对我的博士论文写作提出了许多宝贵的意见与建议。在此,我要向王宗昱教授、程乐松教授致以由衷的感谢!

我还要特别感谢复旦大学哲学学院的李天纲教授。从 2015 年开始,我连续两年参加复旦大学中华文明国际研究中心主办的暑期班,后又有幸参与由北京大学哲学系与复旦大学哲学学院联合主办的中国宗教学研究会议。在这些学术活动中,我得到了李天纲老师的指导和鼓励,对我研究能力的提升、学术视野的拓展都具有十分重要的帮助。

此外,我还要感谢北京大学哲学系的李四龙教授、孙尚扬教授、吴飞教授、徐凤林教授、徐龙飞教授、郑开教授、周学农教授、王颂教授、沙宗平教授,复旦大学的范丽珠教授、陈纳教授、安伦教授、郁喆隽教授,中国社会科学院的卓新平研究员、金泽研究员、王伟副编审,上海社会科学院宗教研究所所长晏可佳研究员、葛壮研究员、钟国发研究员等,中国人民大学李秋零教授、姜守诚教授、张雪松教授,四川大学张泽洪教授,上海朵云轩集团副总经理金柯先生,《中国民族报》蓝希峰老师,以及彭睿、孙国柱、谢波、沈满林、戚强飞、黄亮、陈佩辉、徐超、张弩、杨佳伦、王彦明、陈建霖、王可心、吴淑敏、李婷、王启元、朱明川、李峰等学友,他们都对本书的写作和修改完善提出了宝贵的意见和建议。

本书包含了大量通过实地调查获得的碑刻、题记等资料,为了获得这些宝贵的研究资料,我从 2018 年 6 月开始深入泽州地区的乡镇、村落进行旷日持久的实地调查工作。现在回想起来,在"万山深处"实地考察三教庙的工作是艰苦而充实的,或在烈日下,或在飞雪中,每当发现新资料,我的内心就会充满喜悦、兴奋异常。在泽州地区实地调查期间,我非常幸运地得到了诸多领导、朋友的鼎力相助。在此,我要特别感谢山西省委统战部黄杰副部长、太原市民族宗教事务局宗教处杨桦处长、晋城市民族宗教事务局张建乐局长、马建国副局长,晋城市文化艺术研究院程燕枝主任、程军老师,晋城市博物馆安建峰馆长、晋城市图书馆王秀梅老师,高平市委统战部武浩凯副部长,阳城县民族宗教事务局王永堂局长、陵川县民族宗教事务局程永红局长、陵川县文化馆申莉萍副馆长、陵川县文物管理局常红川老师,晋城市佛教文化研究会冯玉庆会长、李中尧先生以及王军红先生、李兴刚先生等民俗学者,他们为我在当地的考察活动提供了帮助和便利,使我的考察进度得以顺利推进。

在泽州地区,广大老百姓的淳朴、友善也给我留下了十分深刻的印象,并使我真切地感受到:明清时期修建三教庙的民众身上"淳而好义"、"俭而循礼"的可贵品质,至今仍在传承和延续……在考察泽州地区三教庙及相关祭祀活动的过程中,我充分认识到晋东南地域文化与乡土习俗对当地民众的信仰生活具有深层的形塑作用,感悟到三教庙作为重要的乡村礼仪空间,长期在地方民众信仰生活中发挥着重要功能。

本书的出版得到了上海社会科学院"青年学者丛书计划"基金项目的资助,科研处杜文俊处长、李宏利副处长、杨璇老师等诸位同仁为本书的顺利出版花费了不少精力,谨此致以诚挚的谢意!同时,感谢上海书店出版社编辑吕高升老师的督促和精心校对,使本书最终能够顺利出版。

多年来,我一直忙于学业和工作,家人给予了我无微不至的关爱和极大的支持,现在回想起来,我对家人亏欠了太多。借此机会,我要向父母、妻子表达深深的歉意和感恩。

王群韬

于上海社会科学院宗教研究所

2020 年 12 月 6 日

图书在版编目(CIP)数据

殊途同归:明清泽州地区三教庙研究/王群韬著
.—上海:上海书店出版社,2022.9
(上海社会科学院青年学者丛书)
ISBN 978-7-5458-2207-6

Ⅰ.①殊… Ⅱ.①王… Ⅲ.①儒家-研究-泽州县-
明清时代②佛教-研究-泽州县-明清时代③道家-研究
-泽州县-明清时代 Ⅳ.①B222.05②B948③B223.05

中国版本图书馆 CIP 数据核字(2022)第 166573 号

责任编辑　吕高升
封面设计　路　静

上海社会科学院青年学者丛书
殊途同归
明清泽州地区三教庙研究
王群韬　著

出　　版　上海书店出版社
　　　　　(201101　上海市闵行区号景路 159 弄 C 座)
发　　行　上海人民出版社发行中心
印　　刷　上海商务联西印刷有限公司
开　　本　710×1000　1/16
印　　张　20.75
字　　数　270,000
版　　次　2022 年 9 月第 1 版
印　　次　2022 年 9 月第 1 次印刷
ISBN 978-7-5458-2207-6/B・121
定　　价　88.00 元